U0853318

守望者
The Catcher

女性与人类发展

—— 能力进路的研究

Women and Human Development:
The Capabilities Approach

[美]玛莎·C. 努斯鲍姆 (Martha C. Nussbaum) 著
左稀 译

中国人民大学出版社
·北京·

关于作者

玛莎·C. 努斯鲍姆（Martha C. Nussbaum），被认为是“当代哲学界最具创新力和最有影响力的声音之一”，在古典学、伦理学、政治哲学、文学、法学、女性主义以及博雅教育等众多领域颇具造诣。她在哈佛大学获得博士学位，先后执教于哈佛大学、布朗大学、牛津大学，现为芝加哥大学法学、伦理学弗罗因德杰出贡献教授，并同时受聘于该校 7 个院（系）。作为美国当前最杰出、最活跃的公共知识分子之一，她的思想在美国、欧洲、澳大利亚都颇有影响。2012 年，她荣获西班牙“阿斯图里亚斯王子奖”。2016 年，她荣获素有“日本诺贝尔奖”之称的京都奖艺术与哲学类奖项，这个奖项尤其肯定了她所提出的能力进路。

关于本书

贫困与发展问题一直是国际发展理论关注的核心问题。在全世界面临这类问题的人群中，女性是一个极其特殊的群体。任何一种好的国际发展理论都必须回应这个群体的发展诉求。在本书中，努斯鲍姆将以印度为代表的发展中国家的女性问题与人类发展问题关联起来，首次系统阐述了她的能力进路。书中包含不少经验性和叙事性内容，充分展现作者以哲学论证回应人类经验复杂性的理论抱负，所有希望了解哲学论证对国际发展政策之可能贡献的人士都将从中寻得阅读的乐趣。

关于译者

左稀，北京大学哲学博士，湘潭大学哲学系教师。研究方向主要为西方伦理学、情感哲学与政治哲学。主持国家社会科学基金项目《纳斯鲍姆伦理学与政治哲学的情感之维》，出版译著（合译）《简论罪与信的涵义：兼我的宗教观》。

谨以此纪念萨拉·努斯鲍姆（Sara Nussbaum）

（1912—1999）

我们从自己家中搬到丈夫家中居住。如果我们在这个家提到我们的名字，他们说："噢，那是另外的家。"当谈及工作时，他们说："你所挣来的都是我们的，因为你生活在这个屋檐下。"或者说："因为你在这家的土地上工作。"让土地以我们的名义登记，这样我们就不会总是觉得生活在别人家里。

——艾哈迈达巴德农民桑托克贝恩（Santokbehn）

在你们的大家庭里，我是排行第二的儿媳妇。这些年来，我一直认为我的身份不过如此。十五年后的今天，当我独自站在海边，我意识到我还拥有另一个身份，一个使我与宇宙万物及其造物主关联起来的身份。正是这一身份给予我勇气以自己名义而非你们家二儿媳妇的名义写下这封信……

我不是一个轻易赴死的人。这是我在这封信里想要说的话。

——拉宾德拉纳特·泰戈尔（Rabindranath Tagore），《一个妻子的来信》（1914）

我在路上种下给牲畜和人遮阳的榕树。我种下芒果林、挖掘水井，每隔九英里建造一处休憩之所……并且我在各地设立了许多供牲畜和人使用的饮水处……这是一项重要的福利……我做这些事是为了让我的人民遵守佛法中的道德律。

——公元前 3 世纪印度国王阿育王（Ashoka）[法令由罗米拉·撒帕尔（Romila Thapar）翻译]

我们不仅想分得一块馅饼，我们也想选择馅饼的口味并学会自己制作它。

——自营职业女性协会（SEWA）创立人伊拉·巴特（Ela Bhatt）（1992）

前　言

此项将人类能力视作基本政治原则之基础的研究关注发展中国家女性的生活。这显然只是这一研究进路可被用于思考政治原则的领域之一；我的讨论将间接提到它具有的其他一些含义。即使在女性研究中，这种论述也仅只处理了问题的一部分，这些问题可以在更详尽论及能力进路时得到解决。因此，宗教问题和家庭问题得到具体讨论，其他如财产权和教育这类同等重要的问题则没有。 xiii

换言之，目前的论述也是狭义的：它以塑造公共政策为目的向广大不同学科背景的听众呈现能力进路。由于我的这个思路是哲学的，若剥离哲学论证则毫无价值，因此那些论证被保留下来，不过有时呈现的是简短的压缩版。对于许多值得详细分析的哲学问题——尤其是辩护、实在论和客观性的问题——我仅只描述其梗概（不过，我在注释中提到的引用文献对其中一些问题给予了更细致的探讨）。

最后，我仅只讨论了自己的能力进路。我没有花时间讨论它在亚里士多德和马克思那儿的历史渊源，也没有讨论与之存在亲缘关系的那些思想，如密尔有关人类繁荣的亚里士多德主义观点，南斯拉夫人本主义马克思主义者的著作，以及各种形式的现代托马斯主义。我甚至对经济学领域中能力进路的先驱阿马蒂亚·森（Amartya Sen）的著作也未做细致分析。我最终也没有处理目前为止涉及能力进路的各个方面以及《人类发展报告》所运用的评估方法的广泛的经济学文献。

这些删节反映出一项长期的战略。在这本书中，我的目标是呈现一种便于各类读者接受的单一且清晰的女性主义论证思路。将来一段时间里，我意图就能力问题完成一部更加简明扼要的学术著作，它将讨论我在这里 xiv

省略掉的所有话题。(我希望)那本书将回答哲学家们针对本书的某些方面所提出的疑问，以及经济学家认为较为突出的其他更具技术性的问题。它还将解决更广泛的具体政治问题。目前的这本书之于那本书，就像是一场十公里精英赛之于一场马拉松：它自身是完整的，有开端和终点，但它并不需要耗费读者或作者那么多精力。我认为，我已充分表明了我对那些最突出的争议性问题的看法，足以传达我所赞成的研究进路是什么。尽管如此，我还是请求那些急于在一些领域看到更全面讨论的读者静候这一场马拉松。

芝加哥

1999 年 2 月

致　谢

最终成就这个项目的工作始于 1986 年，其时我成了联合国大学的一 xv
个研究中心——赫尔辛基世界发展经济学研究所（WIDER）——的研究顾问。在此之前，如大部分美国学者一样，我过着一种相对封闭的生活。我完全不知晓发展中国家的问题，以及更一般的非西方化传统和生活方式。来自斯里兰卡和印度的我的办公室同事可以轻而易举地谈论索福克勒斯和亚里士多德，而我却完全没法谈论摩诃婆罗多或佛教的伦理道德。尽管我的研究工作开始关注社会正义，但我并未怎么思考过全球正义的问题。女性主义哲学也不是我在工作中特别关注的问题。在世界发展经济学研究所工作的八年时间（每年夏天待上一个月）改变了我的研究，使我意识到迫切的问题，并让我相信哲学为解决这些问题做出了贡献。我也开始认识到，把我所拥有的那些独特的哲学关怀带到世界发展经济学研究所可能实际上是种资产而非负债。古希腊哲学家与人的不幸进行抗争，那些人的生活水平更接近今天的印度人而非美国人或欧洲人；在某些方面，他们的建议对诊断和改善发展中国家问题有极大的针对性。我认为，亚里士多德坚持对具体情境的生动感知在伦理上的重要性，对一个经常沉浸于形式化建模和抽象推理以致无法捕捉穷人日常生活现实的领域而言做出了它的贡献。

我特别感谢在我参与这项工作的前几年给予我帮助的世界发展经济 xvi
学研究所主任拉尔·贾亚瓦德纳（Lal Jayawardena），他拥有一个奇特的信念，即哲学应当对发展经济学基础发挥影响力。最重要的是，我很感激阿马蒂亚·森，他帮忙规划这个项目，他的工作一直是并将继续是洞见与灵感的源泉，尤其是因为它将对正义的激情与对理性的热爱结合在一起。

斯蒂芬（Stephen）和弗雷德里克·马格林（Frédérique Marglin）激发我回应他们对于普遍主义的攻击，继而使我开始处理当前项目的那方面问题。当我在世界发展经济学研究所工作期间进行构思时，我也受到来自玛莎·阿尔特·陈（Martha Alter Chen）、大卫·克罗克（David Crocker）、琼·德雷兹（Jean Drèze）、乔纳森·格洛弗（Jonathan Glover）、瓦伦丁·莫加丹（Valentine Moghadam）、恩奇鲁·恩泽格伍（Nkiru Nzegwu）、奥诺拉·奥尼尔（Onora O'Neill）、西迪克·奥斯马尼（Siddiq Osmani）、希拉里·普特南（Hilary Putnam）、鲁思·安娜·普特南（Ruth Anna Putnam）、约翰·罗默（John Roemer）、玛格丽塔·瓦尔德斯（Margarita Valdés）、鲁普·里卡·弗马（Roop Rekha Verma），以及我们举办的三次会议中其他与会者的极大帮助。当我在一系列文章中进一步阐述观点时，我特别受益于约翰·罗尔斯（John Rawls）、亨利·理查森（Henry Richardson）、凯斯·桑斯坦（Cass Sunstein）和保罗·韦斯曼（Paul Weithman）所给予的鼓励和批评。通过与森氏家族其他成员阿米塔（Amita）、因德拉尼（Indrani）、卡比尔（Kabir）、比科（Picco）、顿帕（Tumpa）、巴布（Babu）的相处，我开始形成对这些问题及其紧迫性的认知。感谢阿米塔在有关现代性与传统以及有关印度女性现状问题上诸多敏锐的观察，并感谢巴布对讲座初稿的评议。

因为我意欲写作一部真实具体而非抽象的论著，并且因为，我知道我对美国以外的国家中贫苦劳动女性所面临的问题知之甚少，所以，1997年3月我前往印度考察女性发展项目。我必须从她们那里听到问题所在。这不是我第一次访问印度，但确是我第一次集中精力尽可能多地了解女性发展项目。我最需要感谢的是玛莎·阿尔特·陈，她精心安排了整个访问，使我联系上那些若无她的帮助我绝无可能见到的人。陈是在印度长大的美国基督教传教士的女儿，现在她待在印度和美国的时间各半；作为一个美国人，她几乎是一个完全受到两种文化熏陶的人，她对不同国家人的愿望问题的独到见解于我阐发这些观点而言极为重要。她扎实的学识、精通的语言、专业的田野调查和热情的个性使我度过一段轻松欢快
xvii 的日子，这与我以往的任何日子都不一样，我们在华氏一百度的气温下与信用社贷款追收员穿梭于科拉巴贫民窟，在重度潮湿的三月天里访问

了特里凡得琅的一个棚户区，参观了自营职业女性协会的银行和信用社的日常运作。因为我了解到马蒂（Marty）的工作是致力于让贫困女性发出自己的声音、写作她们自己的书，所以我知道我可以相信她能帮助我学习。虽然在很多方面我依然是个新手，但她所做的是我用感谢的话语不足以回报的。

1998年12月我回到印度，参观了更多其他地区的项目；我再次感谢玛莎·阿尔特·陈提供的帮助和建议，也感谢比纳·阿加瓦（Bina Agarwal）和利拉·古拉蒂（Leela Gulati）的引荐，同时感谢比纳在旅行和联络方面提供的宝贵援助。

我也尤其感谢我在各地见到的那些不吝啬自己时间而予以善意配合的人。关于1997年的行程，我感谢伊拉·巴特（Ela Bhatt）、里纳娜·贾布瓦拉（Renana Jhabvala）以及艾哈迈达巴德自营职业女性协会的米莱·查特吉（Mirai Chatterjee）。感谢利拉·古拉蒂领我参观她在特里凡得琅的女性研究基地，她关于贫困女性日常生活的出色研究是我最重要的灵感来源之一。感谢耶德拉·帕德马瓦蒂（Yedla Padmavathi）陪我参观马哈布巴纳加尔郊外一个废弃的工作地点，其所参与的马希拉·萨马赫亚（Mahila Samakhya）项目——一个由国家政府运作的通过教育推动女性赋权的项目，让我看到在那些几乎完全缺乏基础设施和学校的地区，实现改变之难的新维度。我也感激马哈布巴纳加尔实验站的所有工作人员花费大量时间向我介绍他们的工作。律师协会的因迪拉·贾伊辛（Indira Jaising）在属人法与法律领域其他方面给我提供建议和见解。杰戈里女性项目的阿卜哈·拜亚（Abha Bhaiya）助我了解有关家庭暴力及其他身体完整性问题的法案。安纳普尔纳·马希拉·曼德尔（Annapurna Mahila Mandel）项目主管普雷玛·普拉欧（Prema Purao）在孟买与我会面，描述她与贫困的个体企业女性一起从事的工作；我非常感谢工作人员带我去他们的一个工作点进行贷款追收。希拉·帕特尔（Sheela Patel）助我了解为孟买无家可归的流浪者提供的项目。联合国儿童基金会的苏达·穆拉利（Sudha Murali）使我获悉安得拉邦目前面临的童工问题。德里女性主义出版社“女性的迦梨”的里图·梅农（Ritu Menon）特别慷慨地为我 xviii
举办了一次讲座，让我提炼这其中的一些观点并把我介绍给许多人。我也非常感谢许多与我见面、给我提出印度方面建议的优秀经济学家及其他社会科学家，他们是比纳·阿加瓦、普拉富尔·比德瓦伊（Praful Bidwai）、韦纳·达斯（Veena Das）、德瓦克伊·简（Devaki Jain）、佐亚·哈桑（Zoya Hasan）、塔尼卡·萨卡尔（Tanika Sarkar）、罗米拉·撒帕尔（Romila Thapar）以及帕特里夏·乌贝罗伊（Patricia Uberoi）。安塔拉·德夫·森（Antara Dev Sen）（比科）一直是一位富有洞察力的评论者和热心朋友。

关于1998年的行程，我特别感谢阿斯塔（Astha）的金尼·斯里瓦斯塔瓦（Ginny Srivastava）、班瓦·辛戈·昌达纳（Bhanwar Singh Chandana）和南·拉尔·潘迪（Nan Lal Pandey），阿斯塔是位于拉贾斯坦邦乌代普尔的一个与农村地区女性，尤其是部落女性一起合作，通过家庭手工业和政治行动帮助她们改善经济状况的无政府组织。感谢斋浦尔的萨尔达·简（Sarda Jain），她使我看到那个地区涉及女性教育问题的部分行动[由维沙卡（Vishaka）和其他地方组织所领导]。在比哈尔，我得向在女性教育和经济赋权领域组织了诸多不同项目的非政府组织阿迪蒂（Adithi）的创立人维吉·斯里尼瓦桑（Viji Srinivasan）道谢，她带我走访了在穆扎法普尔和比哈尔北部其他地区的项目点。感谢西塔·纳拉辛汉（Sita Narasimhan）在那次行程过程中的启发式讨论；感谢多利（Dolly）及穆扎法普尔其他的同行教育工作者向我介绍她们与性工作者的其他女儿一起开展的工作；感谢阿斯玛（Asma）（一名歌手兼性工作者）对我提出质疑，令我深入思考在她的生活与我的生活之间存在的能力差异。我想感谢位于西孟加拉邦桑蒂尼克坦的国际大学哲学系，尤其是感谢马亚·达斯（Maya Das）、比乔伊·穆克尔吉（Bijoy Mukherjee）和阿沙·穆克尔吉（Asha Mukherjee）在讲座期间给予的热情接待和宝贵评论。感谢我在那儿做讲座的贾道普尔大学的女性研究项目组，以及舍夫塔里·莫伊切（Sheftali Moitra）、阿努拉达·昌达（Anuradha Chanda）和贾索达拉·巴格奇（Jasodhara Bagchi）在加尔各答组织了那次活动。也感谢阿米亚·库马尔·巴格奇（Amiya Kumar Bagchi）和贾索达拉·巴格奇的热情接待和富有助益的评论；最重要的是，感谢阿米塔·森（Amita Sen）的热情好客，以及她大方与我谈论泰戈尔的教育思想史。

我极其感谢以下这些人就更早先的讲座草稿提出的评论意见，他们是
比纳·阿加瓦、杰里米·大卫·本迪克-基默（Jeremy David Bendik-
Keymer)、霍米·巴巴（Homi Bhabha)、约书亚·科恩（Joshua Co-
hen)、托马斯·德安德烈亚（Thomas D' Andrea)、约翰·德伊格（John
Deigh)、大卫·埃斯特隆德（David Estlund)、玛丽·基穆拉（Mary
Kimura)、安德鲁·科培尔曼（Andrew Koppelman)、理查德·克劳特
(Richard Kraut)、安吉利卡·克雷布斯（Angelika Krebs)、查尔斯·拉 xix
莫尔（Charles Larmore)、凯瑟琳·麦金农（Catharine MacKinnon)、米
歇尔·梅森（Michelle Mason)、杰里米·迈诺特（Jeremy Mynott)、乌
马·纳拉扬（Uma Narayan)、苏珊·莫勒·奥金（Susan Moller Okin)、
赫林德·波尔-斯塔德（Herlinde Pauer-Studer)、埃里克·波斯纳（Eric
Posner)、理查德·波斯纳（Richard Posner)、马克·拉姆齐尔（Mark
Ramseyer)、亨利·理查森、斯蒂芬·舒尔霍弗（Stephen Schulhofer)、
大卫·斯特劳斯（David Strauss)、凯斯·桑斯坦、苏珊·沃尔夫（Susan
Wolf)，以及一位匿名评阅人。索尼亚·卡蒂奥（Sonia Katyal）提供了无
比珍贵的研究资助和建设性意见，与她谈论她的两种文化经历是我观点的
另一来源。我极其感激阿马蒂亚·森、昆廷·斯金纳（Quentin Skinner）
和加雷斯·斯特德曼·琼斯（Gareth Stedman Jones）在我待在剑桥的那
段时间给予热情接待并提出有益的评论意见，也感激贾索达拉·巴格奇、
戴穆特·布贝克（Diemut Bubeck）和弗兰西斯·奥尔森（Frances Ols-
en）提出其他宝贵意见。除了在剑桥大学做西利讲座以外，我在约翰·霍
普金斯大学做了三场塔尔海默（Thalheimer）讲座，在圣母大学做了两场
赫斯伯格（Hesburgh）讲座，在西北大学做了三场讲座，在斯坦福大学
做了两场讲座；在亚利桑那大学、塔夫斯大学、密歇根大学、芝加哥伊利
诺伊大学、宾夕法尼亚大学、芝加哥大学法律-哲学小组、维也纳人文科
学研究所、克瑞顿大学、加州大学洛杉矶分校法学理论工作坊以及芝加哥
大学人类发展工作坊单独做了讲座，在国家人文科学研究中心、奥地利韦
希瑟尔山麓基希贝格维特根斯坦论坛、底特律韦恩州立大学、摩斯大学、
莱斯大学、澳大利亚国立大学以及哈佛大学举办了多元文化世界的人权研
讨会。我感谢苏德·阿南德（Sudhir Anand)、茱莉娅·安娜斯（Julia

Annas)、理查德·阿内逊（Richard Arneson）、丹尼尔·布鲁德尼（Daniel Brudney）、玛丽·安·凯斯（Mary Ann Case）、胡安·科尔（Juan Cole）、齐奥兰·克罗宁（Cioran Cronin）、诺曼·丹尼尔斯（Norman Daniels）、史蒂夫·达沃尔（Steve Darwall）、约翰·德伊格、理查德·爱泼斯坦（Richard Epstein）、山姆·弗里曼（Sam Freeman）、阿尔温·戈德曼（Alvin Goldman）、大卫·戈洛弗（David Golove）、罗伯特·古丁（Robert Goodin）、米图·古拉蒂（Mitu Gulati）、芭芭拉·赫曼（Barbara Herman）、斯坦利·霍夫曼（Stanley Hoffman）、弗兰西斯·卡姆（Frances Kamm）、肯尼思·卡斯特（Kenneth Karst）、埃林·凯利（Erin Kelly）、伊丽莎白·基斯（Elizabeth Kiss）、安东尼·莱登（Anthony Laden）、简·曼斯布里奇（Jane Mansbridge）、查尔斯·米尔斯（Charles Mills）、克里斯多夫·莫里斯（Christopher Morris）、大卫·欧文（David Owen）、杰克·萨蒙斯（Jack Sammons）、杰罗姆·施奈温德（Jerome Schneewind）、托马斯·斯坎伦（Thomas Scanlon）、西纳·希夫林（Seana Shiffrin）、拉里·特姆金（Larry Temkin）、洛里·沃森（Lori Watson）以及保罗·韦斯曼等人在那些场合提出的最有助益的评论。我很幸运得到那么多人的帮助，在回应他们的建议和问题的过程中我设法使论证更有说服力。

第二章是 1997 年 11 月我参加在亚利桑那大学图森分校举行的琼·汉
xx 普顿纪念大会时发表过的内容，是为了纪念琼所写。我任教于哈佛大学时，琼是那儿的一名研究生，也是那儿的女性主义与哲学讨论组的成员。琼 42 岁时，因中风不幸英年早逝，在此之前她已经是这个国家杰出的道德哲学家之一。由于坚持社会契约论传统对于女性主义者的价值，她对女性主义思想做出了重大贡献。她的坚韧、幽默、创造力和对理性的执着都活在她杰出的著作、文章中，也将持续作为女性主义者和想要思考正义的人们的一个灵感而存在。

在这份书稿完成的最后一段时日里，我有幸在哈佛大学拉德克利夫学院邦廷研究所以研讨会形式将它发表出来。举办这场研讨会的目的是为非学术专业女性提供为期一周的专题学术讨论机会，与会者包括众多律师、银行业者、医生，一名基金主管、一名精神分析学家、一名美国空军家庭支持服务中心主任、一名保险业经理和一名工商管理硕士交换项目负责人；她们的居住国包括瑞士、法国、罗马尼亚和美国。在这场研讨会上，她们所体现出来的聪明才智、实践经验和绝对的现实感深深打动着我，促使我更好地思考自己阐述观点的一些方式。她们也证实了我对女性团体的偏爱，女性团体既是女性能力的支持者，也是关于女性问题的好的思想的孵化器。（我想这可能是我一生中最切近一次感受到群体团结，这本书中很多印度女性的自我描述都充斥着此种团结一致的感受。）我非常感谢邦廷研究所负责人丽塔·布罗克（Rita Brock）产生这个想法并设计了一次精彩绝伦的交流活动，感谢米姆·纳尔逊（Mim Nelson）鼓励我们所有人以举重运动来替代茶歇，尤其感谢桑德拉·阿尔巴诺（Sondra Albano）、凯·博尔韦尔-米勒（Kay Boulware-Miller）、玛丽·布兰特（Mary Brandt）、玛格丽特·伊格尔（Margaret Eagle）、蕾妮·格罗尔（Renee Grohl）、西尔维亚·格塞尔-费斯勒（Silvia Gsell-Fessler）、朱迪思·梅林（Judith Melin）、克莱尔·奥布赖恩（Claire O'Brien）、帕特里夏·彼得森（Patricia Peterson）、埃伦·波斯（Ellen Poss）、切丽·泰勒（Cherie Taylor）、玛丽亚·泰迪斯科（Maria Tedesco）以及阿维娃·沃顿伯格-考克斯（Avivah Wittenberg-Cox）给予我的友情和启发，我希望将来也会如此。

最重要的是，我很感谢那些从工作中抽出时间、借助翻译员与我这个
一无所知的陌生人交谈的印度劳动妇女，她们经常邀我至她们家中，把我
介绍给她们的家人。她们的生活就是这本书中的现实；我希望并相信，写 xxi
出一部不会抹去那种现实的哲学著作是可能的。

感谢舒尔基金会以及芝加哥大学法学院埃尔西·O. 桑和菲利普·D. 桑（Elsie O. and Philip D. Sang）教师基金会给予我的研究资助。

此书献给我一向敬重和爱戴的一位女性——萨拉·努斯鲍姆。她是我已过世的婆母，生于加利西亚，两岁时移民维也纳。她曾就读于维也纳大学，并获得德国及英国文学博士学位。作为一名天赋异禀的学生，她参加了弗里德里希·韦斯曼的研修班，莫里茨·施利克（Moritz Schlick）被枪杀的那天她也在场。德奥合并之前不久，她和她的丈夫内森·努斯鲍姆（Nathan Nussbaum）（一位来维也纳学医的二代美国人）离开了维也纳。

二战期间她作为德国囚犯信件翻译员供职于美国审查局，并在公立学校任教。尽管后来她放弃了之前的职业规划，专心抚育她的四个孩子，但她依旧是一位满怀激情的知识分子和艺术爱好者。她常常来听哲学讲座，有时甚至还会参加美国哲学协会举办的会议。她是一个热情而非凡的人，她是那般朝气蓬勃，以至于很难想象地不再如此。1999 年 2 月 3 日她与世长辞，享年 87 岁。

目　录

引言　女性主义与国际发展

一、发展与性别平等 1

当今世界许多地区的女性在获得人类生活所需的基本功能方面缺乏支持。相较于男性，她们营养不良、健康状况欠佳，并且更容易遭受身体暴力和性虐待。她们不太可能像男性那样读书识字，也不太可能接受职业教育或技术教育。如果她们试图进入工作场所，她们将面临更大的障碍，这包括来自家庭或配偶的恐吓、雇用过程中的性别歧视以及工作场所的性骚扰——所有这些问题经常缺乏有效的法律援助。类似的障碍常常也阻止她们有效参与政治生活。依据许多国家的法律规定，女性并不是完全平等的：与男性不同，她们不拥有财产权、订立合同权、结社权、迁徙权和宗教自由权。[1] 除了从事繁重的雇佣劳动，她们还要全权负责家务劳动和育儿工作，由于经常承担这种“双日”（double day）工作，她们丧失了玩耍和培育想象力及认知能力的机会。所有这些因素都对情绪福祉造成了损害：女性很少能够像男性那样免于恐惧地生活、享受爱的回报——尤其当她们屡屡在孩童时期便迈入未经选择的婚姻，无法从糟糕的婚姻中获得任何援助时。在所有这些方面，不平等的社会和政治环境给予女性不平等的人类能力。

人们可以这样总结所有这一切：女性往往没有被当作目的自身和应得 2
到法律和制度尊重的有尊严的人来看待。相反，她们仅仅被视作满足他人目的的手段——生育工具、看护人员、性伴侣和一个家庭总体繁荣的代理人。这种工具性价值有时是非常积极的，有时可能是消极的。一个女童的原生家庭通常会将她视为可有可无的人，因为她总有一天会离开这个家，并将无法赡养年老的父母。在她注定要离开的过程中，她的嫁妆和婚礼庆典将带给这个家庭不小的一笔开销。既然如此，像关心一个男孩那样关心她们的健康和教育有何益处呢？一个女孩的降生常常是悲伤的时刻，而不是欢乐的时刻，这有什么可奇怪的呢？正如一句古老的印度谚语所言："一个女孩降生了，不论她结婚抑或死亡，她已然离开这个家。"

这个女孩的夫家也不可能成为她收获目的性尊重的地方，尽管她的工具性价值在这里可能变得具有积极性。她的姻亲可能把她看作备受疼爱的儿子的附庸、（尤其是男性）孙辈的工具、新的家庭佣人，抑或是从她父母那里榨取嫁妆费用的手段。即便未受到虐待，她也不可能被温柔以待，在教育方面也不可能得到培养。如果她的丈夫是个和善的人，他可以在她和他父母的要求之间充当缓冲剂。如果他并不怎么和善，这个女人在夫家遭受虐待时就可能求助无门，也找不到合适的出路。她的原生家庭很可能拒绝她回娘家，她可能没有任何就业技能，法律也不怎么关心她的困境。由于世界许多地区的寡妇都容易遭受污名化，一旦丈夫死亡，她的处境可能变得更加恶劣。成为一个寡妇意味着一个工具丧失其目的，这与死亡也没什么分别了。

这些并不是少见的不寻常的犯罪案例，而是常见的现实。联合国发展计划署（UNDP）公布的《1997 年人类发展报告》显示，从一项涉及预期寿命、财富和教育水平的综合评估来看，没有一个国家将女性和男性平
3 等看待。[2] 但是，发展中国家所呈现的问题尤为迫切。性别不平等密切关联于贫困问题。[3] 贫困与性别不平等相结合的后果是核心人类能力的严重障碍。在整个发展中国家，成年女性文盲的数量比男性多出 60%，甚至女性的小学入学率都比男性低 13%，女性工资只有男性工资的 3/4。我们尚未在强奸、家暴和性骚扰方面获得可靠的统计数据，因为在很多国家，家暴和性骚扰问题没有引起太多关注，婚内强奸不算作犯罪，甚至陌生的强奸犯都很少得到惩罚，以至于许多女性不敢报案。[4]

如果我们转向极其基础的医疗保健和营养领域，便会发现很多发展中国家存在女性歧视的普遍证据。研究者一般认为，在实现平等的营养保障和医疗保健的地区，女性的平均寿命会略高于男性：因此，我们所预期的女性和男性的比例大约是 102.2∶100（撒哈拉以南非洲的实际性别
4 比）。[5] 许多国家拥有远低于此的性别比例：例如，印度女性和男性比例

为 92.7∶100，这是自 20 世纪早期开展普查以来的最低值。如果我们研究这些比例并提出疑问："倘若 C 国的性别比例与撒哈拉以南非洲相同，那么其女性人数会比当前的女性人数多出多少呢?"我们将得到一个被经济学家阿马蒂亚·森形象地称为"失踪女性"的数目。当今世界存在数以百万计的失踪女性。[6] 根据这个粗略的指数，东南亚失踪女性的人数为 240 万，拉丁美洲 440 万，北非 240 万，伊朗 140 万，中国 4 400 万，孟加拉国 370 万，印度 3 670 万，巴基斯坦 520 万，西亚 430 万。如果现在计算一个国家的失踪女性和女性实际总人数之比，我们会得到一串数字，巴基斯坦 12.9%，印度 9.5%，孟加拉国 8.7%，中国 8.6%，伊朗 8.5%，西亚 7.8%，北非 3.9%，拉丁美洲 2.2%，东南亚 1.2%。在印度，差别死亡率不仅在孩童中显得尤为突出（女童的死亡人数大大高于男童），而且 40 岁之前各个年龄段女性的死亡率都要高于男性。[7]

简而言之，女性在过上完全意义的人类生活方面缺少必要的支持。这种支持的缺乏通常根源于她们的女性身份。因此，即使她们生活在一个像印度这样的宪政民主制国家，理论上说她们是平等的，但是在现实生活中她们依然是二等公民。

二、能力进路概述

我将论证，国际政治经济理论应当是女性主义的，（除其他事情之外）它应当留意世界上差不多每个国家的女性因性别而面临的特殊问题，在不理解这些问题的情况下，贫困和发展的一般问题不可能得到良好解决。评
估一种国际发展理论的优劣，应当看它能否认识到这些问题并提供解决对 5
策。我会提出那样一种进路并为之辩护，在我看来它优越于此领域中其他主要的可选方案。这种进路是哲学的，我会尽力说明为什么我们需要哲学推理来更好地研究这些问题。[8] 它也建立在关于核心人类功能的一种普遍主义解释之上，与某种形式的政治自由主义存在密切联系；我的一个主要任务将是为此提供辩护：这种普遍主义可作为研究发展中世界女性问题的一种富有价值的基础。

整个研究计划的目标是为有关宪法基本原则的解释提供哲学支撑，作

为尊重人类尊严的最低限度要求，这些宪法原则应得到所有国家政府的尊重和实施。(实施的问题很复杂，我会在本章第七节单独讨论这个问题。)我会论证，对基本的社会最低值观念进行研究的最佳方法是由关注**人类能力**的进路提供的，即依据一种与人类尊严相匹配的直觉式生活观念，关注人们实际上能够做什么和能够成为什么样的人。我会鉴定出一份**核心人类能力**清单，将它们置于某种**政治自由主义**的语境下，使其成为明确的政治目标，并以一种无关任何特定形而上学基础的方式来呈现它们。在这个意义上，我认为能力可以成为持迥然有别的整全性善观念的人们之间重叠共识的对象。[9] 并且，我将论证这里的能力应当为每一个人所追求，每一个人都被视为目的，没有人仅仅作为他人目的的工具而存在：因此，在**每个人都被视为目的的原则**基础上，我采用了**每个人的能力原则**。由于女性常
6 常被视为他人目的的支持者而非目的自身，因此这项原则对女性生活具有特别重要的影响力。最后，我的研究进路运用了**能力门槛**观念，它认为低于这个门槛公民便无法真正发挥人类功能；社会目标应当从让公民高于这一能力门槛的方面来予以理解。

能力进路还有另外一种较弱的相关用途。它指定了一个空间，在此空间中国家之间可以最坦诚的方式进行**生活质量比较**(人们生活得怎样)。以这种方式得到运用的能力进路是其他经典评估方式的竞争对手，如人均国民生产总值和功利主义。能力观念的这一作用具有重要意义，因为如果不事先矫正比较空间，在形成一种好的社会最低水准观念方面我们不可能取得进展。即使我们不愿进一步将这一进路作为确立社会最低水准或门槛标准的宪法基本原则的哲学基础，我们仍可以在这种较弱的意义上运用它来比较一个国家与另一个国家。在缺少某种明确的规范性观念来告诉我们如何理解比较研究中的那些发现时，对能力的比较性运用终究用处不大。发展经济学中绝大部分生活质量评估观念都隐约受到关于什么构成恰当的社会目标(财富最大化、效用最大化等等)的规范性理论的约束，而此种生活质量评估观念明显受到此种约束。我主要的论证工作将是超越对能力的单纯比较性运用，构建一种作为局部正义理论的规范性政治提议。(不把它说成是一种完全的正义理论的理由将在第四节中呈现。)

能力进路完全是普遍主义的：这里的能力对每一个公民、每一个国家

来说都具有重要性，每个人都被当作目的来看待。发展中国家女性对这项研究的重要性表现在两个方面：作为普遍遭受严重能力障碍的群体，女性自身处境对形形色色的理论构成有趣的测验，它向我们展示出这些研究进路已然解决或无法解决的问题。通过关注这些女性的问题，基于人均国民生产总值和效用的经典进路的缺陷可以很好地得到理解；当然，女性问题本身就很迫切，聚焦这些问题也许有望弥补发展经济学和国际人权运动先 7
前对性别平等的忽视。

由于聚焦发展中国家，这项研究在女性主义政治哲学中显得有些不同寻常。这种常见于女性主义经济思想和女性主义运动的聚焦方式，正在女性主义哲学中变得愈发常见，且理当如此。我认为，女性主义哲学应当逐渐增强对发展中世界女性的迫切需要和利益的关注，在提出充分的改善建议之前，必须在对话中恰当理解她们身处的具体物质环境和社会环境。这种国际聚焦并不要求女性主义政治哲学放弃它的传统议题，如就业歧视、家庭暴力、性骚扰和改革强奸法；这些对西方女性具有重要性的问题，对发展中国家女性来说同样重要。但是，倘若女性主义哲学试图高效研究发展中世界，那么它将不得不在它的议程中添加新的议题；这些议题包括饥饿与营养、识字、土地权、外出就业权、童婚以及童工问题。（其中一些议题对于构建有关发达国家贫困女性生活的哲学研究来说同样至关重要。）总之，将发展中国家和发达国家贫困劳动妇女遭遇的问题日益置于议题中心的做法似乎是正确的，中产阶级女性面临的特殊问题理应为此让行。

女性主义哲学常常质疑普遍主义的规范性进路。我会证明描画出这样一种坚定的普遍主义女性主义哲学实践框架是可能的，它承诺跨文化的正义、平等及权利规范，而且对地方特殊性和环境塑造选择、信念及偏好的诸种方式也具有敏感性。我将论证一种普遍主义的女性主义不必对差异性或帝国主义无动于衷，依据一般人类能力及其发展来构建的某种特殊的普遍主义，实际上为我们安置差异性思想提供了一个最佳框架。

在第一章中，我运用人类能力的观念筹划并捍卫了一种有关基本政治原则基础的研究。我认为这一进路产生了某种对多元主义和文化差异保持 8
敏感的普遍主义；通过这种方式，它使我们得以回应跨文化的普遍主义所遭遇的最强劲的反驳。我也解释了我的研究进路与各种形式的自由主义的关系，为一种关联于能力观念的政治自由主义做出了辩护。随后，我阐释了这一进路与基本人权理念的关联。而且我就政治辩护与政治实现之间的关系给出了一种解释。

然而，展现一个观念有吸引力的特征仅仅是辩护工作的一小部分。在第二章中，通过论证这一思路优越于主观福利主义思路——认为每个人所感知到的福利应当成为社会选择基础的观点，我将这项工作向前推进了一步。福利主义观念在经济学乃至发展领域中普遍存在，且具有高度影响力；因此，在哲学层面和实践层面，想清楚能力观点和福利主义之间的关系似乎很重要。我会论证，偏好变形的问题使得福利主义进路作为政治原则的规范性理论基础是不可接受的；我们需要能力进路所给予我们的那种关于核心政治益品的实质性论述。承认适应性偏好形成的现象并不意味着一种不可接受的家长制，如果这种承认与某种政治自由主义和关注作为政治目标的能力（非实际功能）相结合的话。不过，在展现对人类欲望的尊重方面，福利主义进路终究做对了一些事：通过比较我的能力进路和关于人类善的柏拉图主义解释，我会尝试说明这里的“一些事”指的是什么。

第三章和第四章研究了对女性生活具有特殊重要性的两个特定的问题域。类似这种可使人获得丰硕成果的问题域还有不少。教育和财产问题便是明显的可选项，强奸、家暴和性骚扰问题同样如此。[10] 我选择宗教
9 和家庭这两个问题域，不仅是出于它们的复杂性（在某种意义上，它们包含了其他所有问题），也是因为它们提出了有独特哲学意味的复杂问题。有关宗教这一章分析了宗教与性别平等的冲突，阐述了一种从政治和法律上处理那些冲突的策略。我认为，对这个问题的任何一种好的研究都必须平衡这两者：承认宗教在人类意义追寻（包括女性对意义的追寻）过程中的重要性，以及当宗教威胁到人类功能发挥的一些重要领域时，对它予以批判性审查。在这一点上，美国的宪法传统提供了颇有助益的见解，它们恰好适用于解决发展中世界的多元民主问题；我的解决方案中绝大多数内容已经体现在《印度宪法》中。第四章最终处理了家庭中爱与关怀的难题，探询在保留女性作为爱与关怀的给予者而具有价值这一观点的同时，促进完全平等和家庭正义的政治目标的实现是否可能且何以可能？处理这个问题首先需要对爱的情感给予充分的哲学解释（或至少提供这种解释的

梗概），然后考察家庭这个显而易见的“自然”实体的社会起源和政治起源。

从始至终我所关注的都是印度的问题，这个国家虽拥有一种前景美好的宪法传统，但女性在其中却遭遇严重的不平等。一些有关女性和发展的著述从诸多不同文化中引入描述单薄的实例，而不曾将它们中的任何一个置于一种深厚或丰富的语境中。我觉得这是不明智的做法；如果不将其置于自身的语境和历史中，我们无法真正理解一个事件或一项法律的意义。通过关注印度的问题，我可以基于个人观察和熟悉度来写作和研究，而且我能对这些论辩进行学术评估，倘若我试图关注的领域更为广阔，我可能做不到这一点。至于思考此处呈现的与印度相关的政治理想和它的更广泛应用之间关系的最佳方式，贾瓦哈拉尔·尼赫鲁（Jawaharlal Nehru）在这段名言中给予了说明：

> 为印度服务就是为数百万苦难者服务。它意味着贫困、无知、疾病和机会不平等的终结。我们这一代的伟人抱负是擦拭人们的每一滴眼泪。这可能超越了我们的能力范围，但只要眼泪和苦难尚在，我们的工作就尚未结束……这是印度的梦想，但也是全世界的梦想，因为所有国家及其人民如今都如此紧密地彼此交织在一起，以至于无法想象它可以独立自存。和平被认为是不可分割的；如今，自由和繁荣也是如此，在不再可能分裂成诸多孤立部分的“同一个世界”中，灾难 10
> 同样如此。[11]

同样地，这个理想的政治建议虽以印度为例进行定位，却适用于所有国家。

相对于我描写到的那些地方来说，我是一个双重意义上的局外人——我既是异国人士也是中产阶级人士。但是，绝大部分印度人的印度研究至少在某种意义上也是由外人完成的，意思是，他们的中产阶级生活远远不同于他们所描述的生活。（绝大部分美国人关于贫困和福利改革的研究也面临同样情形。）我认为，这些障碍可通过人们的好奇心和决心来加以克服——尤其当人们倾听别人诉说时。或许，一个异国人士有时还能在文化、宗教和政治论辩中保持一种有益的中立，而任何一个生活在印度的学者必会陷入其中。当然，较之于一个从其自身文化来说的上流社会人士，一个毫无牵扯的外国人有时会受到更热情的接纳。如果从我的办公室向前走一个街区，到达与繁荣的大学城相毗邻的伍德朗地区（一个贫困的美籍非裔社区），我不会像在印度工人阶级家庭中那样，受到充满热情和信任的接待。在一种根深蒂固的不平等处境中，如何做邻居可能是个认识论问题。

这项哲学研究的目的是要阐发一种特殊的规范性哲学理论。我不是一个经验主义的社会科学家，这本书也不是为了记录持续的经验研究。但我的确试图回应那些经验事实以及我的所见所闻。我相信哲学理论具有实践性的政治价值，它的地位不可能为其他更具经验性的研究所替代。理论的部分实践价值在于它的抽象性和系统性。我认为，女性主义者在全球范围内贬损抽象性的做法极不明智。脱离某种抽象，则不可能存在任何思想或言论；政治哲学传统特有的那种抽象性具有重大价值，只要它以正确方式
11 与对现实相关事物的认知关联起来（实际情形并非总是如此）。[12] 一些女性主义哲学，尤其是受到后现代文学理论影响的女性主义哲学，陷入某种使思想远离现实的抽象性，它无法帮助我们更好地发现或理解真实的女性生活。关注真实案例和经验事实有助于我们将政治理论不应抹灭或忽视的突出特征鉴定出来。所以，不论我的终极目标多么富有理论性，我都试图以回应现实的方式来写作，那样有助于读者对相关现实展开想象。因此，在第四节中，我会通过呈现我所遇到的两种独特生活来开始论证，这将协助我们发现突出的问题以及它们之间的相互影响。这些生活实例将为接下来几章中许多具体的讨论提供一个解释的焦点。[13] 在第五节中，我会将这些特殊生活置入对当今印度女性面临的一些问题的更一般的事实描述背景中。

三、能力进路：森和努斯鲍姆

然而，在可以开始讨论之前，我们必须从一个不同视角介绍能力进路。因为，建立在功能发挥与能力之上的理论是由阿马蒂亚·森在发展经济学中首次提出的，并将从第一章和第二章的具体讨论中更完整地显现出来。我自己的能力进路源于自 1986 年开始与森在世界发展经济学研究所

的一段时间的合作，那时候我们意识到，我在亚里士多德研究背景中追寻的那些观念与他在经济学中追寻多年的观念惊人地相似。因此可以假定，我们在此处将要讨论的所有问题上的意见是一致的，存在于当前论述中那些有争议的提议可归于森，他手头已经有了充分的论证。故此，设法描述 12
我们二人研究进路的共同点和不同点似乎很重要。

森主要运用能力概念来指示一个空间，在此空间中生活质量（或如他有时所说的生活水平）的比较以最富成效的方式进行。我们不询问人们是否满足，或者他们能拥有多少资源，我们询问的是他们实际上能够做什么或能够成为什么样的人。森也坚持认为，正是在能力空间中，社会平等与不平等的问题才以最佳方式被提出来。

我由衷地同意森关于能力空间的主张，也同意他用来支撑这些主张的论证，其中许多论证将重现于此。但我在本书中的目标是超越对能力空间的单纯比较性运用，澄清能力连同能力门槛观念何以可能为公民有权向政府提出要求的核心宪法原则提供基础。在我的论述中，门槛观念比起完全的能力平等观念更为重要：如我所言，我们也许有理由延迟询问“当所有公民都高于门槛标准时我们应该怎么做”的问题，因为这已是在强加一种费力且无从实现的标准。这样一来，我的提议试图相容于门槛标准之上的多种不同的分配理论；因而它是一种局部而非完备的分配正义理论。森从未使用过门槛观念。我认为他并未表明自己是否果真支持能力的完全平等；鉴于他在这一点上的提议是开放性的，他和我可能拥有实质性的共识。

另一个体现强烈共识的方面是，我们都赋予政治自由以重要地位。森明确拥护罗尔斯的自由优先性。我的观点是所有能力都是基本能力，我不会宣称它们之间存在一种词典式序列。但是，就我们均极力论证经济需求不应以否定自由的方式予以满足而言，我们的意见完全一致。

最后，我们一致强调我们所寻求的能力应当被理解为对每一个人都具有重要性，当我们询问国民生活得怎样时，所应思考的正是每一个人的能力。森从未明确宣称任何类似我的**每个人的能力原则**这样的东西，但是，比如他对有机家庭模型的批判就非常清晰地表明，他支持把重点放在将每 13
个人当作目的来看待。

不过，我的能力进路在许多重要的方面不同于森的理论。首先，虽然森和我在发展政策领域里文化相对主义的贫困和普遍规范的必要性方面保持高度一致，但除了对非西方文化进行历史论证，以显示许多反普遍主义者的进路存在描述上的不充分，他从未明确给出反相对主义的论证。很明显，他赞同我通过强调文化是辩论和争议的场域这种方式来回应我在第一章中所说的**文化论证**。但不太清楚的是，他是否赞同我在第一章中呈现的针对相对主义论证的其他回应，尽管他同情他们的总体精神。

森不曾试图将能力进路建基于马克思主义或亚里士多德主义关于真正的人类功能发挥的观点之上，在我的论证中，这类观点发挥了核心作用。尽管在表述这一进路时他偶尔提及马克思和亚里士多德，但我并不清楚在他的观念形成过程中那些思想家是否发挥了重要作用；倘若他们确实发挥了作用，那也可能是通过他们在塑造印度左翼辩论氛围中的作用间接实现的。因此，关于哪些生活是有尊严的人类值得过的生活的论证，以及摧毁人类能力所涉及的浪费和悲剧的论证——此外，一切关于哲学辩护的讨论——应被理解为未获得他的赞许，尽管那也并非意味着他不赞许。

更重要的是，森从未罗列一份核心能力清单。他列举了大量实例，《人类发展报告》也以至少符合我清单上部分项目的方式来组织内容。但是，实实在在地制定这个清单并描述出它在政治原则产生过程中的用途的想法并不是森的，并且不应当认为他会认可这个研究计划及其具体内容。

我在论述中引入的其他区分——例如，三类能力的定义（基本的、内在的、综合的）——在森那里没有出现，尽管他在分析实例时偶尔会表达类似观点。他有时通过实例支持把能力而非功能发挥看作恰当的政治目标
14 这一观点，但他从不认为它是一个一般性的理论观点。我自己对这个问题的处理与我将这份清单表述为一种特定的政治观念和特定的政治重叠共识的基础紧密联系在一起。森也从未讨论整全性自由主义与政治自由主义之间的差异，他究竟支持哪一种自由主义是不清楚的。他在宗教方面的立场比较复杂。有时，他倾向于我在第三章中界定的世俗人文主义的女性主义；可是在论述印度情形的文字中，他又支持赋予宗教以重要政治地位的当下流行的世俗主义。

森着重使用的一组区分没有出现在我自己的能力进路中。这就是福祉

与能动性的区分，这一区分连同自由与成就的区分一起构成目前他关于能力的大部分论述。我和森都认为这些区分所引入的概念很重要：但我认为，所有重要的区分都可作为能力/功能区分的不同方面而得到理解。譬如，当我们考虑健康问题时，我们应当区分维持健康的能力或机会与实际的健康功能的发挥：一个社会可以保障第一种能力，与此同时给予个体不选择相应功能发挥的自由。我不太确定这里使用福祉/能动性的区分能否起到任何额外的澄清作用：健康的功能发挥本身就是一种活动方式，并不只是一种被动的满足状态。虽然森肯定会同意这一点，但我担心对“福祉”观念的功利主义联想会使一些读者认为，他在想象一种不涉及主动的活动与存在的享受福祉的方式。所以，我宁愿将我的术语与功利主义传统更明确地区分开来，我也不认为坚持一组更简略的区分（以及前文讨论过的不同层次的能力区分）会使得任何重要的哲学问题晦暗不明。

关于权利与能力的关系，我们之间有一点小小的分歧，这点分歧与一个未触及当前研究的更大分歧联系在一起。捍卫一种复杂的非功利主义后果主义的森批评了应将权利理解为提供边际约束的观点。我支持那种观点的这一版本，即用核心能力取代权利：核心能力不会因追寻其他类型社会利益而受到侵害。然而，我们的观点在实质意义上非常接近，因为我也提 15
供了一种权利分析，这种分析不同于他用来攻击权利提供边际约束这一观点的那种分析（见第一章第六节）。

最后，我有时采用叙事法来隐约强调想象力和情感在政治上的重要性，森从未以任何一种方式谈到过这一点。我在那个议题上的观点——我在其他地方详细阐述过——当然不应归于森。我现在转向那个叙事性题材。

四、努力活得欣欣向荣的两个女人

古吉拉特邦的艾哈迈达巴德是一座以纺织业为主的城市，圣雄甘地曾在这里以非暴力不合作原则组织过工人运动。游客来这儿参观它的纺织博物馆和甘地纪念馆。不过，它如今也作为另一项抵制运动的发源地而吸引人们的注意：拥有5万多名成员的自营职业女性协会连续20多年通过信贷、教育和劳工协会帮助非正式部门的女性劳动者改善她们的生活状况。(在印度，相当多的工人在所谓“非正式部门”里工作，“非正式部门”意指家庭手工业、农业劳动以及各种形式的自营职业。在女性劳动者中，94％的人从事自营职业。)[14] 那条将这座城市一分为二的污水河的一边是自营职业女性协会初建时所使用过的破旧的老房子，如今被用作员工办公室。污水河的另一边则是刚刚搬进一幢大理石办公楼里的教育部门和自营职业女性协会银行。所有的顾客和雇员都是女性。女人们喜欢说，“这家银行如同我们的母家”——协会创始人伊拉·巴特说，这是因为一个女人的母亲会重视她、替她保守秘密并帮她解决她的问题。[15]

16 瓦桑蒂坐在老办公楼会议室的地面上。[16] 这个 30 出头有点黝黑的女人，穿着一件惹人注目的铁青色纱丽，她的长发被整齐地绾成一个圆髻盘在头顶。柔和而圆润的她似乎觉得坐着比行走更舒适。她的牙齿不整齐而且有些变色，不过在其他方面她看起来尚且健康。我的同事玛莎·阿尔特·陈后来告诉我她是一名拉吉普特人，即（印度教的）高种姓人；我从来都弄不明白怎么会有人对那些了如指掌。[17] 她和她年长的（低种姓）[18]朋友科基拉（Kokila）一同过来，科基拉是一名陶罐制作者，也是当地会议厅的一名清洁工，她身材高大且性格火暴，作为社区组织者协助警方鉴定家暴案件。瓦桑蒂虽然轻声细语，并常常在说话时眼眉低垂，但她的眼睛充满活力。

瓦桑蒂的丈夫是一个赌徒和酒鬼。他利用家中积蓄去买醉，在花光这笔积蓄时，他去做了输精管切除术，以获得当地政府提供的现金奖励。所以瓦桑蒂没有孩子可以帮她。在她丈夫开始有身体虐待倾向时，她最终没法与他继续生活在一起，并回到自己家里。曾制作辛格缝纫机零部件的父亲已经去世，但她的兄弟在父亲从前的店铺里经营汽车零部件业务。她住在店铺里，席地而睡，利用父亲曾使用过的一台机器制作纱丽上衣挂钩上的眼孔，一开始还能挣得小笔收入。她的兄弟替她找了一位律师起诉她的丈夫以获得赡养费——对于她这种经济阶层的人来说，迈出这一步是不寻常的——但这起案件已经拖了很多年，仍看不到任何结论。与此同时，她
17 的兄弟还借给她一笔钱来购买给纱丽卷边的机器；不过，她不喜欢依靠他们生活，因为他们都已结婚生子，可能不会愿意提供长久的支持。所以，

在自营职业女性协会的帮助下，她自己从银行贷款来偿还兄弟的债务，到目前为止，她几乎已经偿还了自营职业女性协会的所有贷款。现在，她每月挣得 500 卢比，生活得很体面。[19] 她有两个储蓄账户，并渴望更多地参与到自营职业女性协会工会中来。她说，女性经常缺乏团结，富裕的女性会利用贫困女性来获得好处。相比之下，她在自营职业女性协会中找到了一种集体感。有科基拉这位拥有迥异的社会地位和脾气个性的女性陪伴，她显然找到了快乐。

如今的瓦桑蒂充满活力；她直视我们的双眼，声音有力而清晰。[20] 她说，印度女性承受了太多苦痛。我也如此，我的生活充斥着太多的伤痛。但是，我们的力量从苦痛中萌生。既然自己的处境得到改善，我们便想为其他女性做些善事，从而觉得自己是好人。

在印度南端喀拉拉邦的特里凡得琅，三月下旬火炉般闷热的一天，贾亚玛站在她的小屋外。[21] 让你注意到她的第一件事就是她笔直的后背和充满肌肉力量的动作。她的牙齿掉光了，眼睛视力似乎有点模糊，并且头发稀疏——但她本可充当一个团的团长，号令她的军队投入战斗。谈到她与自己孩子和邻居激烈争吵的过往，我一点儿也不觉得吃惊。由于咀嚼烟 18
草，她的下巴撅出来了。身为艾扎瓦（Ezhava）种姓人——一个非列表的（印度教）低种姓[22] ——贾亚玛遭受到两方面损失，既缺乏良好的社会地位，也没有资格享受政府为低种姓人建立的平权行动计划。她仍生活在特里凡得琅郊外某片政府土地上的寮屋居民聚居区。尽管我得知，我见到的是整个特里凡得琅最贫困的地区，但鉴于喀拉拉邦总体较高的生活水平，这个聚居区相比孟买的贫困地区和一些农村地区来说似乎相对比较繁荣。聚居区的小屋洁净而凉爽，墙体很结实，有些用泥土做成，有些用砖块砌成，墙面以照片和孩子们的艺术作品作为装饰；有些房子还可看到一片被风眼蓝覆盖的湖泊美景。许多房子拥有洗手间，它们由当地政府项目出资建造；水电均已安装入户。虽然这些居住者起初是寮屋居民，但是现在他们拥有了一些土地权。公交车就停靠在聚居区外一条维护良好的道路上，不远处有一家医院，聚居区里还有一所欢快的小学。大一点的孩子似乎都在这所学校就读：身穿校服的孩子们整洁而又自豪，他们看起来很健康，营养充分，会陪同访问者参观聚居区。（在印度许多地区，连一所学校都没有，基础设施也不健全。）

贾亚玛最近退休了，在这之前大约45年时间里，她每天都会去砖窑厂花8小时从事头扛砖块的搬运工作，每天可扛500—700块砖。（她一日所挣的钱从未超出5卢比，是否有活干还取决于天气。）贾亚玛在她的头上平稳地放下一块木板，一次性垒起20个砖块放在木板上，然后用颈部力量保持砖块的平衡，飞快地走向砖窑，在那里她必须在不扭动脖子的情况下卸下砖块，一次两个地把它们递给装窑的人。砖厂的男性通常只会在一段时间内从事这种重体力活，然后升职从事砌砖造模和装窑这类技术性（没那么费力的）工作，这类工作可允许他们一直做到中老年。尽管那些
19 工种危险系数更小，做起来更轻松，工资却高达两倍。女性从来没有这些升职机会，也不允许学习相关技能。正如印度大部分小型企业一样，砖窑厂被定义为家庭手工业，因此那里的工人得不到任何工会的保护。所有工人的薪水都很低，但女性遭遇特殊的障碍。尽管如此，他们仍坚守这份工作，因为与建筑业和农业不同，它提供了正规职业。砖窑厂也经常雇用童工，因此贾亚玛可以带着孩子一起工作。她觉得她做了一笔坏交易，却看不到任何改善的途径。

故而，在她步入60多岁的年纪，不再能从事搬砖这种重体力活时，贾亚玛丧失了维持生计的工作。无论如何，她的丈夫从来没给这个家庭提供多少经济上的支持，现在他去世了；在他年迈时，贾亚玛为了照顾他牺牲了大量工作时间。她不愿意成为一名家庭仆役，因为在她的社区从事这类工作被看作是丢脸可耻的。贾亚玛为此还补充了一种政治解释："作为仆役，你在与你的敌人所在阶层为伍。"身为寡妇的她无法从政府那里获得寡妇抚恤金：村公所的人告知，她不具备资格的原因在于她拥有几个身体健全的儿子，然而事实上她的儿子都拒绝赡养她。这个地区的男性在照顾和赡养年老的亲人方面都不值得信赖；贾亚玛的几个儿子中只有一个居住在这个地区。与此同时，由于孩子们年幼时她在儿子身上的投入多于女儿——所以，女儿们虽然更愿意帮她，却缺乏足够的技能和机会。唯一例外的是，她的一个孙女通过参与针对低种姓人的教育平权行动计划（她母亲嫁给一个普拉亚种姓的男人），事实上拥有护理文凭。但是，医疗系统的腐败意味着，如果想获得从事护理工作的机会，她必须支付2 500卢比

的预支费。所以这个高大、骄傲和美丽的女人成天坐在家中从事家务劳动；她把护理文凭存放在一个盒子里，悲伤地向来访者展示。

虽然存在所有这些（和其他）逆转，贾亚玛依然是坚韧的、咄咄逼人的和健康的。她似乎没兴趣交谈，但仍然带领访问者四处参观，并确保她们都喝上了酸橙汁和饮用水。

瓦桑蒂和贾亚玛拥有完全不同的生活。一个处于中低阶层贫困的边
缘，另一个处于经济阶梯的最底层。[23] 瓦桑蒂的收入是贾亚玛职业巅峰 20
期收入的五倍。贾亚玛从不指望得到银行贷款，因为她没有任何抵押品（她在土地上的财产权需要在法庭上确立，并付出一定代价），持有两个储蓄账户的想法对她而言遥不可及。不过，她们的生活模式在很多方面显现出相似性，这些模式在印度和大部分发展中世界的女性生活中极为常见。她们两人都成长于一个形式上女性与男性平等的国家，即拥有平等的政治权利，名义上拥有平等的社会权利和就业机会。（性别歧视在《印度宪法》中是不合法的。）她们都在一定程度上遭受并非完全由其女性身份引起的一般性的贫困问题。然而，她们也都遭受到确实源于性别歧视的剥夺，性别歧视是这些女性遭遇贫困的一个如此普遍的因素，以至于认为在不考虑它的情况下可达到对其贫困的任一方面的完整理解的观点是错误的。贾亚玛整个工人生涯都受到砖窑厂严格的性别分层的限定，同时受到低阶层女性很少获得正规教育和高级技能发展机会这一事实限定。（男性也不总是能得到这些机会，但如果一个家庭中有一个孩子能够获得它，那么几乎可以肯定这个孩子是个男孩，理由是多方面的：男孩事实上拥有更大的经济机遇；女儿的收入通常归属于她们的夫家而非原生家庭；在某些地区和阶层中，一个人依赖女儿生活被视作是有
损颜面的。）[24] 瓦桑蒂受到与之不同的、更多中产阶级压力的阻碍：早 21
婚、将已婚女性限定为家庭妇女、缺乏正规教育和实用性职业培训。她显然是一位十分聪慧、机智的女性，但也没有机会踏入一个真正的中产阶级工作岗位，因为她是文盲。

她们都生活在一个女性极度依赖男性、男性则时常轻率对待自身责任的世界。贾亚玛的丈夫经常在吸烟、饮酒和自己外出就餐上花光他的全部收入（无论如何都不大的一笔收入），使得贾亚玛在疲累的工作之余不仅

要操持所有家务，还要为孩子和家庭提供重要的经济支持。这是一种常见的喀拉拉邦模式，贾亚玛的儿子们已经在仿效这种模式生活。瓦桑蒂的丈夫展示出一种令人沮丧的常见模式：酗酒和家暴——这些问题是如此普遍（并如此频繁地彼此结合），以至于古吉拉特邦为了回应女性群体的施压，颁布了一道禁酒令。他没怎么在经济上支持过她，因为醉酒后想出的绝育奖金这一聪明计谋，他甚至剥夺了她养儿防老的机会（揭示出一项原本旨在改善女性生活的政府项目的黑暗面）。为了离开他，她不得不开始依赖其他男性——虽然在此情形中，她的兄弟给予她不同寻常的帮助，替她请来一位律师还借给她一笔钱，最终使她凭借自己的力量站起来。尽管她明显持有一桩有利的追讨赡养费的法律诉讼，但低效的有些狄更斯式意味的法律制度未能让她获利。最后，两个女人都因为缺乏教育受到严重限制，这种缺乏至少部分归因于她们的性别。

贾亚玛和瓦桑蒂面临的问题是身处特殊的种姓和地区环境的印度女性生存境况所特有的。若不理解贾亚玛在具体和一般的诸多不同层面如何
22 获得社会定位：成为一个艾扎瓦人而非普拉亚人意味着什么，生活在喀拉拉邦而非其他邦意味着什么，生活在城市而非农村意味着什么，在喀拉拉邦作为一个印度教徒而非基督徒意味着什么[25]，她为何每晚祷告并把它看得很重要，当然，还有从更一般意义上说，她出生在印度而非欧洲或美国意味着什么，我们就不可能理解她的选择和限制。若不理解瓦桑蒂身为高种姓人（大量规则限制了什么是正确的行为）和极度贫困的人（她很少有机会做一些可以谋生的、非常体面的事情）所受到的双重束缚，我们就不可能理解她。[26] 若不清楚古吉拉特邦的计划生育政策、自营职业女性协会运动的进展、古吉拉特女性运动所依托的甘地自给自足传统的背景以及其他许多极为特殊的事情，我们也不可能理解她的故事。毋庸置疑，这一切特殊性以外人难以理解的方式塑造了每一个女性的内心世界。

换而言之，在这样一组高度具体的情境下——某些方面如此不同于美国贫困的女性劳动者面临的情境，两位有辨识度的、可予以想象的女性所面临的问题并非完全以无法辨识的方式区别于世界许多地区的许多女性（和许多一般意义上的穷人）所面临的问题。在贾亚玛的坚韧与好斗中，瓦桑蒂意欲服务社会以表明她是一个好人中，两个女人争取独立和经济自

足的强烈愿望中，贾亚玛对自己家庭的一种复杂的自豪感中，瓦桑蒂对其女性朋友的情谊中，两个人想拥有一些自己名下的钱财和财产的愿望中，总体而言，在她们寻求能力、掌控力和对自身生活状况的控制力中，我们看到了世界上许多地区的女性所做出的共同努力。在某种意义上，全世界劳动者的身体是同一个身体，它对于食物、营养和医疗保健的需求是一样的——因此，承认这些并不至于令人过分惊讶：特里凡得琅的女性体力劳动者在许多方面可与亚拉巴马州或芝加哥的女性体力劳动者相提并论，她似乎并不具有某种全然异质的观念或无法辨认的特异身份，尽管她的努力 23
和观念植根于其中的环境是特异的。类似地，全世界受虐者的身体在某种意义上也是相同的，尽管家庭暴力在每个社会中都有其具体的发生环境。即使每一种环境中最为明显的特异之处，在另一层面也并非如此陌生。令我们感到十分古怪的是，砖窑厂让女性完成所有重活，然后给她们支付很低的工资——不过，职场中许多形式的性别歧视都展现出类似的不合理性[27]；同样古怪的是，贾亚玛似乎把它视为职场常态来接受，可是我们知道遭受歧视的女性并非总能联合起来反抗不平等。此外，瓦桑蒂没受过教育的事实似乎也很古怪，但是，女性基本上充当妻子和母亲，男性则外出工作，这种更具一般性的观点一点儿也不令人陌生。她甚至看起来并没有上学的欲望这一事实，或者她表现出某种异质的观念也没那么令人吃惊，因为她丝毫看不到受教育可能让她享受一种更好生活的迹象。（正如我们将会看到的，当见到女性成为银行出纳员和工会组织者，运用识字能力改善自身生活之后，自营职业女性协会组织中的许多女性快速掌握了充分的识字能力。）

其实，对一个西方女性主义哲学家来说，思考这些人的生活的最大障碍不在于它们的异域性，更多则在于具体的细节和她们贫困处境的动态变化：西方女性主义哲学不经常关注借贷、学会读写和购买一台缝纫机这类问题，虽然这种关注点在女性主义政治学和其他学科如发展经济学与政治科学中较为常见。有关谁在茶中加牛奶而谁只能加糖，人们要进行慎重选择的观念（如在贾亚玛家中那样），在女性主义哲学家那里比起地理位置、政治组织和宗教这些宏大事实来说是更加难于理解的一个事实。（大部分 24
美国哲学家可能都没有意识到——我自然也没有意识到——往茶里加糖

的费用低于加牛奶的费用——我不会像世界各地贫困家庭中常见的那样开始精打细算。)[28] 因此，这项女性主义的哲学研究需要从使读者大致了解印度女性（尤其贫困女性）的处境开始着手。

五、印度：理论上而非现实中的性别平等

印度女性的处境是一个格外难于介绍的议题，因为全世界可能没有哪个国家比印度更具备内在的多样性和多元性。接下来，我将描述那些差异（种姓、宗教、地域背景、财富和阶层还有其他方面差异）的一部分。不过，下述内容中存在一些应被铭记于心的非常基本的事实。

1997 年 8 月 15 日，印度庆祝脱英独立 50 周年。它是世界上最大的民主国家，拥有 8 亿 4 630 万人口。它实行宪政民主制，有关于基本权利的成文规定，包括废除贱民制度以及一套详尽的关于平等和无歧视的规定。它的法律体系在某些方面类似（并效仿）美国，将基本的普通法传统与成文宪法的约束相结合。与我们一样，它的最高法院是基本权利的最终解释者，且时常运用美国宪法学（和法律文献）作为判例来源。（例如，通过对实质性正当程序做极为相似的理解，如今在美国饱受争议的有关隐私权的法学理论的绝大部分内容被涵括到印度的宪法当中。）

《印度宪法》是一份对女性非常友好的文件。性别方面的无歧视权以
25 列入可诉基本权利的方式得到保障，法律的平等保护权亦是如此——如美国的情形那样，这项权利被解释成与系统的性别等级制不相容。第二十一条规定——未经法律正当程序，任何公民都不应被剥夺“生命或自由”——被理解为牵扯到《格里斯沃尔德诉康涅狄格州案》和《罗伊诉韦德案》这些美国案件中涉及的全部隐私权判决，这种隐私权被用于质疑在妻子离开夫家时强制“恢复夫妻权利”的维多利亚时期法律。[29] 尤为有趣的是这一事实，立法者明确宣称无歧视与旨在改善受剥夺群体命运的体系平权行动计划相容：所以性别平权和种姓平权的原则被写进了《印度宪法》本身。印度从未以纯形式化的方式理解平等，这种理解偶尔盛行于美国法律：一个共同的理解是，平等拥有物质上和制度上的先决条件，它最好被理解成需要消除一切体系化的等级制。（第十七条废除了贱民制度：

“禁止以任何形式实行这种制度。”)[30]

印度拥有一部统一的刑法典，从多数方面看，它都是维多利亚殖民时期的遗风。最近，女性主义者利用这部维多利亚时期法典的某些内容来推动女性问题的解决。例如，利用一项涉及端庄礼仪的维多利亚时期法律赢得一个性骚扰案件的（有疑问的）胜利。[31] 但是，这部法典关于女性的维多利亚式解释（要么端庄，要么堕落）最终构成完全的性别平等的一个障碍。印度女性主义者在强奸法领域取得了一些进展，暴力威胁下的同意如今不再算作同意。在一项体现创造性与革新性、超越美国所获成就的改革中，通过将这类案件的举证责任转移给被告，在警方拘留期间发生的强奸行为得到极大程度抑制。不过，美国在强奸法改革中取得的一些最重要的成就（比如，不允许质问女性以往的性生活经历）在印度依然有待实现。

就印度和美国的法律体系而言，两者存在一个巨大的结构性差异。印 26
度没有统一的民法典（即便在每个地区之内也是如此）。除了英国人在全国范围内统一编纂并延续至今的商法，民法一直隶属于各个宗教法律体系，如印度教、伊斯兰教、拜火教和基督教。[32] 存在一些涉及个人财产、结婚和离婚的世俗法，但它们不构成一个体系，并且出于第三章将要讨论的理由，一旦被划归一种宗教体系，个人要运用这些法律并非那么容易。虽然案件可以从宗教体系上诉到世俗法庭，但权限极为模糊，因此许多困难接踵而至。

从法律转向经济方面来看，印度总体上说是一个非常贫困的国家，《1997 年人类发展报告》公布的人类发展指数排名中，印度在全世界 175 个国家中排名第 138 位。如我已提到的，这项评估包含三个要素：寿命（以出生时的预期寿命来衡量），知识（以成人识字率和平均受教育年限来衡量），以及收入（运用阿特金森公式计算收入效用，该公式假定边际收益随着收入增长而递减）。[33] 出生时的平均预期寿命是 61.3 岁[34]（与美国、加拿大、日本和欧洲绝大多数国家接近 80 岁的平均预期寿命形成鲜明对比），婴儿死亡率很高，每 1 000 个新生儿中有 74 人死亡（尽管比起 1960 年每 1 000 个新生儿中 165 人死亡的概率，这已经下降了许多）。在基本营养与健康方面，女性的状况比男性还要更糟糕。从 20 世纪早期开展评估以来，印度甚至从未在任何时候达到过 1∶1 的性别比。自 1901 年女性和男性的比例达到 97∶100 的高值以来，性别比例平稳下降，1971 年达至大约 93∶100 的低值；在略微回升之后，性别比再次更进一步地下降，1991 年降至 92.7∶100。[35] 营养与健康方面的专家将这种不平衡的
27 性别比普遍归结为男孩和女孩所获得的有差别的营养和不平等的医疗保健，而不是主要归结为杀婴风俗的流行，但是某些地区存在杀婴的有力证据。[36] 这种假设因相当大的地区差异的出现而得到证实。譬如，喀拉拉邦的女性多于男性，其他地区如北方邦、比哈尔邦和拉贾斯坦邦的情况要糟糕得多。整个比哈尔的性别比是 90∶100，一个行事谨慎的非政府组织在某个农村地区进行了一项值得信赖的人口调查，调查结果显示出一个惊人的数字——75∶100。[37] 同时，存在越来越多性别选择性流产的证据：印度女性研究协会最近的一项研究估测每年有 10 000 名女性胎儿流产。[38] 相比发达国家的生存机遇，印度的总体生存机遇远远谈不上平等，但女性明显面临不平等的障碍。

在教育方面，男女之间的差距甚至更令人吃惊：1991 年，成年女性识字率低至 39%，与男性 64%的识字率形成对比。（中国成年女性的识字率为 68%，男性为 87%。）[39] 很难解释这些统计数据，因为地方政府往往会自吹自擂，而且对识字能力进行清楚的衡量也有难度：然而，显而易见的是，尽管教育是一项国家义务，但印度在全面实施基础教育方面做得相当差劲，针对女性的基础教育甚至更加差劲——它明显比建国时遭遇类似问题的中国要糟糕得多。这似乎不是一个必然的或无法打破的模式，因为其他一些贫困地区在这方面做得非常好。贾亚玛生活的喀拉拉邦拥有 90%的成人识字率，青少年男女几乎普遍识字。这一令人瞩目的纪录是长
28 达一百多年齐心协力的公共行动的结果[40]，此项行动涉及政府和公众，建立在一个溯至 18 世纪的悠久（一定程度上受耶稣会激发的）教育传统之上。但喀拉拉的情况极不寻常。虽然印度各邦法律都将初等教育规定为义务教育，但这些法律与现实关系不大。许多地区全然欠缺任何形式的学校，就像他们常常欠缺稳定的电力来源、医疗服务、供水服务和像样的公路一样；众多地方政府工作人员都存在腐败问题，因此许多地区的教师白领薪水，却从未出现在他们应当执教的地方。在一些农村地区，女性识字

率低至 5%。[41] 国家政府纵有良好意愿，在弥补这些差距上仍少有作为，尽管一些较穷的行政邦设立了部分成人教育项目，许多非政府组织也开设了成人教育项目和针对年轻女性劳动者的业余项目。[42] 最近，印度引入一项宪法修正案，这将使得受教育权成为一项可诉基本权利。[43] 这项修正案的通过有望敦促政府更积极地践行它的良好意愿。

童工让问题变得更复杂了。很多穷苦家庭尤其农村家庭在经济上依赖于他们的孩子所做的工作。儿童常常早在五六岁时便开始放牧，大部分儿童十二岁时白天要工作。尽管此种情形同时影响女童和男童，但女童的遭遇是不平衡的，因为在贾亚玛这类母亲从事长时间体力活时，女童的家务劳动通常会被看作支撑这个家庭的重要部分。一般而言，如果一个家庭仅有一个孩子能送去上学，那么穷苦家庭更可能选择让一个男孩去。尽管遭到世界银行这类境外机构、国内政治行动以及国内外人士反对童工的压力，印度国家政府一直不愿积极干预，毕竟有那么多家庭指靠童工维持生 29
计。在现有条件下，许多非政府组织也不愿采取明确立场反对童工；他们宁愿向童工提供额外的业余教育，帮助他们获得一些小数额财产和积蓄，教他们如何为社会变革而努力。例如，我在比哈尔农村访问过的一个群体就为那些白天放羊的女童提供基础教育，帮助这个群体攒钱购买她们自己的山羊，并告诉她们其他地区女性是如何抵制嫁妆制度的，这种制度很大程度上构建了女性不平等的生命价值。在目前这种情况下，所有这些都比一个训导员（若存在这么一个人）强制女童停止工作接受教育来得更有用处。

任何关于印度女性现状的研究都必须从这些事实着手，并认识到它并不只是一个挥舞着权杖，甚至说是“普及初等义务教育”的问题。在这一点上，大多数地区坚持更高的目标，为男孩和女孩普及中等教育是更加不现实的。任何改善女性生活质量的努力都面临严峻的经济现实。尽管如此，某些地区尤其喀拉拉邦如何在这些现实情况下取得巨大进展也是令人惊讶的。一个印象深刻的成功计划是推行免费学校午餐计划，这使得对许多家庭来说，送孩子上学比起把他们当童工来利用在经济上更加有利。

女性在获得完全平等的公民身份上面临诸多其他障碍。童婚虽是非法的，却是一个非常普遍的现实，尤其在一些传统地区。[44] 反对童婚的法律未得到执行，并且童婚广泛塑造了一个女孩的生活轨迹。譬如，在拉贾斯坦邦，我跟随维沙卡（Vishaka）组织访问的女孩均已在八九岁的年纪成婚；故而，虽然尚未迁入夫家，但她们认为这是自己不可避免的未来，
30 这种将自己视为童妻的意识形塑了她们对待教育、穿着尤其是玩耍的态度——她们不愿意像男孩子那样追逐嬉戏、享受童年。（她们的家庭维护其贞洁的态度加剧了这一现状：她们很少被允许在外面玩耍。）

家庭暴力是如此普遍，以至于有三个邦通过了禁酒法令以回应女性的游说；但是，如瓦桑蒂和科基拉的故事所表明的，警方不会积极调查此种罪行，婚内强奸甚至都不算作违法。[45] 在印度，女性避难所实际是不存在的。如我已提及的，在当前法律体系中强奸得不到良好的处理，且强奸的数量似呈上升之势。很容易看到以这个女性是低种姓人或“不端庄”的理由宣判无罪开释的强奸案，即便有充分证据表明特定情形中的强奸是被迫的。[46]

强奸也被用作反对女性争取政治变革的一项武器。1993 年，拉贾斯坦邦争取女性福利的萨丁（Sathin）运动成员班瓦莉·德维（Bhanwari Devi）发起反对童婚的运动，在此期间她遭到一个支持童婚的男性群体的轮奸。由于这些男人都是有影响力的群体领袖，警方一直拒绝登记备案，以至于来不及进行必要的医学鉴定；斋浦尔一个下级法院宣判所有被告无罪释放。尽管班瓦莉提起上诉，拉贾斯坦邦高级法院也于 1996 年受理了她的上诉，但至今仍未做出判决。

印度性虐待儿童的问题也呈现明显的增长：统计数据表明，1992 年至 1995 年这类案件的数量增长了 23.4%，不过，人们认为绝大多数案件仍未上报，尤其当它们发生在家庭内部时。[47] 一些臭名昭著的虐童案件涉及男童，但估计每天有两名女童遭到强奸。[48]

31 六、同一与差异

我们应尽可能多地掌握构建环境的这些和其他多种事实，在这些环境中，瓦桑蒂、贾亚玛这样的女性试图生活得欣欣向荣。这些环境不仅影响人的外在选择，同时也影响她们的内心世界：她们希望什么、热爱什么、

畏惧什么以及她们能做什么。瓦桑蒂和贾亚玛甚至都没想过要获得一个大学文凭——那将与她们关于什么对自己来说是可能的观念完全不合，甚至怀抱这种念想也毫无意义，不论她们多么坚强、能干和有决心。相比之下，海德公园合作社一位偶尔给我结账的收银员米根（Meeghan D.），在全职工作的同时完成了她在罗斯福大学的本科学业，并且已被霍华德大学录取为社会科学学科研究生。她知道在华盛顿找到一份工作养活自己会有多难，但她说："没关系，我总能找到的。"这与瓦桑蒂和贾亚玛的决心和坚强既是相似的，又是不同的。我们不应低估那些选择差异构建思想差异的程度；然而，我们也不应高估这些差异性，认为它们创造了一种其他人的想象完全无法理解的印度"特质"。不论了解文化背景对选择和愿望的塑造仍是多么重要，对人类繁荣的某些基本愿望是可以跨越阶层和文化差异来识别的。

存在着一些钝化的跨文化的思维方式。其中一些方式在世界各地表现为殖民主义的特征，它通常假设殖民统治的方式是进步的、开明的，被殖民地所采用的方式则是原始的。这些错误的判断今日依然可见，甚至出现在女性主义者当中，她们有时将发展中地区文化一概描述为反动的，将自身文化描述为进步的，却忽视了西方性别歧视的历史和"东方"的进步传统。这种对复杂性的茫然无知使许多敏感的思想家怀疑一切形式的普遍主义；但是，普遍主义当然不必具有这些缺陷，普遍价值对充分批判殖民主义本身而言甚至可能是必不可少的。

其他普遍钝化的形式体现在当前全球经济中，人们有时假设，全球市 32
场中的人都是寻求效用最大化的纯粹理性的行动者，不论他们的传统或背景是什么。正因为这些思路似是钝化的——忽视传统、背景以及它们在构建欲望和偏好过程中的作用，无视不同国家公民所持有的诸多不同的善观念，以及他们能够按照这些观念生活的迫切需要——所以，许多敏感的思想家觉得一切普遍化的思路必定都是钝化的，它们只是不良全球化进程的帮凶。那些思想家眼前是这样一幅世界图景，其中一切有趣的差异与厚实的价值均已被抹平，我们全都去吃麦当劳。不过，一些普遍化思路钝化的事实并不说明所有的普遍化思路都是如此。多元主义和尊重差异本身就是未得到普遍奉行的普遍价值；它们需要得到某种规范性表述和辩护，而那正是我希望这项研究能够提供的东西之一。更一般地说，在这个非道德利益正在使我们跨越国界走到一起的快速全球化时代，我们尤为迫切地需要反思那些在约束各国可能做出的效用提升的选择之外，还能更恰当地把我们团结在一起的道德规范。如果效用构成一个多元主义国家基本政治原则的不充分来源——我认为它明显是不充分的——那也并不意味着不存在那些基本原则的跨文化来源，或者它们无法获得国家之间的广泛共识。寻求那些规范是一项紧迫的工作；倘若我们不去寻求它们，我们将在缺乏我们自己的批判性反思的情况下，受到利益和那些极可能经受不住伦理论证的审查的程序支配。

当我们考虑女性在经济快速变化的时代变得特别脆弱的现状时，批判性道德原则就尤为紧要了。如果我们将每个人都看作值得尊重的一个目的而不仅仅是手段，那么我们就无法单纯地赞赏古吉拉特邦快速的经济增长，它把许多无助的人抛诸脑后，并使得许多自营职业女性丧失生计。（传统的花边制作行业受到来自工厂生产花边的威胁，在如何解决这一问
33 题方面也存在诸多政治争议。）此外，经济增长本身不会改善识字能力和医疗保健方面的现状[49]；所以，当经济增长变成唯一目标时，那些影响全体公民的问题就会处于被相对忽视的状态。并且，我们也不应该妖魔化对经济增长的追逐，它确实在公民福祉中发挥了作用。伴随工会发起的工资控制，喀拉拉邦已将许多雇主赶出该地区，导致不必要的高失业率；这些政府失效并不必然关联于它在健康和教育方面的积极成就，它们使人们生活得更糟糕。

简言之，在我们能够好好思考经济改革之前，我们需要问一问，应当为每一位公民寻求怎样一种政治学。我们需要问一问，应对经济增长施加哪些约束，对人民而言经济是用来做什么的，以及所有公民作为人所应有的权利是什么。像瓦桑蒂和贾亚玛这样的公民应当能够过上拥有完全意义上的机会与自由的生活，并因此能够过上与人类尊严相匹配的生活：这一政治目标应对一切经济选择构成限制。正义在社会反思中具有优先性；与一些经济学家所认为的相反，它并非“你无话可说时”的议题。[50] 对女性正义的考虑在许多国际发展争论中遭到不均衡的压制；因此，它们理应成为旨在为所有人构建基本政治原则的那种研究的主要焦点，这是最恰当

不过的。

注释

［1］关于这些不平等的实例，参见第三章内容以及我的文章“Religion and Women's Human Rights”，此文收录于 Paul Weithman，ed.，*Religion and Contemporary Liberalism*（Notre Dame：University of Notre Dame Press，1997），93－137，也收录于 Nussbaum，*Sex and Social Justice*（New York：Oxford University Press，1999）。

［2］*Human Development Report 1997*，United Nations Development Programme（Oxford and New York：Oxford University Press，1997），39.

［3］性别发展指数（GDI）排名最低的四个国家（塞拉利昂、尼日尔、布基纳法索和马里），其人类贫困指数（HPI）排名同样是最低的，人类贫困指数是涉及低预期寿命、缺乏教育、营养不良及缺乏安全水源和健康服务等指标的一项综合评估（见第 126－127 页）；在人类贫困指数排名最高的四个发展中国家（哥斯达黎加、新加坡、特立尼达岛和多巴哥岛）中，有三个国家的性别发展指数排名最高。参见 *Human Development Report 1997*，39。

［4］关于印度，可参见 1998 年 7 月 10 日发布的有关强奸的特别报告 *India Abroad*。根据最近的统计数据，在印度每 54 分钟就有一名女性遭到强奸，1990 年到 1997 年强奸案的数量增加了 32％。即使一部分增长归因于报案率的增长，那也并不意味着全部如此，因为存在着许多阻碍报案的因素。一个女性的性生活史和社会地位必然会在法庭中被用来对她产生不利影响，医学证据很少得到及时收集，警察通常会延迟处理这类申诉，所以很难保证能够成功定罪。在印度法律中，阴茎插入仍是决定强奸罪名是否成立的一个必要因素，因此像涉及强迫口交的那些案件就不会被起诉为强奸案。强奸案的起诉费用还相当昂贵，目前尚不存在针对强奸案受害者的免费法律援助。在实际得到法庭处理的 105 起强奸案的样例中［德里的非政府组织萨克希（Sakshi）开展的一项研究］，仅有 17 例最终被定为强奸罪。

［5］选择撒哈拉以南非洲的性别比作为“底线”，是因为将发达国家与发展中国家进行比较可能被认作是不合理的。欧洲和北美女性和男性比例甚至更高一些，大约 105∶100。与其他发展中国家相比，撒哈拉以南非洲相对较高的女性和男性比例很可能归因于女性在生产性经济活动中发挥的核心作用，在物资短缺期这给予了她们获得食物的权利。关于这个问题的一个经典研究，参见 Esther Boserup，*Women's Role in Economic Development*（New York：St. Martin's Press，1970；second edition，Aldershot：Gower Publishing，1986）。对博塞鲁普著作的一系列有价值的回应，可参见 *Persistent Inequalities*，ed. Irene Tinker（New York：Oxford University Press，1990）。

［6］本段引用的数据来自 Jean Drèze and Amartya Sen，*Hunger and Public Action*（Oxford：Clarendon Press，1989）；Drèze and Sen，*India*：*Economic Development and Social Opportunity*（Delhi：Oxford University Press，1995），Chapter 7。森估测的失踪女性总人数为 1 亿，在上面引用的第二本书第七章中做出了另外的估测。

［7］Drèze and Sen，*Hunger*，52.

［8］关于这一点可参见我的这些文章：“Public Philosophy and International Feminism，” *Ethics* 108（1998），770－804；“Why Practice Needs Ethical Theory：Particularism，Principle，and Bad Behavior，” forthcoming in *The Path of the Law in the Twentieth Century*，ed. S. Burton，Cambridge University Press；and “Still Worthy of Praise：A Response to Richard A. Posner，The Problematics of Moral and Legal Theory，” *Harvard Law Review* 111（1998），1776－1795。

［9］“政治自由主义”、“重叠共识”和“整全性观念”这些术语与约翰·罗尔斯在《政治自由主义》（*Political Liberalism*，expanded paperback edition，New York：Columbia University Press，1996）中的用法相同，此书下文简称为 PL。

［10］关于教育，参见 Drèze and Sen，*India*，Chapter 6；关于土地权，参见 Bina Agarwal，*A Field of One's Own*：*Gender and Land Rights in South Asia*（Cambridge：Cambridge University Press，1994）；

关于性骚扰，参见我的文章“The Modesty of Mrs. Bajaj：India's Problematic Route to Sexual Harassment Law”，收录于 Reva Siegel and Catharine MacKinnon 编著的一本讨论性骚扰的文集中，耶鲁大学出版社即将出版。

［11］这段讲话于 1947 年 8 月 14 日独立前夕发表于新德里国民代表大会上。

［12］参见我的文章“The Feminist Critique of Liberalism”，此文为林德利讲座讲稿，收录于堪萨斯大学出版社发行的一本小册子中，也收录于 Nussbaum，*Sex and Social Justice*。

［13］第三章将使用不同的案例。瓦桑蒂（Vasanti）似乎对宗教毫无兴趣；虽然贾亚玛（Jayamma）定期祷告，但宗教并未在塑造她的处境中发挥重要作用。在她们两人的生活中，宗教法所发挥的作用相对较小。而且，她们都是印度教徒，我的目的是研究宗教之间的冲突，因为它们会影响性别平等。最后，宗教问题需要关注法律，因而也需要从重要的法律案件中挑选实例。

［14］参见 Kalima Rose，*Where Women Are Leaders*：*The SEWA Movement in India*（Delhi：Vistaar，1992），17，以及 1997 年 3 月伊拉·巴特的个人访谈。自营职业女性协会更倾向于使用“自营职业”一词，而不是“非正式部门”一词，原因在于，这个词赋予那些可能被视为经济活动边缘人员的人以尊严和积极地位。卡利马·罗丝（Kalima Rose）注意到，艾哈迈达巴德 55％的工人以及加尔各答和孟买 50％的工人均从事自营职业。

［15］参见 1988 年 5 月对巴特的访谈，见 Rose，*Where Women Are Leaders*，172－174。

［16］在我们交谈过程中，瓦桑蒂因循古吉拉特人的风俗称呼自己为瓦桑蒂贝恩（Vasantibehn），她过去也被如此称呼。

［17］种姓标记通常涉及姓名和说话方式，并有限地涉及职业。不过，由于经济机遇的变化，许多种姓标记不再映射到传统的种姓职业，针对高种姓男人的礼仪规范发生了很大变化（如瓦桑蒂父亲和兄弟的职业所表现出来的）。女人则更频繁地受到种姓礼仪规范的限制。因此乌马·纳拉扬

（相应地）观察到，在她母亲那一代，高种姓的女人不会从事有偿劳动——或者如果她们迫于经济压力从事这种劳动，她们会尽力向亲属们隐瞒。如今，这已不再是个问题了。

[18] 一个名叫科基拉的低种姓印度教徒告诉我们，她以前生活在一个印度教和伊斯兰教融合的地区；在那个城市的宗教冲突升级时，她搬到一个纯粹的印度教地区生活。

[19] 根据《刑事诉讼法》（见第三章），1986 年贫困女性获得的赡养费标准是每月 180 卢比。

[20] 在自营职业女性协会为未来的工会领导和银行领导设立的经典教育项目中，第一天的课程便是让每一位女性直视小组领导的双眼说出她的名字。这个过程会被录制下来，这些女性逐渐习惯凝视她们自身。尽管存在相当大的难度，但最终她们都能克服谦逊顺从的规范，在公共场合说出她们的姓名。

[21] 不像瓦桑蒂，发展经济学文献之前对贾亚玛的情况进行过考察。参见 Leela Gulati，*Profiles in Female Poverty*：*A Study of Five Poor Working Women in Kerala*（Delhi：Hindustan Publishing Company，1981），“砖窑工人贾亚玛”一章；Leela Gulati and Mitu Gulati，“Female Labour in the Unorganised Sector：The Brick Worker Revisited，” *Economic and Political Weekly*，May 3，1997，968－971，此文也计划收录于 Martha Chen，ed.，*Widows and Social Responsibility*（Delhi：Sage），即将出版。我非常感谢利拉・古拉蒂（Leela Gulati）把我介绍给贾亚玛和她的家人，也感谢她的翻译工作。

[22] 喀拉拉邦最大的两个宗教群体是印度教徒和基督徒。喀拉拉邦（以前是特拉凡哥尔和科钦的王侯领）也曾一度成为印度最大的犹太人社区所在地，但那些犹太人中绝大部分已经移民。

[23] 并非社会阶梯：贾亚玛因女儿嫁给一个普拉亚种姓的男人而震怒，尽管那意味着这个家庭可以享受政府提供的福利。

[24] 要注意这种不对称的预期已内置于法律本身：喀拉拉邦政府只对那些生养了身体健全的女儿的女性发放寡妇抚恤金，生养了身体健全的儿子的女性是没法获得的——尽管在拥有许多母系社群、其中一些还是从

母居的喀拉拉邦，这里的女儿比起印度大部分地区实际上更可能亲近她们的母家。[喀拉拉邦著名历史学家萨达莫尼（Sardamoni）在交谈中告诉我，她已得出结论认为母系制和从母居的传统可追溯至公元11世纪。在那些非从母居的社群中，有一些是异居制——男性不与他们的妻子同居——其他的则是“从舅居”，即在丈夫母亲的亲属家附近居住。见Agarwal，*A Field of One's Own*，141，505。] 同时也要注意，虽然从父母的观点来看，这三个原因导致女孩受到不平等的教育似是合理的，但即使在这些因素不那么明显时，不平等的教育依然在实施。喀拉拉邦女性通常会扶养她们的母亲，男性则通常不会；然而贾亚玛也选择了这条传统路线，只让她的儿子接受教育。在利拉·古拉蒂关于特里凡得琅的研究中，女性接受平等教育的一个例子出现在一个只生养了两个女儿的家庭中，此外，这个家庭还有一个不寻常的从事家务的勤勉丈夫。他们的女儿在研究进行时（1981年）读完了高中。最近，政府采取强有力措施通过一个免费学校午餐制度来促进女性小学教育；到目前为止，青少年男女几乎普遍识字。

[25] 例如，喀拉拉邦基督教会强烈反对计划生育，这的确对最贫困的那些信徒产生了重大影响，参见《鱼贩萨拉的苦难故事》，in Gulati，*Profiles*。

[26] 所以她实际的职业优点就很明显，她无须外出与男性接触，也无须待在一个部分人是男性的工作场所，在家里就可以完成工作。

[27] 严格地说，在我们可以得出结论认为这种安排是经济上不合理的之前，我们将需要询问更多问题：例如，我们需要更多地了解男性和女性可获得的其他就业机会。而且，有可能即使这种安排不合理，整体来看它也一度是合理的——例如，出于与其他行业竞争男性劳工的需要——并且，由于习惯和男权的缘故它得以延续下来。

[28] 在那个意义上，西方女性在印度人看来更像男性：古拉蒂关于喀拉拉邦贫困女性的研究表明，在估算他们吃一顿饭的费用上，女性比男性要准确得多。

[29] 我对这个问题的讨论，见 *Sex and Social Justice*，Introduction。下级法院援引隐私权和平等保护权宣布“恢复夫妻权利”的救济措

施违宪；但最高法院驳回了这一判决，这项救济措施（在印度教法律体系中）得以保留。

[30] 参见第三章关于宪法问题的更多讨论。

[31] 参见我的文章"The Modesty of Mrs. Bajaj"。

[32] 见第三章对这些属人法制度之发展的讨论。出于法律原因锡克教徒被界定为印度教徒，尽管许多人对此不满。不拥有单独的法律体系的宗教（如犹太教）教民使用世俗法。

[33] 汇总涉及 1991 年报告所描述的一个复杂的加权过程。

[34] 数据来自 1994 年报告。

[35] 有关这些或其他统计数据，参见 J. Drèze and A. Sen，*India*：*Economic Development and Social Opportunity*。

[36] 参见对阿迪蒂的维吉·斯里尼瓦桑的个人访谈，她告诉我她的组织成员在比哈尔北部发现的杀婴证据，那儿女性和男性的性别比低至 75∶100。

[37] 参见对阿迪蒂的维吉·斯里尼瓦桑的个人访谈。这个地区是靠近尼泊尔边境的西塔马尔希，阿迪蒂在那儿发现了大量杀害女婴的证据。

[38] *India Abroad*，July 10，1998，31.

[39] 这些数字来源于 Drèze and Sen，*India*。《1997 年人类发展报告》公布的数字与 1994 年一样，印度成年女性识字率为 36.1%，男性为 64.5%，中国成年女性识字率为 70.9%，男性为 89.6%。

[40] V. K. Ramachandran，"Kerala's Development Achievements，" in J. Drèze and A. Sen，eds.，*Indian Development*：*Selected Regional Perspectives*（Oxford and Delhi：Oxford University Press，1996）.

[41] 参见对拉贾斯坦邦斋浦尔的萨尔达·简的个人访谈。

[42] 详细报告见 Archana Mehendale，"Compulsory Primary Education in India：The Legal Framework"（*From the Lawyers Collective* 13，April 1998，4－12）。我感谢维吉·斯里尼瓦桑和萨尔达·简向我提供有关比哈尔邦和拉贾斯坦邦的非政府教育项目的宝贵信息。

[43]《第八十三修正案》作为第 21 条 a 款被加进《宪法》基本人权一节。修正案全文见 *From the Lawyers Collective* 13（April 1998），10。

［44］童婚常见于拉贾斯坦邦、中央邦和北方邦的部分地区。有关这个问题一种很流行的处理方式，参见 John F. Burns，“Though Illegal，Child Marriage Is Popular in Part of India，” *New York Times*，May 1998。作者研究了拉贾斯坦邦的一组童婚，并关注了一个 4 岁新娘和 12 岁新郎的婚礼。依据法律，女性结婚的最低年龄为 18 岁，男性为 21 岁。

［45］Sumeet Malik，“Marital Rape，” *From the Lawyers Collective* 13 (January 1998)，13-15.

［46］有关近期案例摘要，参见 Hutokshi Rustomfram and Sanjoy Ghose，“Rape：When Victim Is Seen as Villain，” *India Abroad*，July 10，1998；也可参见“Torment over Terror：The Vithura Rape Case，” *From the Lawyers Collective* 13 (January 1998)，4-12。

［47］“Growing Child Abuse a Worrying Social Phenomenon，” *India Abroad*，July 10，1998，32.

［48］统计数据来源于印度女性研究协会 1998 年 7 月召开的浦那会议。

［49］这是德雷兹和森 *India* 一书的核心议题。

［50］芝加哥大学法学院法律系学生援引一位不知名的教师对学生的教诲。

第一章　捍卫普遍价值

34 我发现拥有心灵自由的我很美。

——拉宾德拉纳特·泰戈尔，《一个妻子的来信》[1] 中的人物姆里纳尔

不言而喻，人的眼睛和野性的、非人的眼睛得到的享受不同，人的耳朵和野性的耳朵得到的享受不同，如此等等。……囿于粗陋的实际需要的感觉只具有**有限的**意义。对于一个忍饥挨饿的人说来并不存在人的食物形式，而只有作为食物的抽象存在；食物同样也可能具有最粗糙的形式，而且不能说，这种饮食与**动物的**饮食有什么不同。

——马克思，《1844 年经济学哲学手稿》①

一、跨文化规范面临的挑战

一种将具有影响力的国际女性主义很快会涉及制定跨越文化、国家、宗教、种族和阶级边界的规范性建议。因此，需要找到足以完成那项工作
35 的描述性和规范性概念。[2] 我将论证，对于政治目的而言，某些有关人类能力的普遍规范应该在思考基本政治原则的过程中发挥核心作用，这些基本政治原则能为各个国家提供一系列宪法保障的基础。我也将论证这些规范在各国之间进行比较时是合法使用的，并询问在提高人类生活质量方面它们之间的关系如何。因此，我的研究从一开始就致力于进行跨文化比较和阐发一套合理的跨文化范畴。这项事业从理智和政治层面看都是危险重重的。人们将会问，这些范畴来自何处，以及在没有明确认识到那些范畴

① 马克思. 1844 年经济学哲学手稿. 北京：人民出版社，1985：82，83. ——译者注

的生活中，何以证明它们的恰当性？越来越多的人颇为不安地怀疑，这位理论家是在把一些东西强加给对什么是正确和恰当必定有他们自己的看法的那些人。当我们意识到这些理论家常常来自曾经压迫过我们的国家，或来自更贫困国家里相对而言的特权阶层，这种怀疑就更加令人不快。如此，所有这些哲学思考，难道不就是殖民统治或阶级统治的又一次实践吗？

现在，当然没有任何一种规范政治理论会直接使用日常生活中的术语。倘若这样做了，它很可能无法完成其特殊的理论工作，这包括对日常生活中通常杂乱无章且未经审查的思想和观念予以系统化整理和批判性审视。因为这项理论任务需要包罗万象的分析性概念，这些概念在日常交谈中并不常见，尽管理论家应该能够说明，它们回应了现实并有助于我们加以审视。18 世纪的德国人不会边走边谈论“目的王国”，公元前 4 世纪的希腊人也还不会论及“适度的品质”。一些思想家认为，伦理学领域的
一切哲学推理都因这一点而招致怀疑：倘若不曾远离日常语言，我们可能 36
生活得更好。[3] 虽然我无法在此全面论述这一观点，但我确信这种对理论的大规模攻击是大错特错的，而且系统的理论论证在我们理清混乱的思绪、批判不公正的社会现实和防止那种时常使我们与不义结盟的自欺欺人式的理性化方面，发挥了重要的实践性功能。显而易见的是，对于非哲学专业的普通人来讲，理论拥有巨大的实践性价值，它给予他们一个框架用以看待发生在自己身上的事，并给予他们一组概念用以批判可能潜伏在生活背景中那些不可名状的虐待。贾亚玛对马克思主义阶级斗争语言的运用——无论我们赞同与否——正是这方面一个明显的实例，喀拉拉邦很难接受一个（民主）社会主义政府的治理（事实如此），除非大多数民众把那些概念看作对他们的日常生活有价值的东西。不论我们可能对发展中世界的马克思主义发表何种反对言论，我们都很难谴责它与实践无关。

但即使一个人捍卫理论的实践价值，使用来自某一种文化的概念来描述和评估另一种文化现实也许还是成问题的——如果被描述的文化受到描述者文化的殖民和压迫，那么问题就更为严重。当然，这样一段历史并不意味着特定的描述者已经与殖民和压迫勾结在一起；她可能是一位坚定的殖民主义批评者，就像一位本土女性也可能是它的拥护者一样。[4] 然
而，尽管存在这一事实，国际女性主义者如今运用某种有关正义、人权或 37

人类功能发挥的普遍性话语，来评估瓦桑蒂和贾亚玛所过的那类生活的任何一种努力都必然遭受西化和殖民化指控——甚至当这些普遍范畴由在相关国家生活和工作的女性主义者提出时，情况依然如此。因为人们通常会说，这些女性疏远了自己的文化，她们在跟风效仿某种西方政治议程。她们一旦成为批评者，人们就会说她们不再属于自己的文化，并成了西方精英的傀儡。[5]

有趣的是，对马克思主义的这种指控并不多见，人们通常认为，马克思主义在人们遭受经济剥削的经历中具有强大的本土根源，尽管这种理论本身明显是在西方精英文化中运用其文化资源创建起来的。“西化”的指控现在偶尔被用来反对那些在极权主义社会中争取民主和政治自由的人——但我们往往知道用怀疑主义来迎接这些控诉者，并质问在给那些概念打上西方外来文化入侵的标签时，究竟是在为谁的利益服务。例如，当新加坡的独裁领袖李光耀宣称自由概念不属于亚洲文化时，他的确获得了一些支持，但也遭受到猛烈的批评。[6] 可是，当女性主义者诉诸平等与自由概念时——甚至当那些概念实际上被涵括在她们所在国的宪法中，比如
38 它们就涵括在《印度宪法》中时——她们常常遭遇西化和不够尊重本土文化的指控，仿佛那儿从来没有任何人类苦难，没有理由不满，在异国人士扰乱一派祥和的景象之前也不存在任何批评。我们应当问一问，这种幸福和谐的乡愁文化印象究竟服务于谁的利益？谁的抵抗和苦难正在被抹去？印度女性主义哲学家乌马·纳拉扬在描述她母亲艰辛的一生时写道：“我要用我这把‘西化’的鞭子，对所有不理会我对自身文化的女性主义批评的人说的一件事是，我母亲的痛苦也在所有我已读完的、一定程度上造成我‘西化’的那些书中回响，它悄悄溜进了我为自己多次流亡打包的全部手提箱中。”同样的痛苦也在维也纳和北京的那些国际妇女会议发出的一致抗议中表现得很明显，在这些会议中，与会者在女性基本权利方面达成了一种跨文化的高度一致。

因此，某种意义上讲，“西化”的指控看起来像是一个阴暗的政治策略，目的在于使那些迫切要求改革的人士名誉扫地。那些声称在遭遇西方观念破坏之前，印度女性都生活得很幸福的反对者，日子几乎都白过了。他们无视巨大的现实，这包括本土的女性教育运动，废除闺禁制度

（*purdah*）运动、女性争取政治参与的运动，这些运动直接从 19 世纪和 20 世纪早期印度教与伊斯兰教传统中获得力量，在某些方面走在了英美女性主义运动的前头。[7] 同样与现实脱轨的还有 20 世纪 90 年代拒绝承认政治自由、性别平等和无歧视理念均属于印度本土理念的反对者——因为，那些人直接说印度不应该颁布现行的宪法，这是一部不顾已有的、持 39
续存在的尖锐政治分歧，最终以压倒多数的一致意见获得通过的宪法。显而易见的是，废除任何在列基本权利的提议在 50 年后都不会获得真正意义上的政治支持。（实际上，运动是反向的，一项将自由权和 6 岁至 14 岁儿童的初等义务教育权添加到可诉基本权利清单的提议得到广泛支持。）[8] 因此，反对者似乎在说，尽管印度建国者们足够重视女性的平等及其他基本自由，争取将其纳入《印度宪法》，尽管她们的自由斗争突出使用了“不可剥夺的权利”这样的语言[9]，但这些观念只是外来的殖民观念。尼赫鲁和他的自由战士们的故事变成了一个令人难以置信的、纡尊降贵的故事——一切无非是受殖民势力的愚弄，即使他们认为，那是冒着生命危险争取独立并在为一个独立的印度起草宪法！因此，如此无视印度历史和法律的反对意见，不应将它纳入考虑范围；只有毫不知情、内疚满怀的西方人甚至才有可能去接受它。当美国尚未通过《平等权利修正案》（印度于 1951 年通过了此项修正案），当印度的机会平等目标不似美国那般，一直被理解为与各种社会等级制度不相容时，把性别平等归结为一种美国理念又是何其荒谬。[10]

换句话说，当我们就女性生活质量评估做出一个具体的普遍框架提议时，我们将面临此种反对意见的某个更值得尊重的形式，这的确值得严肃对待。因为人们将会指出，我们选择的特殊范畴可能是我们自己浸淫于某个特殊的理论传统的结果，从某些方面看，用它们评估印度人的生活也许 40
是错误的。所以，我们需要问一问，使用一个普遍框架而不是一个彼此有别却相互关联的多元框架是否真的恰当？此外，我们还需要问一问，倘若我们提出的是一个单一而普遍的框架，它能否充分灵活地使我们公正对待所发现的人类多样性？

这是一个严峻挑战，因为国际发展项目常常由于无法充分调和文化多样性和特殊性而误入歧途。譬如，当发展项目工作者基于原子化家庭是个人团结的基本单位，女性主要作为异性夫妇成员与其他女性建立关系这一（典型西方式）假设开展工作时，女性群体团结的现有传统便被忽视掉了，这些传统往往对经济发展极为有利。[11] 即便在不存在女性群体团结的本土传统，妇女极大程度上被断绝与其他未婚女性伴侣之间联系的地方，基于西方原子化家庭的进路也忽视了变革的丰富可能性，这种变革可通过建立本土女性团体来创造，印度和孟加拉国的发展项目便成功采用了这一策略。[12] 再者，如果西方女性主义者在讨论印度的萨蒂习俗（*sati*）和嫁妆致死这类问题，她们唯有从印度女性自身的历史和文化背景中充分理解它们，这种讨论才会富有成效。[13] 同样地，如果她们批判涉及女性的印度
41 教或伊斯兰教传统时，忽视那些传统的多样性和复杂性，把它们与其中最尖锐的厌女症元素等同起来，那么她们不仅是错误的，而且是无礼的。[14] 总而言之，任何一种富有成效的女性主义都必须关心人们真正面临的问题以及这些问题实际的发展史，它很有可能是一段复杂的历史。

不过，说我们需要本土知识以理解女性所面临的问题，或将我们的注意力转向中产阶级视为理所当然的某些人类生活面向是一回事。断言某些一般性价值，如人类尊严、身体完整性、基本政治权利和自由、基本经济机会等等，不是用来评估发展中国家女性生活的恰当规范，就是另外一回事了。我们如何才能论证这个更具争议性的观点呢？

二、三个论证：文化、多样性与家长制

如我所言，主张东西方价值之间存在某种全球差异，印度文化（关注那个实例）完全不重视西方所看重的权利与自由的观点，并不是一个严肃的竞争性观点。但是，当我们提出一个评估女性生活质量的普遍框架时，我们面临三个更为可敬的、值得认真回答的论证。

第一个是**诉诸文化的论证**。这是一个更精致、更真诚的反西化论证，它认为在印度教和伊斯兰教传统中，印度文化包含劝诫女性端庄、顺从、服从和牺牲自我的强大规范，几个世纪以来这些规范定义了女性生活。我们不应未经论证便假设那些规范是不好的，无法为女性构建美好的、欣欣向荣的生活。反对者还说，伴随着高离婚率和精疲力竭的职业生涯，西方

女性并不都是幸福的。当女性主义者假定只有她们那样的生活才可能是丰富充实的生活时，她们是在以居高临下的态度看待第三世界女性。

我对这个观点的完整回应将来自我所给出的提议，这个提议当然不排除女性去过一种传统生活的选择，只要她在如此选择时牢牢握有经济和政治上的某些机会。事实上，我的提议维护了女性可能做出如此选择的空 42
间，在此空间中父母可以将他们的传统价值教授给孩子。但我们也应该再次注意到，反对者过分简化了传统，无视女性反传统的抗争和力量，以及她们对有害传统的抗议，并且普遍忘记询问女性自身对这些规范的看法，传统意义上，在女性几乎完全丧失经济与政治权利的背景下，这些规范往往由男性文本、男性宗教和文化领袖的权威所提供。首先，我们应当说，如果离婚和职场的艰难是令人痛苦的（它们确实如此），那么相比于一个挨饿的人因外出将会被殴打而无法工作，或者相比于一个遭受婚姻虐待的人因为不识字和缺乏就业技能而无法逃脱，这些痛苦就不算什么了。[15]端庄与贞操的传统常在违背女性意愿的情况下，使女性陷入如此恶劣的生活。不论瓦桑蒂还是贾亚玛都未走近并捍卫这些传统，因为她们都忙着维持生计，除了以富家女性看来不端庄的方式外出工作以外毫无选择——尽管在瓦桑蒂的情形中，种姓规范的确限制了她能够从事的工作类型。然而，乌马·纳拉扬确实描写了一个富裕的中产阶级孟买家庭的传统教养，在这个家中她的母亲告诉她绝不要质疑成年男性的权威，并教授了女性要保持顺从、静默和清白的规范——与此同时，从这位不幸的母亲那里，她不断听到她对这些传统束缚造成的苦难的强烈抗议。她问道，她将自己的传统理解为一个拥有两种颇为不同的女性声音——静默的顺从和汹涌的抗议，且具有两面性的传统是否令人惊讶？她对她的母亲说："您'静默'的样子在某种程度上激发了我的演说。"[16] 仅将公共规范描述为印度传统而忽略抗议的存在是错误的。

即使当女性似乎满意这些习俗时，我们也应更深入地探究。如果某个在法律上不享有财产权、未受过正规教育、不拥有离婚的法定权利、一旦 43
外出求职便极有可能遭到殴打的人说她支持端庄、贞洁与克己的传统，那么不甚清楚的是，我们是否应把这视为在此问题上的最后定论（第二章将论证这一点）。女性发展团体最初通常会遭遇阻力，因为女人们担心变革会使情况变得更糟糕。在距马赫布纳加尔吉普车程约90分钟的安得拉邦沙漠地区，我所遇见的一群女性告诉我，她们起初抗拒参加旨在创建女性团体的马希拉·萨马赫亚政府项目。她们认为那纯属浪费时间，无益于改变现状；并且她们担心她们丈夫的反应会很强烈，因为他们一开始就告诉她们，这种团体只不过是谈天说地和无所事事的幌子。可是，随着时间的推移，她们开始发现从集体讨论和集体行动中能获得许多利益：现在她们要求更定期地进行健康随访，并要求教师来教学。男人们也欢迎这些变化，看着自己的妻子清楚无误地表达她们的诉求，赢得当地政府的让步，他们重新获得对妻子的尊重。一度被看好的顺从传统很快变得不再好了。这些女性也不再重视贞洁传统。一位牙齿掉光的老妇人告诉我，她最近跟随一个团体去了德里，德里北部女性隔离的程度令她感到震惊：她说那儿的女人不像是真正的女人，而更像是“绵羊和水牛”——她们只是从房子里偷看外面的世界，在这个世界她们是毫无作为的。这位欠缺理论视角的女性文盲表达了这样的观点，与世隔绝和人类全面的功能发挥是不相容的。[17] 她说，在北部她所乐见的是一个开拖拉机的女人和另一个修理水泵的女人：这向她展现出她们在村子里所能做的事情。在女性发展群体中，这是一个非常典型的故事，在我们做出没有选择权的女性确实赞成她们的生活方式这一结论之前，它应当引起我们反思。[18]

44 此外，女性抗议男性的不公平对待是一个非常陈旧的印度传统议题，可直接追溯到《摩诃婆罗多》第二卷朵帕蒂（Draupadi）对性骚扰的有力抗议，由于她的一个潘达瓦丈夫[19] 在骰子游戏中输了赌局，因此她被拽着头发拖进大厅，获胜者脱下她的衣服，幸灾乐祸地称呼她为奴隶。她奇迹般地获得了正义：她的纱丽不断长出新的布料，以至于不论他们多么急切地想要脱光她的衣服，她依然裹得严严实实。事实上，这个故事是自营职业女性协会女性的试金石，她们援引它来对比创始人伊拉·巴特（一个虔诚的信教女性）抗议她在男性工会领袖那儿遭遇羞辱对待的斗争。[20] 与构成故事基础的更普遍的人类尊严概念一样，这也是印度的传统。

如果说朵帕蒂对性暴力的抗议某种程度上似乎证实了根深蒂固的女性贞洁习俗[21]，那么印度教传统中还有其他一些甚至更激进的女性独立规范。拉宾德拉纳特·泰戈尔的故事《一个妻子的来信》中的女主人公姆

里纳尔在宣布脱离她的丈夫独立时，以某种方式表达了19世纪和20世纪 45
早期孟加拉人本主义思想观念[22]；当然，泰戈尔的小说痴迷于僵化的习俗对人类追寻自我表达和爱情的伤害。但那些思想并非孟加拉现代性所独有。孟加拉文艺复兴不仅建立在独立的道德论证之上，也建立在对印度教传统观念的近距离解读之上；它呼吁印度教徒拒绝当代迷信和严苛规则以便回到传统中最精华的部分。[23] 姆里纳尔明显援引了一个历史范例：16世纪拉吉普特皇后米拉拜（Meerabai）放弃她的婚姻和贵族身份，成为演唱“欢乐的叛逆歌曲”的歌手。她告诉她的丈夫：“米拉拜也是个像我一样的女人。”[24]

这些批判性思想在伊斯兰教传统中也源远流长。1905年，穆斯林女性主义者罗基亚·萨克哈瓦特·侯赛因（Rokeya Sakhawat Hossain）嘲笑其奇幻小说《苏尔塔纳之梦》（*The Sultana's Dream*）中的女性隔离，小说角色认为，既然男性都是危险的，她们应是被禁闭在闺房中的人：

> 我问她：“男人在哪里？”
>
> “在他们应该在的适当的地方。”
>
> [苏尔塔纳告诉她，在她的国家中女人是被隔离的人。]
>
> “可是，亲爱的苏尔塔纳，将无辜的女人禁闭起来，让男人们随心所欲是多么不公平啊……假设一群疯子逃离了收容所，开始对人、马和其他生物做各种各样的恶作剧，在那种情形下，你的同胞会怎么做呢？”
>
> “他们会设法抓住他们，把他们送回收容所。”
>
> “而你并不认为将理智健全的人关进收容所，让疯癫的人随心所欲是明智的做法？”
>
> 我轻声笑着说：“当然不！”
>
> “事实上，这种事情在你的国家已经发生了！已然或至少有能力 46
> 做坏事的男人都随心所欲，无辜的女人却被禁闭在闺房中！……你忽视了你对自身承担的责任，因为无视你自身的利益，你已经丧失了你的自然权利。”[25]

这种清晰的抗议倚赖于印度伊斯兰教传统中一个关于性别平等的历

史悠久的思想传统，并进一步界定了那一传统。[26] 到目前为止，这些自我修养和争取权利的规范已经引起了对女性顺从规范之基础的广泛重新审视；一些女性已敦促其他女性质问传统中真正重要的东西是什么，这些真正重要的特征是否证明了隔离和蒙面是合理的。[27]

事实上，对过去不加批判的崇拜有时候可能更像是“外来的”，而抗议的声音更具有“本土性”或“真实性”，如果这些术语有任何意义的话。1995 年我在北京参加一个女性主义会议[28] 时遇到的中国女性，这样回应一篇将儒家的关怀价值赞许为女性主义者的良好规范的文章：“那是一篇西方人的文章，假如她并非来自香港，她是不会那么说的”（那位年轻的发言人的确如此）。她们的意思是，传统在她看来可能是美好的，因为她从来不必生活在由它们构建的世界里。在她们看来，儒家价值是就业中的性别歧视及其他她们并不在意的东西的活生生的借口。许多（虽然不是全部）印度女性也如此看待当前被传统主义的印度教和伊斯兰教领袖极其看重的“好”女人或“纯洁”女人的规范，把它们理解为用来控制女性性征的文化延续性的一个核心方面。[29]

47 我们也应记住，将一种文化整体等同于古老的或抗拒变革的文化因素通常是帝国主义和沙文主义的伎俩。印度的英国人就曾喋喋不休地谈论那些很容易被他们描述成倒退文化的印度文化元素；他们力图把这些文化元素定义为“印度文化”，把批判性价值（尤其那些支持女性进步的价值）定义为英国舶来品。从历史上说，这是不真实的；但在众多人的心目中它被用来证明英国统治的正当性。与此同时，英国人积极推进印度文化中的反科学成分，以防止印度科学技术的发展将威胁到他们延续霸权统治。正如尼赫鲁后来所说的，英国人怂恿“这个国家中破坏性的、反启蒙的、反动的、宗派主义的和机会主义的因素”[30]。国外观察者若支持这种英国构建，把它看作印度实际应有的样子，那么他就犯了一个巨大的错误。

我们应当在更普遍的意义上说，任何一种把印度仅只归于一套文化规范（甚至对女性而言也是如此）的叙事必定是远远不够的。美国的女性主义者几乎不会对“美国文化”做出这种普遍化论断——换言之，就她们所做的论断而言，她们非常清楚美国文化包含着的远不只是她们所攻击的那些规范（当然也包括她们自身）。她们不会得出这样的结论：美国传统中的反动因素致使她们自己的批评不合时宜。但是，如果存在这样一种融贯性概念，印度恐怕是世界上最多样化的单一制国家。它有十七种官方国家语言、四大自身拥有法律体系的制度化宗教（及其他小型宗教群体）、巨大的地区差异和阶级种姓差异、城市农村差异、母系传统和父系传统差异、世俗主义和宗教虔诚差异、理性主义和神秘主义差异——任何一种对传统文化储备库（印度女性可能从中挑选她们的规范）的充分叙事都应包含所有这些内容。恰如因迪拉·卡拉姆切蒂（Indira Karamcheti）所写的："无论我还是其他人都没法向学界或其他领域提供一个具有代表性的、真实的第三世界女性。即使在印度，也不存在所谓**真正的**印度女性——只存在众多印度女性而已。相比任何假想的真实性叙事，个体叙事要有趣得多。"[31]

应强调另一个更一般性的观点：文化是动态的，变化是一切文化中非常基础性的因素。在西方社会与非西方社会的对比中，西方文化通常被描述为动态的、批判的、现代化的，东方文化则以其最古老的因素闻名，仿佛这些因素不曾发生变化或遭遇争议。在审视祖母的生活方式与她自己的生活方式之间的关系时，纳拉扬说道："我发觉，若不把**变化**看作影响那些因理所当然而变得'熟视无睹'的转变的一个构成性要素，就不可能描绘出'我们的传统生活方式'。"[32] 批评其实对所有文化来说都是根深蒂固的[33]，但对印度这个极好争辩的国家的文化来说更是如此。[34] 举一个著名而典型的例子，孟加拉宗教思想家拉姆莫亨·罗伊（Rammohun Roy）在想象死亡的恐怖时认为特别可怕的事实是，"每个人都将反对你的观点，而你将无法作答"[35]。这也是印度文化。当我认识的一对孟加拉-芬兰夫妇讨论他们心仪的居住地时，他没法想象为何有人会喜欢独自在森林漫步，而她无法理解为何有人想整天坐在拥挤的咖啡厅里争来辩去。 48

可能有人试图通过诉诸文化相对主义观念来重新审视诉诸文化的论证：也就是，规范性标准必须来源于它们得到运用的社会这一观念。我认为，这种试图进行补救的操作完全是不成功的。作为一个有关人们事实上如何做出道德判断的描述性议题，相对主义明显是错误的。人是足智多谋的观念借鉴者。发源于大英图书馆的马克思主义观念影响了古巴、中国和柬埔寨的行为方式。民主观念并非中国原创，至今已成为相当重要的中国

49 观念。基督教观念起源于小亚细亚一小部分地区一个持不同政见的犹太教派，到目前为止已影响全球各地的行为方式，伊斯兰教观念亦是如此。正如亚里士多德所言：“一般而言，人们追寻的不是祖先的道路，而是善。”[36]

作为一个涉及我们应当如何做出道德判断的规范性议题，相对主义拥有多种问题。首先，在每一种文化的观念都通过互联网和媒体呈现于其他文化之中的现代社会中，它没有任何影响力。女性主义观念、民主观念和福利平等观念如今都“内在于”每个已知的社会。许多形式的道德相对主义使用不切实际的文化概念，尤其是那些衍生于前一时代的文化人类学的道德相对主义。它们把真正存在多样性的方面想象为同质的，把真正存在争议的方面想象为一致的或妥协的。[37] 我对印度的观察适用于此：一旦我们对它的传统有了充分复杂的认识，那就几乎没有什么不是“内在于”印度的。其次，为什么我们应当认为规范性相对主义议题是真实的，这一点并不十分清楚。为什么我们应当遵循本土观念，而不是我们所能发现的最佳观念呢？最后，规范性相对主义是自我挫败的：因为，在要求我们遵守本土规范时，它又要求我们遵守大多数情况下都完全是非相对论的规范。多数本土传统都认为它们自身是绝对而非相对正确的。所以，在要求我们遵守本土观念时，相对主义要求我们不要遵守相对主义。

许多人尤其是学生会将相对主义与宽容多样性混为一谈，他们因为相对主义呈现出对其他方式的尊重而认为它富有吸引力。但是，相对主义当然不像他们所想的那样。多年来，大多数文化除了展现出对多样性至少某种尊重以外，也展现出相当大的不宽容。在使每一种传统成为最终定论时，我们剥夺了自身拥有的更一般的宽容或尊重的规范，它原本有助于我们限制文化不宽容。一旦意识到这一点，我们成为相对主义者的兴趣将会迅速削弱。

文化论证是不成功的，它也无法诉诸道德相对主义来予以拯救。然
50 而，在这一点上，我们需要听听另外两种针对普遍价值的反对意见。我把它们称之为**诉诸多样性的善的论证**和**诉诸家长制的论证**。

诉诸多样性的善的论证提醒我们，我们的世界是丰富多彩的，某种程

度上是因为我们并不都认同一组单一范畴，而是说着多种不同的价值语言。正因为我们认为世界上的不同语言都有其价值和美，当任何一种语言消失时，一般意义上的人类生活表达资源的减少都是一件糟糕事，所以，我们也可能认为每一种文化体系都有其独特的美，如果每个人都采纳美国的价值体系，这个世界就是个贫瘠的世界。

这里，我们必须谨慎区分反对者可能给出的两个论断。她或许会说，多样性本身就是善的；或者她可能会说，美国的价值体系存在问题，因此，如果世界其他国家效仿我们的物质主义和侵略性，那就太糟糕了。当然，第二个论断并未说出任何反普遍价值的话，它只是建议他们的内容应该是批判某些美国价值。所以，我们的理论事业面临的真正挑战来自第一个论断。为迎接这种挑战，我们必须询问文化多样性究竟在多大程度上类似语言多样性。这个类比的问题在于，语言本身不会伤害人，文化习俗却经常如此。我们可以认为凯尔特语或布列塔尼语应得到保存，却不必认为家庭暴力、君主专制或生殖器割除也当如此。尼赫鲁在批评甘地同情佃农压迫佃户的陈旧封建习俗时很清楚地表达了这一点。尼赫鲁援引托马斯·佩因对伯克的批评写道：“他怜悯羽毛，却忘记了垂死的鸟儿。”紧接着他又说：“圣雄甘地自然从未忘记垂死的鸟儿。但缘何对羽毛如此念念不忘呢?”[38]

因此，这个反对意见最终并没有破坏对普遍价值的追求，它需要它：因为它引导我们询问的是，这些有争议的文化价值是值得保存的，还是杀死鸟儿的原因之一。要询问这个问题至少需要一个非常一般性的普遍评估框架，它将告诉我们什么是在界限以外的，什么不是，什么与杀死鸟儿有关，什么无关。我将提供这样一个非常具有一般性的框架，它为多样性提 51
供了很大空间，但也设立了某些一般性的衡量基准，那些基准将告诉我们，什么时候让一种习俗消亡会更好。贾亚玛所在的砖窑厂进行劳动分工这类传统习俗，或瓦桑蒂的丈夫殴打妻子这种高度传统的做法不会只因它们已然存在或历史久远而值得保存；若要保存它们，我们必须对照它们造成的伤害来评估它们的贡献。这需要一套使我们对文化细节进行批判性选择的价值观。因此，这个论证给予我们充分理由去保存与人类尊严及其他基本价值相容的那些形式的多样性；但它并不妨碍甚至支持我们追求一个一般意义的普遍的批判性评估框架。

我们可以补充说，最受女性主义者质疑的男权习俗是否存在有趣的多样性，这一点并不十分清楚。被殴打和营养不良在世界各地都具有令人沮丧的相似性；剥夺土地权、政治发言权和就业机会也是如此。就各种文化中存在值得保存的多样性而言，我们也许不应当在性别等级制度的传统中寻找它，也不应当在奴隶制度的传统中寻找它。

最后，我们来考察**诉诸家长制的论证**。这个论证认为，当我们使用一套普遍规范作为全世界各种社会的衡量基准，告诉人们什么东西对他们来说是好的时，我们不够尊重作为行动者的人的自由（以及与此相关的，他们作为民主国家公民的角色）。人们在什么对他们来说是好东西的问题上是最佳裁判，如果我们阻止人们按照他们自己的选择去行动，我们就把他们当成了孩子在看待。这个观点很重要，任何一种可行的跨文化的提议都应将它牢记于心。这就是为什么我的整个第二章将专门讨论实际偏好在选择基本政治原则中的作用。但我们已然可以说，对尊重人民选择的承诺似乎与对普遍价值的认可并不矛盾。事实上，它似乎明确认可至少一种普遍价值，即拥有自主思考和选择机会的价值。对家长制的思考给予我们强有力的理由去尊重多元社会里公民实际选择的各种生活方式，由此支持一种
52 与自由和最紧要的选择相容的普遍主义。不过，宗教宽容、结社自由以及其他一些重要的自由本身就是普遍价值。对它们的认可与保护以防遭到那些不希望他人自主选择的人的破坏，需要一种普遍主义的解释。

当我们思考一个国家与其公民的关系，以及当我们思考某种国际法体系与各个国家之间的关系时，家长制的问题会以不同方式出现。后一种关系提出了复杂的责任问题，当国际人权机构试图对民主问责的民族国家执行规范时，甚至坚定的权利普遍主义者也可能有理由担心它们的民主信誉。我会在本章后述内容（第七节）中再回到责任问题，探讨民族国家在保障全体公民能力方面的作用。现在，我将集中讨论第一个问题，即一个民族国家如何对待本国之中那些拥有歧视女性的传统习俗的群体问题。考虑到这个问题，我们可以坚持认为，为防止狭隘偏执的子群体威胁合理多元主义，宗教宽容、结社自由及其他自由方面的普遍规范至关重要。印度依旧是一个高度多元的社会，只因它承诺了一份基本权利和自由清单；就

某些公民的自由受到威胁的程度而言，印度的多元主义正处于严重的危险状态。

我们可以进一步断言：许多现存价值体系本身就是高度家长制的，尤其对女性而言。它们告诉女性该做些什么，并声称这是在促进她们的福祉。它们将女性视为法律上不平等的人，即缺乏完全民事行为能力，不像男性那样拥有财产权、结社自由和就业权。当我们遇见在印度所见到的那种体系，它不仅呈现为传统习俗而且呈现为各种宗教属人法制度时，说“抱歉，从这个国家想要维护的平等自由的普遍规范来看它是不可接受的”，在某种意义上是一种家长制的表现。说这些是为了告诉人们，如何在可能与自身实际欲望相悖的意义上与他人共同生活。从那个意义上说，相对于不能充分或平等地尊重人的家庭、群体、习俗甚或法律条文来说，任何权利法案都是“家长制的”，倘若家长制就意味着告诉人们他们不能 53
以惯常的和所欲的方式去行为的话。从这个意义上讲，《印度宪法》是“家长制”的：它告诉人们，从现在开始在财产和民事能力方面不平等地对待女性，或基于种姓或性别原因歧视他人是非法的。更一般地说，任何阻止某些人去做某些他们想做的事的法律体系都是“家长制”的。但这并不构成反对法律规则或更一般意义上反对某些人欺压另一些人的企图一个好的论证。由于牵涉到正义问题，这些实例不同于家长制方面富有争议的经典实例（如安全带和安全帽法）：人们正在遭受伤害；一些人追寻善的自由妨碍到他人的合法追求。就我们所做的而言，我们不喜欢家长制，因为我们另有所爱，那就是在基本问题上每个人都有选择自由。在同等意义上拒绝某些形式的家长制，同时支持那些维护这些核心价值的规则完全是融贯的。甚至像约翰·斯图尔特·密尔这样强烈反对家长制、尊重不伤害他人的个人选择的人，也赞同国家对伤害他人的行为进行干预；密尔明显认为，许多传统形式的性别等级制度与“伤害原则”相冲突。[39]

除此以外，我们理应注意到各种选择自由都有物质上的前提条件，缺乏这些前提条件的选择自由只是一种假象。在某种意义上，贾亚玛可以选择接受教育，但她此生的经济状况使之变得不可能。没有人告诉瓦桑蒂她不能脱离她的兄弟获得经济独立；但如果没有自营职业女性协会银行的帮助，她现在不可能获得独立。安得拉邦沙漠地区[40]的儿童拥有受教育的

54 权利——但由于腐败的当地政府并不确保教师能够在校教学，许多地区没有任何可正常运转的学校或教师。《印度宪法》规定，所有印度公民都平等地拥有信教自由权。但是，在一个被群体暴力撕裂的地区，搬出《印度宪法》没有太大的意义，在这里警察要么无能为力，要么贪污腐化，警方拘留期间的强奸则普遍被视为广泛存在的现象。[41] 依据《印度宪法》，所有印度女性都拥有平等权利；但是，在反强奸法[42] 和最高法院性骚扰防治法缺乏有效实施[43]，以及缺乏旨在提高女性识字能力、经济权利和就业机会的项目时，那些权利对她们而言形同虚设。正如最近一份关于处理针对女性的暴力行为的法律的报告所言："对绝大多数印度女性来说，这些法律条文都毫无意义……对法律及司法程序缺乏基本认识、司法系统的拖延和麻木不仁，以及讨回正义的高额费用共同造成此种现状。"[44]

简言之，自由不只是拥有书面权利的问题，它要求有能力行使那些权利。这需要物质资源和制度资源，包括对女性合法诉求的法律及社会认可。国家若想要有效保障人们的权利，除了认可这些基本权利本身的重要
55 性之外，还必须表明立场。它必须在财富和收入分配、财产权分配、运用法律制度方面，简言之，在利用资源保障公民获得约翰·罗尔斯所说的各种自由的"公平价值"方面表明立场——例如，通过足量税收增加国家收入以保障每个人的受教育权，或者通过为贫困的被告人或受害人提供免费法律援助。这更加需要普遍主义和某种意义上的家长制，它意味着对某些人所选择的活动予以干预；但我们很难说，那些真正生活在无政府状态下的农村儿童能够随心所欲。

在这种情况下我们可能会发现，那些再分配措施远非西方所强加的东西，它们更明显地受到印度传统而非美国的支持，在美国，平权行动乃至税收再分配通常被视为无法接受的家长制做法。相比之下，印度的宪法传统认为，通过再分配和平权行动来促进公民充分平等所需政策与自由和无歧视原则完全是相容的。

因此，诉诸家长制的论证表明，我们应当支持这样一种普遍的规范性解释，在保护他人自由的平等价值限度内，它给予人们足够的自由去追求他们自己的价值观。它使我们缺乏合理的理由拒绝一切普遍性解释，并给予我们一些强有力的理由建构这样一种解释，我们这种解释不仅包含自由

本身，也包含对真正实现自由至关重要的一些形式的经济赋权。

这个论证还说明一点：我们寻求的解释应当保护每个人的自由和机会，把他们每个人逐一当作目的来尊重，而不仅仅是他人目的的代理人或支持者。个体应成为政治思想之焦点的想法有时被女性主义者不屑一顾，原因在于，它意味着忽视关怀与共同体，并包含支持自足与竞争、反对合作与爱的某种男性化的西方偏见。关于个别西方自由主义思想家是否果真存在忽视合作、共同体与爱的过失，我们可以争论很长一段时间。我相信，许多共同体主义思想家批评罗尔斯、康德乃至密尔这些人的言论是错 56
误的。[45] 但我们没必要在此探讨那个问题；我们只需注意到存在这样一种个体关注，其本身无须任何特定的形而上学传统，对爱与关怀也不带任何偏见。它自然源于这种认知：每个人的生命仅有一次，没有第二次或更多；A 的盘中餐不会神奇地填饱 B 的胃；C 的身体所感受到的快乐不会减轻 D 所经受的痛苦；E 通过经济活动产生的收入无助于解决 F 的温饱问题。总之，一个人的极度快乐和自由不会神奇地让另一个人感到快乐或自由。旨在提升总体或平均福祉的项目不会改善穷人的生活现状，除非他们直接从事提高那些人生活质量的工作。如果我们把此种观察与全体女性主义者在某种形式上所分享的思想——每个人都是有价值的、值得尊重的目的自身——结合起来，我们必定得出下述结论：我们不应仅仅关注整体或平均福祉，而应关注每一个人的功能发挥。[46] 我们可以把它称为**每个人都被视为目的的原则**。

韦纳·达斯说过，即使此种非常直觉式的观念——每个人都拥有她自身尊严，福祉问题应当逐一考虑而非全盘考虑——也是一种西方观念的植入：印度女性不可能认为她们自身的福祉有别于家庭成员的福祉。[47] 如果达斯的意思只是说，印度女性常把为家庭牺牲看作一件好事，并常把她们自身福祉置于他人福祉之下，那么，这种说法尽管充分合理，却很难构成对我所建议的针对个人的政治关注的一个反驳；在政治理应将每个人视 57
为目的的观念与某些人可能选择为他人做出牺牲的观念之间，不存在不相容性。然而，如果达斯实际的意思是，印度女性无法区分她们自己的饥饿和孩子或丈夫的饥饿，无法真正区分她们自己的身体及其健康和其他人的身体及其健康，那么她的观点就站不住脚了。在某些方面，贾亚玛确实把他人放在第一位，把自己放在第二位。例如，她给自己的茶添加白糖，却允许她的丈夫和孩子添加更昂贵的牛奶。不过，即便在那一举动中她也在区分她自己的福祉与其他人的福祉；总之，她在做家庭预算时强烈地意识到了各个家庭成员的分离性，她会询问每一个人应有的花费是多少。同时，她很清楚她究竟做了多少体力劳动，并且也清楚意识到承担搬运砖块这项工作的是她自己的身体，而不是某个被幸运提升为砌砖制模工的男性工友的身体。此外，当因为拥有身体健全的儿子而无法获得她自己的抚恤金时，她义愤填膺：不论她是否拥有那样的孩子，她都有权争取她自己的东西。说达斯没有与她所在阶层的印度女性进行多次交谈，并强调女性的福祉和他人福祉之间的冲突，这是难以置信的。不过，极度贫困的人可能尤其敏锐地意识到每个人福祉的分离性——因为饥饿和繁重的体力劳动会很好地提醒一个人：你就是你自己，而不是别人。孟加拉国作家马尼克·班迪奥帕德耶（Manik Bandyopadhyay）在他的短篇小说《底层女性的问题》中这样说道：

> 一个贫民窟工人的年轻女儿不能在精神上依赖她的父亲或兄弟，就像巴布家族的女儿们一样，即使是成年女性也会在任何家庭悲剧中预见到个人灾难。她习惯了依靠自己的聪明才智来保护自己。[48]

由于这个原因，与那些想方设法维持生计的人相反，对家庭利益之有
58 机联系的认知更可能属于一种上层中产阶级（巴布）意识模式。（达斯根本不是农村家庭出身，难道她把自身背景误认为一种特殊的“印度本质”?）

当然，人们可能会接受宗教信仰，尤其是佛教信仰，这些信仰的确认为，人其实根本不是分离的个体，而且物与人相区分的整个观念都是幻觉。但首先，作为整体的佛教形而上学很难成为非西方宗教的典型；许多传统非常严肃地把个人看作纯洁、自律和精神成就的原因所在。此外，佛教自觉地将自身描述成对日常习俗的激进批判，要求在冥思中使人们远离他们在日常生活中必须继续栖居其中的物质世界。所以，对个体的政治关注即使对佛教徒来说也不构成侮辱或不公，因为它的目的是为日常生活世界里的政治提供基础，而不是为开悟的冥想和反思世界里的政治提供基

础。佛教徒可以承认逐一减轻肉体痛苦是恰当的，尽管她相信在某种程度上肉体本身是一种幻觉，对这一目标更正确的描述应该是尽可能地减少整个世界的痛苦。[49]

如果我们认同所有公民都应获得关怀与尊重，并承认他们在刚才所描述的意义上过着分离的生活，那么我们就应当得出结论，政治理论不应该把人视为其他人的代理人或支持者，认为他们在世的使命是去执行别人的人生计划。它应该把他们每一个人都看作目的，看作他们自身能动性与价值的来源，自己制定人生计划并过着自己的生活，因而理应获得所有必要的支持以便有平等机会成为那样的行动者。为了把每个人当作目的来对待，我们必须立场鲜明地支持对于政治目的而言具有核心作用的某些价值，并且立场鲜明地反对某些极为常见的对待女性的方式——把她们看作孩童、看作在财产和契约事务上无能的人、看作家族附庸和传宗接代、照 59
料家庭的人，而不是拥有自己人生的人。但是，当我们以此方式表明立场时，该不会招致家长制的经典指控，因为我们这么做是为了把每个公民当作目的来看待，并容许他们以自己的方式追寻善。

三、标准经济学进路的缺陷

容我重述一下要点。**诉诸文化的论证**提醒我们，应当为那些可能希望选择过一种传统等级制生活的女性保留空间。但它并不反对使用一种普遍性解释来批判不正义的文化习俗；事实上，它提醒我们批评活动是深深地内在于印度文化本身的活动。更一般地说，文化是动态的、充满争议的。**诉诸多样性的善的论证**告诉我们，有些重要的东西与我们应该支持的提议有关：它应该为有价值的各种人类活动的繁荣发展提供空间。若无非常充分的理由，我们不应扼杀多样性，甚或让它处于危险之中。但是，鉴于有些传统习俗是有害的、邪恶的，有些则对多样文化的其他元素充满敌意，我们对多样性本身的兴趣迫使我们制定一套标准来评估我们所发现的习俗，询问哪些习俗可被接受并值得保留，哪些习俗则相反。至于**诉诸家长制的论证**，它在下述意义上极力将我们推向所谓的政治自由主义而非整全性的自由主义：它促使我们尊重公民可能持有的多种不同的善观念，并培育这样一种政治氛围，在其中每个公民都可依据他们自己的理解去追寻善（无论是宗教的还是伦理的），只要他们不伤害到其他人。换言之，我们需要便于运用的而非专断的普遍性[50]，它们创造可供选择的空间，而不是逼迫人们进入某种理想的整体功能发挥状态。但最佳的理解是，家长制论证不构成反对跨文化的普遍价值的一个论证。因为它所关心的是尊重作为
60 选择者的人的尊严。这种尊重要求我们普遍捍卫广泛的自由以及自由的物质条件；它要求我们把人作为分离的目的来尊重，通过询问每一个生命如何可能拥有自由与自决的前提条件，这种尊重反映了我们对肉体分离这一经验性事实的认知。

因此，如果我们真要在一个多元主义社会里尊重所有公民，我们已然拥有一些充分的理由认为普遍价值不仅是可接受的，更是被急需的。不过，通过着眼国际发展工作中评估一个国家或地区生活质量的三种最著名的进路，我们现在可以换个视角研究这个问题。因为，这些在一般意义上研究发展中国家贫困女性生活状况的进路的缺陷，使我们更有理由转向对基本政治原则的哲学基础提供一种普遍的规范性解释。（我假定，如果一种解释无法胜任较低要求的规范性工作——告诉我们某个国家的人民生活得怎样，那么毋庸置疑的是，它必定无法胜任更高要求的工作——为基本的社会最低水准的生活质量提供一种规范性解释。）

最著名的生活质量评估进路过去只是考察人均国民生产总值，将这个数值的最大化看作最恰当的社会目标和跨文化比较的基础。到目前为止，这一进路明显已经不太具有启发性，因为它甚至不询问财富和收入的分配，而总值相似的国家可能呈现出巨大的分配性差异。在查尔斯·狄更斯的《艰难时世》中，马戏团女孩西西·贾普（Sissy Jupe）的经济学老师要求她将所在教室想象成一个国家，“并且这个国家拥有 5 500 万财富”。接着，老师让她回答这是不是一个繁荣昌盛的国家，她有没有生活在一个“繁荣昌盛的国家”里。西西含着困惑的泪水回答说，她不知道她如何可以回答这个问题，除非她知道“谁拥有这笔财富，以及这笔财富中是否有她一份”。但正如西西很快就明白的，问题的答案“不在这些数字中”——在主人公过去很长一段时间的人生中，它也不曾出现在这些数字中。西西对一个人有别于另一个人的直觉告诉她，聚合数据不足以用来对

国民生活进行规范性评估：我们需要知道其中每一个人过得怎么样，并把每个人都看作一个分离的生命。

西西的批评并不完整。除了分配信息，我们也需要一些与基本善相关 61
的信息，这些事物并不总是紧密相关于财富和收入——如预期寿命、婴儿死亡率、教育机会、就业机会、政治自由以及种族和性别关系的性质。人均国民生产总值可观的国家常常在其中一种独特的善事物方面做得非常糟糕：想想种族隔离制度下的南非或者严苛政治体制下的新加坡便知道了。而且，对我们的研究尤为重要的是，国民生产总值表现类似的国家往往在性别平等的各个方面表现出巨大差异。因此，巴基斯坦、津巴布韦和洪都拉斯虽拥有几乎一模一样的人均国民生产总值，但巴基斯坦的女性识字率是23％，津巴布韦是60％，洪都拉斯是71.6％；巴基斯坦的女性所挣收入占比是20％，洪都拉斯是24％，津巴布韦是35％。印度和肯尼亚拥有相等的人均国民生产总值，但印度的女性识字率为36％，肯尼亚为67.8％；印度的女性所挣收入占比为25.7％，肯尼亚为42％。[51] 对国民生产总值核算之缺失的认知将我们猛然推向以普遍方式标示基本善，如此我们才能运用一份基本善清单在不同社会之间富有成效地进行生活质量比较。

相反，假设我们采取一种更直接的功利主义理论，询问依据满意表示来衡量的国民总体效用或平均效用。在这里，我们会再次遭遇对分离个体的尊重问题——因为一种聚合数值不会告诉我们最高值和最低值是多少。在那个意义上，与粗糙的国民生产总值进路一样，它也不会告诉我们"谁拥有这笔财富，以及这笔财富中是否有我一份"。假设大多数安得拉邦公民在一项虚拟的民意调查中对他们所获教育机会表示满意：这样的结果并没有告诉我们沙漠地区的情况多么糟糕透顶，那儿经常没有一所正常运转的学校。我们可以想象在喀拉拉邦得到一个类似的平均满意值，那里的底层民众处境好得多。[52] 当然，这种聚合数值也不会告诉我们男女性持有
的不同看法，而且一个看上去相当不错的总值或平均值可能掩藏某种极端 62
恶劣的女性处境。我们可能想或者不想改善最贫困之人或女性的命运；但我们当然不应该在不清楚他们生活得怎样的情况下做决定。平均效用是一个不精确的数字，它无法充分说明不同类型的人及其相对的社会地位。当

我们承诺将每个人看作一个目的来选择基本政治原则时，它使得功利主义成为一种特别糟糕的进路；这个问题在我们关注女性处境时会更为严重，她们在权力等级中的地位构成任意充分陈述的关键部分。

更重要的是，功利主义者通常不仅跨越不同生命进行加和，而且跨越不同生活要素进行加和。因此，在总体或平均效用中将存在有关自由、经济福祉、健康和教育的信息。但这些都是彼此分离的善事物，它们在某种程度上是独立变化的。[53] 而且有理由认为它们都很重要，我们不该仅仅为了获得大量某种善事物而放弃它们当中的任何一种。罗尔斯用来反对功利主义的一个核心论证是，由于它承诺在各种善事物之间作权衡，它无法充分保障政治自由和宗教自由。为了产生最大的社会总量（或平均量），它鼓励在那些善事物和其他善事物之间进行权衡。[54] 此外，在充分考虑边缘化人群或受剥夺人群时，这也会带来问题，对这些人而言，功利主义威胁到的一些机会可能具有特别紧迫的重要性。

信赖效用会产生进一步的问题。那就是，效用甚至不包含所有相关信息。我们希望知晓个体对发生在他们身上的事情做何感受，是不满还是满意。但我们也希望知晓他们实际上能够做什么以及能够成为什么样的人。假设在我们的民意调查中贾亚玛对自己的教育水平感到满意（事实并非如此），理由是对于像她这样终生从事那种工作的人来说，获得这种教育水平是合理的，她看不到学习多余的技能有何意义。当然，那是一种貌似有
63 理的回答。但是在某种意义上它回避了一些问题：因为，如果贾亚玛接受过更多教育，她可能拥有不同的选择，那些技能也许不会成为多余的技能。她是出于习惯才如此认为，因为她不习惯看到她那个阶层和那一代的任何女性去上学，或许也是因为人不要为打翻的牛奶哭泣，而要调整视角使之适应你真正能拥有的生活。鉴于这个问题如此重要，我会在第二章进行详细讨论，论证这种适应性满意并未给喀拉拉邦政府提供不促进最贫困地区女孩教育的理由，尽管它已被当成最积极的理由。要想很好地讨论这个问题，当然需要观察人们的满意度和不满意度；但也将需要利用关于教育与人口控制、教育与政治赋权、教育与就业机会之间联系的一切已知信息。因此，将我们的问询局限于效用领域有碍我们去利用与当前问题高度相关的信息。

如此，思考功利主义发展进路的缺陷促使我们走向对某些核心能力和机会的实质性说明，将之视为跨越不同社会进行生活质量比较的相关空间，和用于询问一个社会为其公民做过什么或没做过什么的相关衡量基准。我们的批评表明，这样一份清单将包含多种不同项目，它不会认为这些项目仅仅提供了不等量的单一同质化的善。这种评估也不会单纯关注人们如何看待他们与这些善事物之间的关系；它还应当搜寻有关他们实际上能够做什么和能够成为什么样的人的信息。

在转向第三种主要的生活质量评估进路之前，我们应当提及在世界范围内对建模与信息采集产生巨大影响的一种功利主义进路的变体：加里·贝克尔（Gary Becker）的家庭模型。贝克尔确实（出于描述性而非规范性目的）认为，家庭单位的目标是效用最大化，当我们询问家庭（可能还有国家这类更大的群体）的发展情况时，（被理解成偏好或欲望满足的）效用是相关的比较空间。但是，在家庭内部，他采取不同的思路。他认为，家庭应被理解成一个通过利他主义动机结合起来的群体。特别是，户主被假想为一个仁慈的利他主义者，在家庭成员之间充分地分配资源和机 64
会。[55] 这个假想的要点在于，即使与效用相关，我们也没必要询问每一个家庭成员生活得怎样，我们只需询问整个家庭状况，并假设这种分配是利他主义的。出于这个理由，受贝克尔模型影响的发展工作者通常会搜集家庭信息，而不是搜集个别家庭成员信息；例如，很难找到有关印度寡妇生活状况的数据，因为在数据中她们常常作为其他人充当户主的家庭成员出现。尽管贝克尔模型本身只意在描述和预测，但是当他人以这种方式加以运用时，它明显具有了规范性含义：因为我们很难改善寡妇的生活状况，除非我们首先可以把她们当成独立的个体去照料，并询问她们生活得怎样。

当贝克尔把整个家庭问题提上经济学专业的议事日程时，他做出了极其宝贵的贡献。不过，在某些重要方面他的模式并不充分。它假想了一幅憧憬多于现实的家庭图景。正如贝克尔所承认的，现实生活中的家庭包含着争夺各种资源和机会的斗争。一些家庭成员得以在茶中添加牛奶，而另一些只能添加白糖；一些人获得上学的机会，另一些人则没有；一些人享受维持生命的医疗保健，另一些人则没有。瓦桑蒂的丈夫殴打她，利用他的政府奖金去买醉。贾亚玛的丈夫对家庭收入几乎毫无贡献，因为他绝大部分工资都被用来饮酒和独自外出就餐。瓦桑蒂的兄弟接受了一些教育，并有机会接管他们父亲的生意，而她年纪轻轻便出嫁，没有任何教育经历或技能帮她度过艰难岁月。在贾亚玛家里，女性比男性获得更少食物、摄入更少蛋白质是正常的；女孩子就学的问题甚至就不曾出现过。贝克尔对那些冲突很感兴趣也尝试解决它们：但其模式所拥有的理论资源不足以完成这项工作。贝克尔最近表示，其他一些动机如愤怒和愧疚感需要添加到
65 模型中。[56] 但即使做出那些改变，一个以效用为基础、承诺在不同生命之间进行加和的模型也将被证明不足以充当规范性原则的选择基础。以冲突为基础的模型从始至终都将每个家庭成员看作是分离的，它具有更大的启发性。[57] 有关家庭的新的“博弈模型”相较于更具整体性的进路呈现出显著优势（我们将在第四章进一步看到这一点）。

与有关国民生产总值和效用最大化的进路（实际上作为后者的一种变体）一样，贝克尔模型无法为规范性思考提供一个充分的基础，这很大程度上是因为它不够个人主义：它没有把人当作独立的个体去观察他们每个人过得怎么样。即使户主的假设是真的，这也不是一个好办法：因为将其他家庭成员看作一个仁慈的利他主义者慷慨馈赠的接受者，与将他们视为拥有各自的生活、应获得尊重和资源的行动者并不是一回事。但是，当我们承认户主不会容许全体家庭成员各取所需，有时还对他们的福祉漠不关心时，贝克尔模型就更加不适当了。就女性常常默许那种规划并相应地调整其偏好来说，贝克尔模型可能提供了正确的预测；可是，一旦我们认识到以偏好作为正义和社会选择的向导是多么不可靠时，我们必定会做出这样的结论，它没有为规范性思考提供一个良好基础。我们不仅需要询问家庭成员怎样看待他们的处境，而且需要询问他们实际上能够做什么和能够成为什么样的人。

显然，更有希望的是我们的第三个主要替代选项，即关注一组基本资源、询问对它们的分配，并推进公平的社会分配标准的进路。其中，最著
66 名的是约翰·罗尔斯的进路，在《正义论》及其后续作品中，他制定出一份“基本善”清单，其中那些项目是所有理性的个人为了实施生活计划所必需的前提条件，不论他们持有何种更具整全性的生活计划。[58] 罗尔斯

的清单是异质的。它包含自由、机会和能力（指公民在其社会环境中的能力）。[59] 结构上相似的是自尊的社会基础，这是社会与人的能力相联系的一个特征；罗尔斯称之为“最重要的基本善”[60]。然而，清单同时包含一些物质性项目（thing-like items），尤其是财富与收入，这些东西在清单中具有特别重要的地位，因为它们被用来定义最不富裕阶层。[61] 这里的基本观点是，不论公民追求其他哪些善事物，他们应该能够就这些基本资源的核心重要性和公平分配它们的大致标准达成某种有效的政治共识。在罗尔斯如何建构家庭模型方面存在一些特殊问题，我将在第四章进行讨论。在此，我会集中讨论罗尔斯基本善的进路的一些一般特征，仅在似乎对处理那一问题很重要的地方才谈及家庭。

从目前我们关心的所有问题看，罗尔斯的进路拥有非常好的前景。它 67
高度关注多元主义和家长制，与此同时却又承认基本自由和机会对全体公民的重要性，并承认这些核心选择领域中的物质基础的重要性。在所有这些方面，罗尔斯的模型似乎在国际舞台上为进一步思考生活质量问题奠定了非常好的基础。

在这一点上，罗尔斯自己退缩了，他宁愿将政治的人的观念连同基本善的图景视为仅限于某种独特的西方政治哲学传统中共识的基础。[62] 然而，实际上似乎没有理由认为任意一种基本善是西方独有的，也没有理由认为形成和修正生活计划的能力展现了某种西方独有的重要性意识。制定并执行计划这一观念的产生与任何哲学背景无关，它来自人类在敌对环境中的生存斗争。当然，这些观念在印度女性运动中有其固有的来源，其中没有哪些概念比反思、选择、计划和控制概念得到更集中的强调，并且显而易见，这些活动在财产权、土地权、就业等方面有其物质基础。瓦桑蒂争取自食其力、不依靠她的兄弟去执行生活计划的斗争正例示了一个一般现象。整个自营职业女性协会运动都围绕尊严、个人独立、女性对自身物质环境和社会环境的控制观念建立起来。如伊拉·巴特所言，女性不仅想分得一块馅饼，她们也想选择馅饼的口味并学会自己制作它。

由于这个观念的灵感来自女性日常生活之外的事情，因此它绝不是某种西方舶来品，反而拥有甘地式的思想渊源。它把甘地关于印度在反抗英国殖民统治斗争中自给自足的思想转化到家庭和村庄层面，在这个层面，

女性同样在进行反抗准殖民压迫的自由斗争。[63] 约翰·斯图尔特·密尔
68 强调，反对女性在家庭中的屈从地位的斗争与反封建的民主斗争是同构的，两者表现出同样关切。[64] 自营职业女性协会的女性（和印度境内类似运动中的其他许多女性劳动者）各自建立相同的联系：个体控制和规划生活的观念完全不是殖民主义观念，而是反殖民主义斗争的一种表现。人们不需要西方哲学家来告诉她们，她们不喜欢受外界胁迫或者生活在无助状态中。

尽管罗尔斯的进路比他自己愿意暗示的更有希望作为国际性思考的基础，但它仍然面临一些严重的困境。在依据资源来衡量谁生活得更好、谁生活得更差时，罗尔斯模型忽视了一个显著的生活事实：在对资源的需求和将资源转化成有价值的功能发挥的能力方面，个体之间的差异非常大。其中一些差异是直接的生理差异。营养需求会随着年龄、职业和性别的变化而变化。妊娠期和哺乳期女性相比于非妊娠期女性需要摄入更多营养。一个儿童所需摄入的蛋白质多于一个成人。一个四肢健全的人无须太多资源来支撑他的活动，而一个四肢瘫痪的人需要更多资源达到同等活动水平。如果我们生活在一个能让所有个体都具备高水平身体素质的繁荣国度，许多这类差异可能不会引起我们注意；在发展中国家，我们必须高度关注这些需求方面的差异。此外，一些相关差异具有社会性，与传统等级制有关。如果我们希望让一个国家的全体公民都达到一定的基本教育水平，我们就需要在那些遭遇来自传统等级制或偏见的障碍的人身上投入更多资源：因此在全球很多地区，为女性扫盲将会比为男性扫盲花费更高。基于资源的进路并未足够深入地诊断这些障碍——它们即使在资源似乎得到充分分配时也可能出现，这使得个体忽视去利用他们在某种意义上所
69 拥有的机会（如自由的公共教育权、投票权或劳动权）问题。如果我们仅仅依据资源指标行事，我们将会经常加重与福祉高度相关的不平等。当我们要考虑的是女性的生活质量问题时，这会是一个特别严重的缺陷；因为一开始就身处无权无势的传统地位的女性常常需要得到特别的关注和援助，从而达到有权有势之人轻而易举便能达到的能力水平。

因此，即便是罗尔斯的进路最终也没能充分尊重每一个体争取繁荣生活的努力。从极其重要的方面来说，因为 A 和 B 要求获得等量资源而把

他们视为拥有同等福祉的两个人，相当于忽视 A 生活的分离性和独特性，假装 A 可以与 B 互换生活环境，而事实可能并非如此。若要公正对待 A 的努力，我们必须从它们的社会语境中来看待它们，并意识到这种语境对争取自由、机会和物质福祉的努力所构成的障碍。在有关自由与机会的讨论中，罗尔斯清楚地意识到，正义理论必须了解不同生命所处的不同环境，以便所分配的不仅有自由，还有平等价值；不仅有形式上的机会平等，还有实质上的机会平等。然而，他强调财富和收入是基本善的核心指标，这种强调低估了他对个体的尊重。

总结一下：我们想要的进路会尊重每个人争取繁荣生活的努力，并将每个人都视为一个目的以及他们自身能动性与价值的来源。这种尊重的部分含义在于，至少不以专制的方式规定对成年人而言的善和某些核心选择领域中的善，从而为个体做出重要选择并建立有意义的依附关系保留广阔空间。但是，这种尊重意味着支持一些条件，这些条件允许他们遵循自己的观点并免于受到政治和传统强加的专制统治的影响。这反过来又提出普遍性与特殊性的要求：既要有一些包罗万象的衡量基准，也要有对努力生活的人们所在的各种环境及文化的详尽知识。功利主义的和基于资源的进路的缺点表明，如果我们关注个体实际上能做什么和能够成为什么样的人，而不是关注满足感或单纯资源的在场，那么我们将占据最适当的立场。建立在效用或资源之上的一般衡量基准被证明对语境差异不够敏感， 70
对环境塑造偏好的方式以及个体将资源转化为有意义的人类活动的能力方式也不够敏感。只有广泛地关注功能发挥与能力，才能公正地处理存在于人类努力与其物质和社会背景之间复杂的相互关系。

四、核心人类能力

对普遍价值最有趣的担忧最终导致我们支持一组特殊类型的普遍价值。现在我要论证的是，对所有这些问题做出合理回答，能够为政府和国际机构提供良好指引的是**能力进路**——由阿马蒂亚·森在经济学中首次提出并用来评估生活质量的一种理论[65]，迄今为止，它借由联合国发展计划署（UNDP）的《人类发展报告》而极具影响力。[66] 我自己的能力进路（它独立于森的研究，是通过思考亚里士多德人类功能思想以及马克思对这些思想的运用而产生的）[67] 在多方面不同于森的，它不仅强调这一进路的哲学基础，而且准备就什么是核心能力表明立场。[68] 森关注的是能力在划分生活质量评估空间中的作用；我以更迫切的方式运用这一观
71 念来作为应获得宪法保障的基本政治原则的基础。我不会在此对那些分歧做出进一步评论，而只是单纯阐述目前我将为其辩护的进路。与任何一种普遍性进路一样，只有以相关方式进行阐发，它才是有价值的：因此我们不仅需要忧心这一进路的结构，同时需要忧心如何充实它的内容使之适当关注女性生活。其他有希望的研究进路常常由于无视女性实际面临的问题而步入歧途。能力进路则指引我们从其物质和社会背景中考察真实的生活，因此有理由期望它可能克服这个困难。

能力进路询问的核心问题不是，“瓦桑蒂在多大程度上感到满足？”甚或“她可以要求获得多少资源？”而是，“瓦桑蒂实际上能够做什么以及能够成为什么样的人？”对于政治目的而言，当捍卫一份在人类生活中似乎具有核心重要性的行之有效的功能清单时，我们要问的是：这个人能不能做到这一点？我们不仅询问这个人对她所做之事的满足程度，而且询问她做了什么，以及她有能力做什么（她拥有哪些机会和自由）。此外，我们不仅询问可利用的资源有哪些，同时询问那些资源如何发挥作用或发挥失效，从而使瓦桑蒂能够完全以人类的方式完成功能发挥。

发现了一些解决问题的答案之后，我们现在以两种紧密相关的方式来运用这一进路。第一，正是在这些能力转化为某些核心领域的功能意义上，我们将瓦桑蒂的生活质量与其他人进行对比以评估她的生活质量。当我们收集来自不同生活的数据以给出不同地区、阶层和国家在生活质量方面的差异说明时，我们总是在核心能力领域进行那些比较，并以此方式界定最不富裕阶层和足够富裕阶层。第二，我们然后论证，在某些核心人类功能领域，正义的公共政治安排的一个必要条件就是保障公民获得某种基本的能力水平。如果人们在任一核心功能领域系统性地低于门槛标准，这就应被视为一种不公且悲剧性处境并急需得到关注——即便其他方面的情形还不错。

这一进路背后的直觉式观念是双重的：第一，某些功能在人类生活中

特别重要，以至于它们的存在或不存在通常被理解为人类生活存在或不存 72
在的标志[69]；第二，马克思在亚里士多德身上发现这种观点，在某些事情上，这些功能需要以真正人类的方式来发挥，而不仅仅以动物的方式来发挥。我们常常断定，某种生活是如此贫乏以至于它不是有尊严的人类该过的生活，这样生活着的人只是或多或少像动物那般苟活着，无法发展和运用他们的人类能力。马克思举例说，一个饥肠辘辘的人不会完全以人类的方式享用食物——我认为他的意思是一种渗透实践理性和社会交往的方式。他或她只为生存而攫取食物，人类饮食活动蕴含的多种社交和理性成分不可能在此出现。同样，他认为一个人的感知能力可以仅在动物层面运作——如果他们在成长过程中缺乏适当教育、休闲娱乐和自我表达，且未与他人建立有价值的联系的话；我们应在这份清单中添加一些马克思可能不会认可的项目，如言论和结社自由以及信仰自由。这里的核心观念是关于人的观念，作为有尊严的自由存在者，一个人在与他人合作互惠中塑造他/她的生活，他/她不会像一"群"动物那样被动接受外界的影响或摆布。[70] 真正的人类生活是完全由实践理性和社会交往这些人类能力所塑造的生活。

这种人类尊严观念产生广泛的跨文化共鸣和直觉力。无论在何种文化中，我们都可以把它看作悲剧艺术的核心观念。试想一个被命运攻击的悲剧性人物。我们对遭受如此打击的人类情景的反应非常不同于我们对吹起
风中沙粒的一场风暴的反应。因为我们将人看作有价值的目的自身，一种 73
令人心生敬畏的存在，以至于见到这个人被命运洪流击倒，我们会感到恐惧——与此同时，见到命运不曾完全吞噬这个人的人性，我们会惊叹不已。[71] 正如亚里士多德所言："高贵的人浑身散发着光芒。"这些反应给予我们强有力的动机去保护人类身上那种使我们充满敬畏的东西。我们认为人拥有活动、目标和计划——以某种令人敬畏的方式凌驾于大自然的机械运作之上，但为了实现许多核心计划仍需获得支持。[72] 这种观念拥有多种形式，有些是宗教的，有些是世俗的。既然我们能够对其他文化的悲剧故事产生共鸣，我们便说明了此种有关人类价值和能动性的观念是跨文化的观念。

在某种极端情况下，我们可能认为，缺乏一种核心功能所需能力是如

此严重的一件事，以至于这个人根本就不是或者不再是一个真正的人——如存在某些非常严重的精神障碍或患有老年痴呆症就属于这类情形。但是，我对探讨那种边界的兴趣不浓（尽管它对医学伦理学来说很重要），我更有兴趣探讨更高的门槛标准是什么，只有达到此种标准，一个人的能力才成为马克思所讲的“真正的人”的能力，即一个人**值得拥有的**能力。注意，如此一来，这个观念援引了一个关于人类价值或尊严的观念。在一些重要的方面，马克思不同于康德，他（与亚里士多德一道）强调一个人的重要能力需要得到物质上的支持，否则拥有这些能力便毫无意义。但是，他也借鉴了康德的思想，他表达亚里士多德主义思想遗产的方式显然受到康德神圣不可侵犯的人的尊严概念的塑造。

注意，能力进路使每个人成为价值的承载者和目的自身。马克思与他的资产阶级先辈一样，认为使一些个体的目的屈居另一些个体的目的之下是大错特错的。“剥削”的核心含义就是把一个人仅仅当成他人所用的对
74 象。因此，把社会看作一个有机整体来培育善，其中不包含对每个独立的个人善的培育，这不仅与资产阶级哲学相矛盾，也与马克思主义进路相矛盾。这一进路追寻这样一个社会：在其中，每个人都受到应有的尊重，并且每个人都有能力过上真正意义的人类生活。（在这里，能力门槛观念被引入进来：我们认为，在每个领域，低于某种能力标准，一个人无法真正以人类的方式生活。）如此，我们可以把**每个人都被视为目的的原则**重新表述为**每个人的能力原则**：能力首先是为**每个人**寻求的，而不是为群体、家庭、国家或其他法人团体寻求的。在提升人类能力方面，这些组织制度可能非常重要，在此意义上它们也许应当得到我们的支持：但正是基于它们为人们所做的，它们才具有如此重要的价值，而最终的政治目标向来都是提升**每个人**的能力。

我相信我们可以列举出真正的人类功能发挥的核心要素，它们可以获得广泛的跨文化的共识。（理解这一点的途径之一是想想那些悲剧情节跨越文化边界的方式：尽管我们对世界的形而上学解释存在差异，但某些剥夺都被我们看作是可怕的。）虽然这份核心能力清单在结构和内容方面与罗尔斯的基本善清单有些许不同，但它的提出同样恪守某种政治自由主义精神：作为核心宪法保障的道德基础，这份清单在合于政治目的的意义上

能够得到人们的认可，他们在何种生活才是完整的好的人类生活问题上拥有截然不同的观点。（如我们将会看到的，部分原因在于，这是一份关于功能发挥所需能力或机会的清单，而不是关于实际功能的清单；还有部分原因在于，这份清单为人们追求其所重视的其他功能提供了空间。）

这份清单提供了可体现在宪法保障中的基本政治原则的基础。为此，它将那些可令人信服地认为在任何一种人类生活中都具有核心重要性的人类能力分离出来，无论人们追求或选择其他什么东西。核心能力不仅对进一步追求其他善具有工具性价值：在使得包含它们的生活成为完整的人类生活的意义上，它们还被认为具有内在价值。但是，它们被认为在人们计划和所做的其他所有事情上都具有特别普遍和核心的作用。在那个意义 75
上，它们发挥的作用也类似于基本善在罗尔斯近期（政治自由主义）理论中的作用：它们在使得任何生活方式的选择成为可能的方面具有特殊的重要性，因此，就政治目的而言，它们特别要求在一个多元化社会中获得支持。[73]

核心能力清单不是一种完备的正义理论。这份清单为我们在各个领域确定一个体面的社会最低水准提供了基础。[74] 我认为，至少在一定程度上，对社会和政治制度结构的选择应当考虑将这些人类能力至少提升至门槛级别以上。提供门槛级别能力这一目标尽管迫在眉睫，但它对实现正义来说可能是不够的，我将在后文进一步详细讨论社会最低水准和我们对平等的关切之间的关系。确定正义的附加要求有待另行研究。此外，为了描述怎样才能最好地保障门槛级别能力，我们需要更多地讨论公共领域相对行动者个人动机的适当作用，以及公共领域在多大程度上有权对个体行动者追寻清单中的能力进行控制。我们可能认同能力空间是与生活质量比较相关的空间，并认同在核心能力领域应保障全体公民获得社会最低水准的基本能力，但不认同政府所扮演的角色及其推行的公共计划。由于从总体上回答这个问题要求我们处理一些超出我研究范围的经济问题，因此我不会在这里给出一个总体答案，不过第三章和第四章将讨论法律在提升某些特殊领域的能力方面的适当作用。正义理论所处理的其他许多问题也被此种能力进路悬置起来。[75]

这份清单代表多年来跨文化讨论的成果，比较早期和晚期的版本会发 76

现，其他声音的输入在很多方面影响了它的内容。因此，它已经反映出它所提议的东西：拥有截然不同的人类生活观念的人们所达成的某种**重叠共识**。[76] 在第二章中我会论证，这个有关清单如何演变的事实有助于辅证它的合理性，尽管证明的主要力量仍然是关于真正的人类功能发挥的直觉式观念及其所包含的内容。我所说的“重叠共识”就是约翰·罗尔斯所指：人们可以将这一观念当作政治观念之独立的道德核心来认同，而无须接受任何特定的形而上学世界观、任何特定的整全性的伦理或宗教观念，甚或任何特定的人的观念或人性观念。我们的确可以预期，在那些领域持有不同观点的人们甚至会根据他们不同的出发点，在某种程度上对政治观念的道德核心做出不同解释。[77] 因此，穆斯林可能会说：“在这一政治观念中，女性之所以具有平等的公民身份，是因为男性和女性分享同一个形而上的本质。”相反，一些犹太教徒[78] 和基督徒可能会说：“虽然女性所拥有的本质不同于男性，但她们都是平等公民。”托马斯主义天主教徒可能通过思考圣·托马斯的亚里士多德主义选择观来解释“实践理性”。其他人将依据他们做出计划和决定的日常经验，以更通俗的方式考虑选择。芬兰人可能依据一种整全性的人生观来解释玩耍和娱乐，在此种人生观中，独自进行森林冥想意义重大；加尔各答居民心中可能有一套全然不同的整全性观念。正如我对亚里士多德的解读，他把人类功能论的核心理解成一个独立的道德观念，而不是从自然目的论或任何非道德的根源推演而来的观念。[79] 然而，无论我对亚里士多德的解读是否正确，我自己的新
77 亚里士多德主义提议都是忠于那种精神的——并且这种提议（明显不同于亚里士多德的）也是一种局部的而非整全的好生活观，是仅仅为了政治目的而选择的一种道德观。

既然关于人类功能和能力的直觉式观念需要不断接受反思和我们直觉的检验，那么任何版本的清单都应被视为某种苏格拉底式提议，在我们为了政治目的试图达到某种反思平衡时，它将接受我们最可靠的直觉的检验。（我会在第七节中进一步讨论这种政治辩护的问题。）

我们或许认为，清单中的某些项目比其他项目更具确定性。比如，若从清单中移除拥有完整身体的权利，那会令人感到震惊；这项权利在我们对善的审慎判断中似乎是确定不移的。[80] 另外，我们可能会争论识字在

人类功能发挥中起到何种作用，以及我们与其他物种和大自然的关系起到何种作用。在这个意义上，这份清单仍是开放的、谦逊的；它总是能够承受争议和再造。它并不否认不同社会所构造的清单项目存在一定程度的差异。事实上，**多重可实现性**构成了这份清单的部分理念：它允许根据本土的信念和环境对其中项目做出更具体的说明。因此，它的设计为合理多元主义的具体说明保留了空间。由于公民们致力于达成某种政治共识，因此每一种门槛级别核心能力都需要更精确的规定。可以设想这是在各个宪法传统内部进行的，因为它是通过解释和慎思而不断演变的。（许多宪法基本权利最初都在非常笼统的意义上加以描述，但这并不意味着它们是不现实的或不可裁决的：解释与判例的传统提供了相关说明。）最后，对读写能力和基础科学教育这类问题相对具体的评论表明，这份清单是面向现代世界的，而不是永恒的。[81]

目前这份清单如下[82]：

核心人类可行能力 78

1. 生命。能活到正常人类寿命的尽头；不会过早死亡，或者因为不值得过而缩短自己的寿命。

2. 健康的身体。能够拥有良好的健康状况，包括生殖健康[83]；营养充足；有足以容身的居所。

3. 完整的身体。能够自由地从一处移动到另一处；把守护身体界限视为至高无上的主权，如，能够抵御攻击，包括性侵犯、儿童性虐待以及家庭暴力；有机会获得性满足，并且有机会在生育问题上做出选择。

4. 感知、想象和思考。能够运用感知，能够想象、思考和说理，并以“真正人类的”方式来做这些事，这是一种通过充分受教育而变得懂道理、有教养的方式，其中包括（但绝不仅限于此）识字、基础的数学训 79
练和科学训练。能够运用想象力和思考能力体验和创作自己选择的表达自我的作品和事件，包括宗教的、文学的、音乐的等等。在保障政治和艺术言论表达自由及信教自由的前提下，能够运用自己的思想。能够按照自己的方式追寻生命的终极意义。能够拥有愉悦的体验和避免不必要的痛苦。

5. 情感。能够对其他事物和人产生情感；能够爱那些爱我们并关心我们的人，并为他们的逝去感到悲伤；总之，能够去爱，去悲伤，去体验渴望、感恩和合理的愤怒。不会因过度恐惧和焦虑，或者因受到虐待或忽视这类创伤性事件而破坏情感的发展。（支持这种能力意味着支持能被证明为对情感发展至关重要的人类结社形式。）

6. 实践理性。能够形成一种善观念，能够对自己的人生计划予以批判性反思。（这需要保护良心自由。）

7. 依附。

A. 能够与他人亲密生活在一起，认同并关心他人，参与各种形式的社会互动；能够想象和同情别人的处境；能够拥有正义和友爱的能力。（保护这种能力意味着维护构建和培育那些关系形式的制度，同时保障集会自由和政治言论自由。）

B. 拥有自尊和不受羞辱的社会基础；能够被当作一个与他人享有同等价值的有尊严的存在者来看待。这要求获得最低限度保障以反抗种族、性别、性取向、宗教、种姓、族群或民族血统方面的歧视。[84] 在职场上，
80 能够像一个真正的人那样工作，即运用实践理性并与其他同事建立有意义的相互认同的关系。

8. 其他物种。能够关怀动物、植物和整个自然界，并与之和谐共处。[85]

9. 玩耍。能够欢笑、玩耍、享受娱乐活动。

10. 控制自身所处的环境。

A. 政治环境。能够有效参与主宰个人生活的政治决策；拥有政治参与权，保障言论自由和结社自由。

B. 物质环境。不仅在形式上而且在实质上能够有机会拥有财产（土地和动产）；拥有与他人同等的财产权；拥有与他人同等的择业权；拥有免于无正当理由的搜查和扣押的自由。[86]

81 要强调的是，这份清单是一份由**分离要素**（separate components）组成的清单。我们不可能通过提供更大量的另一要素来满足其中一个要素的需求。所有要素都至关重要，并且都具有质的独特性。这份清单不可还原的多元性限制了它将合理做出的权衡，因而限制了成本效益量化分析的适用性。当然，人们可能总是运用成本效益分析；但如果一个人这么做时与

能力进路关联起来，那么郑重指出这一事实就是至关重要的：多元而独特的善事物中的每一个都具有核心的重要性，因此，任何将公民推至某个核心能力领域门槛标准之下的抉择都存在一种悲剧性面向。这一悲剧性面向可以简单呈现为一个巨大的代价；但是，很难用此种方式清楚地表明一种独特的善正受到轻视的事实。譬如，人们不应当认为，政治自由的丧失会通过巨大的经济增长得到弥补，但是运用单一的衡量标准可能很容易让人如此认为。[87]

与此同时，清单上的项目以多种复杂的方式彼此关联在一起。在提升女性控制自身环境的能力和有效的政治参与权方面，最奏效的一个办法是提高她们的读写能力。能够外出寻找就业机会的女性有退出的选择，这有助于她们维护自己身体的完整性，免于遭受家庭暴力。生殖健康在许多复杂的方面与实践理性和身体完整性相关。这依然给予我们更多理由避免以其他能力为代价来提升某一种能力。

清单上的一些项目就是或者包含约翰·罗尔斯所说的“自然的善”，即在获得它们的过程中运气发挥实质性作用的那些善事物。所以，政府不能期望让所有公民都拥有健康的身体或稳定的情绪，因为决定那些积极状态的一些因素是自然的或运气主宰的。在这些领域，政府可以致力于提供这些能力的**社会基础**。能力进路坚持认为，这需要在弥补由先天禀赋或先天能力造成的起始差异方面做大量工作，但社会能够可靠提供的依然是善事物的社会基础，而非善事物本身。就女性情绪健康问题而言。政府不可 82
能确保所有女性都拥有健康的情绪；但它可以通过家庭法、强奸法和公共安全这类领域里的适当政策，对情绪健康产生相当大的影响。同样的道理将适用于一切自然的善。但我们无法控制的因素仍可能造成干扰使得一些人无法充分发挥能力。因而，当我们用能力对生活质量进行比较性评估时，我们仍需询问我们观察到的差异的原因。在不同国家或群体之间存在的一些健康方面的差异根源于公共政策能够控制的因素，其他方面的差异则未必如此。如果基本政治原则为人们充分提供了这些能力的社会基础，它们便发挥了自己的作用。（第五节深入讨论了这一点。）

在这些能力中，**实践理性与依附**这两种能力特别重要，因为它们组织并渗透到其他所有能力中，使对它们的追求真正具有人的意义。以一种不被人类特有的思考方式和计划方式所渗透的方式来运用感知，意味着不完全以人的方式运用它们。[88] 同样，在规划自己的人生时，不能以对话他人、关心他人以及与他人建立关系的复杂形式来规划，意味着不完全以人的方式行事。[89] 仅举一例，劳动若要成为一种真正的人类功能发挥模式，就必须运用实践理性与依附能力。这意味着人必须能够作为一个有思想的存在者，而不是一台机器的一个齿轮去劳动；并意味着必须能够以肯认彼此人性的方式与他人一起劳动。[90] 女性的劳动甚至比男性的劳动更经常地缺乏这一特征。

当我们在这个意义上使实践理性与依附成为核心能力时，我们并没有说其他一切都能被还原为这两个目的。例如，我们没有说健康的身体只是自由选择的手段。但我们确实在说，如果一个政府致使人们只能以降至动物的方式去拥有一项重要能力，如健康的生活或感知，那么它的工作做得还不够。清单中所有项目都应当以蕴含实践理性与依附能力的方式为人们
83 所拥有。这对我们设定每一种分离能力的门槛标准施加了限制，也对我们将会接受的能力的具体说明施加了限制。

能力进路始于政治领域的一个基本直觉：某些人类能力在道德上要求加以发展。再次声明，这必须被理解为**一个独立的道德观念**，而不是一个倚赖特殊的形而上学观点或目的论观点的道德观念。并非一切实际的人类能力都会施加道德要求，只有那些从伦理观点看具有重要价值的人类能力才会如此。（譬如，残忍的能力未列入清单。）因此，这个论证从伦理前提开始，并只会从这些前提而不是从任何进一步的形而上学前提中推导出伦理结论。[91] 尽管如此，为了政治目的，我认为我们能够就涉及某些人类能力的道德要求的道德论证之核心达成某种必要共识。人类是这样一种生物，只要获得适当的教育和物质方面的支持，他们就能充分发挥所有这些人类功能。也就是说，他们是具备发挥这些功能的低层次能力（我称之为“基本能力”）的生物。[92] 当这些能力被剥夺将其转化成清单所示的更高水平能力的培育机会时，它们就是无果而终的、被阻断的，某种意义上不过是自己的幻影。当一只乌龟被赋予一种仅够维持动物水平功能发挥的生命，我们不会表达愤慨，不会有荒废生命的悲剧感。当一个人被赋予一种人类行动和表达能力均遭到破坏的生命，那一定会使我们产生荒废生命的

悲剧感——例如，在泰戈尔的故事中，当姆里纳尔对她的丈夫说“我不是一个轻易赴死的人”时，悲剧感便呈现出来了。在她看来，一种没有尊严和选择的生命，一种她只能充当他人附庸的生命，无异于一种死亡，人性的死亡。在信件结尾，她写道：“我才刚刚开始我的生活”，并落款道：“来自姆里纳尔——一个从你脚窝撕扯下来的人。”这种悲剧感是跨越文化边界的，它不倚赖任何特殊的关于人性的形而上学观点。

因此，我们首先要认识到基本人类能力的价值和尊严，将它们看作对 84
功能发挥的机会所提出的要求，这些要求产生出相关的社会义务和政治义务。实际上，在我的分析中有三种不同类型的能力在发挥作用。[93] 第一，存在一些**基本能力**（basic capabilities）：个体内在固有的能力，是发展更高级能力的必要基础，也是道德关切的根基。这些能力有时或多或少已准备就绪：视听能力通常就是如此。然而，更常见的是，它们是非常初级的能力，不能直接转换为功能发挥。新生儿正是在这个意义上拥有言语能力、爱和感恩的能力、实践理性能力以及劳动能力。

第二，存在一些**内在能力**（internal capabilities）：就女性而言，它指的是有充分条件发挥必需功能的女性自身的发展状态。不像基本能力那样，这些状态是成熟就绪的状态。有时，做好准备只需要时间和身体的成熟：一个人仅随年龄的增长便会拥有性功能，这无须太多外在干预，尽管这个人需要获得充足的营养。几乎所有人类儿童都学会说他们的母语：他们只需要在某个关键时期内足够多地倾听别人说话。然而，更常见的是，内在能力只有在周围环境的支持下才能获得发展，当一个人学会与他人玩耍、关爱他人和行使政治选择权时便是如此。但是，在某种程度上它们确实就在那里，人们可以运用它们。一个未遭受生殖器割除的女人就拥有获得性快感的**内在能力**，世界各地大多数成年人都拥有宗教自由和言论自由的**内在能力**。

但即使人们已经发展出一种能力（通常有来自物质界和社会界的大力支持），他们也可能被阻止将那种能力发挥出来。因此，第三，最终还存在一些**综合能力**（combined capabilities）[94]，它可能被定义为与适当的功
能发挥的外在条件相结合的内在能力。一个虽未遭受割礼，却在孩童期沦 85
为寡妇并被禁止再婚的女人尽管拥有性表达的内在能力，却不拥有性表达

的综合能力（在大多数那类情形中，也不拥有就业和政治参与的综合能力）。[95] 非民主的专制政体下的公民在依据自己的良心行使思想自由和言论自由方面拥有内在能力而非综合能力。[96] 所以，这是一份关于**综合能力**的清单。为使一个国家的公民实现清单所示项目之一，不仅需要适当地促进他们的内在能力发展，而且需要提供有利于发挥实践理性及其他主要功能的环境。

内在能力与综合能力之间不存在截然的区分，因为内在能力的发展通常需要有利的外在条件；事实上，它时常要求发挥实际的功能。尽管如此，这种区分仍然发挥着作用，因为即使训练有素的能力也可能受挫。当物质及社会环境发生急剧变化时，我们会明显看到这种区别：一个惯于行使宗教自由和言论自由的人再也不能这样做了。在这里，我们深信内在能力是完全存在的，但综合能力却不存在。在存在终身剥夺的情况下，这种区分并不那么容易刻画：持续的剥夺影响了内在的功能准备。在缺乏言论自由或宗教自由的环境中成长起来的孩子，不会像在保护这些自由的国家中成长起来的孩子那样，发展出同样的政治能力和宗教能力。（第二章将详细讨论这一点。）然而，即便在那种情形下，我们仍然可以观察到很多存在鲜明区分的实例。许多受物质需求驱使、渴望外出工作的女性，以及
86 拥有能够用来从事某种工作的技能的女性，都由于家庭或宗教的压力而无法工作。通过坚持清单中的能力是综合能力，我坚持物质和社会环境的双重意义，这种双重意义体现在锻炼内在能力，并让它们在接受锻炼之后表达自己；而且我确信清单所认可的自由与机会无法以纯形式化方式理解。它们因而对应于罗尔斯“平等的自由价值”和“真正公平的机会平等”观念，而不是更薄的“形式上平等的自由”和“形式上的机会平等”观念。[97]

对作为社会目标的能力的关注与对**人类平等**的关注密切相关，因为基于种族、宗教、性别、民族血统、种姓或族群等理由的歧视本身被认作一种结社能力障碍，一种侮辱或羞辱。将能力作为目标需要为所有公民促进更大程度的物质平等，且胜过大多数社会中存在的物质平等，因为在缺乏一些再分配政策的情况下，我们不可能让所有公民的能力都超过真正的人类功能发挥所需的最低限度。并且，支持一般能力目标的人可能就一个关

注能力的社会应当寻求的物质平等的程度产生分歧。完全的平等主义[98]、罗尔斯式差别原则以及对（相当充足的）社会最低限度的较弱关注，所有这些都会与迄今为止提出的建议相容。就许多甚或绝大多数女性而言，几乎所有社会连提供真正的人类功能发挥所需的最低限度要求都远远没有达到；因此，我把有关平等程度的争议留待稍后阶段，当这些差异开始具有现实意义时再讨论。

五、功能发挥与能力

我已经谈论过功能发挥与能力。它们之间的关系如何呢？弄清楚这一点对确定“能力进路”与罗尔斯式自由主义以及我们对家长制和多元主义 87
的关切之间的关系至关重要。因为如果我们把功能发挥本身视作公共政策的目标，促使公民以单一确定的方式发挥功能，自由主义多元论者的判断便是正确的，我们妨碍了公民根据他们自己的善观念可能做出的诸多选择，并且可能侵犯了他们的权利。一个虔诚的宗教徒可能不愿意得到很好的补养，宁愿进行艰苦的斋戒。无论出于宗教原因还是其他原因，有人可能更喜欢独身的生活，而不是享有性生活。有人可能更喜欢全身心投入工作，而不是娱乐和玩耍。我是在借用这份清单宣称这些生活都不是有尊严的人类应当过的生活吗？我是在指示政府，不论人们喜欢什么，都要说服或推动他们完成必要的功能发挥吗？

明确这个问题的答案是否定的很重要。就成年公民而言，能力而非功能发挥才是恰当的政治目标。这是因为能力进路赋予实践理性非常重要的意义，作为一种善它不仅渗透到其他所有功能之中，使得那些功能成为人类而非动物的功能[99]，而且将它自身作为清单中的一项核心功能。认为使一种生活成为完全意义上的人类生活的因素是功能发挥而不是单纯的能力，这完全是正确的，因为如果在某种生活中不存在任何功能发挥，我们是很难赞许此种生活的，不论它蕴含着哪些机会。尽管如此，就政治目的而言，我们仅只争取能力却是恰当的。在那之后，必须让公民自由选择他们自己的人生道路。食物充足的人可以总是选择去斋戒，但是斋戒与挨饿之间存在巨大的差异，而我希望捕捉到的正是这种差异。同样，有正常机会获得性满足的人可以总是选择独身的生活，我的进路不会表示反对。它真正反对的（举例来说）是割除女性生殖器的习俗，它剥夺了个体性功能发挥的选择机会（实际上也剥夺了她们选择独身的机会）。[100] 有机会玩
88 乐的人可以总是选择工作狂式的生活；同样地，被选择的那种生活完全不同于因不充分的最长工时保护或因“双日”工作而受限的生活，这种生活使得世界许多地区的女性无法玩耍。请记住，我并不是说公共政策应该满足于提供**内在能力**，而对那些不得不尝试在不利环境中发挥这些能力的个人的努力保持漠不关心的态度。在那种意义上，我的进路高度关注功能发挥这一目标，并指示政府时刻注意这一点。此外，我没有把个体推向功能发挥的状态：一旦所有准备就绪，选择什么就取决于他们。

这样处理的理由很简单，那就是我们对人们及其选择持有尊重。即使我们确信繁荣生活的模样，并确信某种特殊的功能在其中发挥重要作用，在我们强迫人们发挥此种功能时，我们也没能尊重他们。我们做好一切准备工作，作为同胞公民，提出对我们支持的某种选择的任意一种论证；接下来，选择什么便取决于他们了。

依据我对独身生活的评论，也可给出一个辅助论证。如果人们没有选择权，全凭要求才这么做，那么他们的行动可能不再具有同等价值，实际上可能体现不同的功能。反对强制统一的宗教宽容的支持者经常提出这种观点，它同时适用于其他能力。强制性玩耍不是玩耍，命令式的爱也不是爱。这就解释了为什么即使对某种特殊的善观念充满自信和教条主义的人，也应该更喜欢将能力而非功能发挥作为政治目标：如果此人需要的那种功能发挥以不容选择的方式成为直接的政治目标，那么它根本无法实现。这是一个支撑性论证，主要论证是诉诸尊重人格的论证。但是，它的确说服一个完善论的反对者相信选择是值得尊重的东西。

我所阐述的能力进路非常接近于罗尔斯运用基本善观念的进路。我们可以把能力清单看作一份漫长的有关功能发挥的机会清单，如此，无论一个人需要其他什么东西，对它们的需求总是合理的。倘若一个人最终做出完全不去运用这些能力的生活计划，他/她也不至于因为有机会选择一种
89 别样的生活而受到伤害。能力清单与罗尔斯的基本善清单的主要区别体现在它的长度和确定性上；它拒绝将收入和财富这些物质性项目当作目标本

身；尤其如我所言，它坚决将“健康与体力、智力与想象力”这类罗尔斯所谓“自然的善”看作众多善事物的社会基础列入清单。[101] 罗尔斯既然向来愿意把自尊的社会基础列入他的清单，为什么他不把想象力和健康也列入其中，这一点完全是不清楚的。[102] 罗尔斯明显关心的是，没有一个社会能够保障个体的健康——在这种意义上，说目标完全是外在能力可能显得不切实际。有一些能力（如，一些政治自由）能够通过社会获得全面保障，但其他许多能力因包含运气因素而无法获得类似保障。关于这一点，我的回应是，社会可以像对待自尊那样来对待这些项目，期望保障这些自然善的**社会基础**，以及，是否把它们作为一组政治**目标**列入清单应该最终用来充当社会愿景与比较的衡量基准。虽然获得充分的健康医疗的个体常常会生病，但通过询问实际的健康能力来进行社会比较仍是有意义的，因为我们假设这种比较将反映人类规划的不同投入，以及实际保障个体获得这些能力的**社会基础**的不同程度。我们可以调整这些比较，使其或多或少地将良好的自然状况考虑进来。（有些时候，获得有关健康成就的信息要比获得有关健康能力的信息更加容易；在某种程度上，我们必须根据所掌握的信息来工作，同时谨记此种区别的重要性。）然而，社会最低水准只是对这些自然善的社会基础的要求，而不是对这些善事物本身的要求。

倘若我们的目的在于培养拥有清单所示全部能力的成年人，那么这常常将意味着需要在儿童时期进行某些类型的功能发挥，因为我已经论证 90
了，在儿童时期发挥一种功能对于培养一种成熟的成人能力而言通常是必要的。因此，考虑到初等及中等教育在个人成年后的所有选择中的作用，要求获得这些教育似乎完全是正当的。同样，以不顾儿童自身选择的方式坚持守护儿童的健康、情绪福祉、身体完整性和尊严似乎是合理的；有一些守护将由父母完成，但政府在防止他们受到虐待和忽视方面拥有合法地位。再次强调，儿童时期的功能发挥是成年期获得能力的必要条件。政府对成年人能力的关心使它非常强烈地关心对这些能力具有长期影响的任何一种对待儿童的方式；当父母和宗教的要求与政府的这些合法利益发生冲突时会产生一些棘手的问题，我会在第三章和第四章中设法解决。类似地，我们限制不具有完全的精神能力和道德能力的成年人的选择范围，促进实际的功能发挥（比如在健康、居所和身体完整性领域）而不仅仅是能力，通常将是合理的。

有时候，政府在培养拥有清单所示全部能力的成年人方面的作用被狭隘地理解成，要关注对技术和经济发展比较重要的读写能力和其他基本技能，也许也要关注狭义上的政治技能。我在论证中强烈反对这种狭隘的关注。要完成对其公民的应尽之责，政府就必须关心所有能力，即使这些能力似乎不那么有益于经济增长甚至是政治功能发挥。一个特别有趣的例子是玩耍的能力。当然，现在相当明显的是，让成年人生活在毫无机会悠闲玩耍和自我表达的环境中是不可取的。但我们倾向于假设，如果有机会人们就会去玩，从而，我们倾向于忽视发展这种玩耍能力——儿童为成年期功能发挥所做的部分准备。我们可能认为，孩子在玩耍过程中自然而然地会以富有想象力的方式去玩乐并表达自我。然而，这并不完全正确。在许多文化中，小女孩从来没有得到玩耍的鼓励，结果她们真的不知道怎样玩耍。由于害怕遭遇危险或有失贞操，这些女孩被关在家里做家务，尚未成为青年女性就已然变得像个老妇人。小男孩被鼓励在身体上和精神上去冒
91 险；他们四处跑，用游戏和恶作剧的方式探索他们身处的环境。这种形式的人类发展是许多女孩根本无法获得的。因此，许多为这类女孩开设的优秀教育项目都极为重视游戏和玩耍，人们认为它们至少与读写能力和基本技能一样对人类发展具有同等的重要性。[103] 现在，我们不能明确命令一个小女孩去玩耍：在这个意义上，甚至对孩子而言，恰当的目标也是能力而非功能发挥。但是，我们可能需要花大量时间在游戏活动中，并且可能需要在课程中讲很多故事和艺术，这样做的目的在于，通过要求培养能力的相关功能发挥来提升此种能力。

即使就成年人而言，我们也可能认为一些能力对于其他所有能力的发展或维系是如此重要和关键，以至于有时候我们有合理的理由在适当关注自由的限度内推进功能发挥而不只是能力。正因如此，大多数现代国家将健康和安全视为不能完全留待人们自行选择的事物：建筑法规、对食品、药品和环境污染物的管制，所有这些都在某种程度上限制了自由。它们之所以被理解为合理的，是因为人们很难在所有这些领域做出明智的选择，并且质询这些选择的负担将借由这一思想强加给公民：健康和安全太过于

基本，不能完全由人们自己选择——尽管一座安全建筑物内的居民仍有许多机会做出不安全的行为。我们可能还会认为，健康是一种具有内在价值的、独立于选择的人类的善，政府在某种程度上（尽管不是完全）绕过选择，对其重要性表明立场并非没有道理。

尊严是另一个难以考量的领域。当然，我们并不希望完全制止公民可能做出自降身份的自愿选择，或者制止他们在私人生活中选择包含羞辱性的关系，无论我们认为这些选择是多么不幸；在那种意义上，能力依然是恰当的政治目标。但是，对政府而言，关注那些真正把人们当作有尊严的公民来对待并对他们表示实际尊重的政策，而不是关注那些只会让公民获 92
得尊严对待的选择（如以低成本购买那种权利），但也允许他们获得羞辱对待的选择（如通过拒绝购买那种权利）的政策（不论那些政策是什么），这似乎很重要。总之，一项功能对于获取和维持其他能力越是重要，在某些情形下，我们可能越是有理由在适当尊重公民选择的限度内促进实际的功能发挥。

我已经说过，实践理性与依附能力是整个研究计划的核心：它们渗透到其他所有能力当中，使它们成为完全意义上的人类能力。因此在这一点上，当成年公民希望以无视这些非常重要的能力的方式发挥功能时，即便我们相信他们仍然拥有它们，我们可能也会感到不安。我们极难想象确实不发挥任何一种依附功能的生活。宗教隐士的生活当然不是这样一种生活，因为存在很多不同的关心他人的方式，其中一种合理的方式就是为他们祈祷，考虑他们的救赎等等。毫不关心他人的生活会是一种可怕的生活，很难想象过那种生活的人确实享有成熟的与他人建立关系的能力。当然，我们可以说，我们有理由要求那些公民——像要求全体公民那样——发挥某些形式的功能以表示对他人的关怀，例如纳税和守法。

说到实践理性，我们可以更轻易地想象相关功能的丧失：一个已经学会思考人生规划的成年人，决定他或她就是不想再规划人生了，并加入某个威权主义的社会（某个宗教团体或军队），从今往后那个社会将代替他或她思考。[104] 当然，在一些小的方面，那个人现在仍然依据实践理性发挥功能，如决定如何刷牙和吃多少东西。但是，大多数主要的人生选择已脱离她的掌控。在这种情况下，就政治目的而言，使能力成为目标似乎足

够合情合理，因为我们相信人们作为公民的能力本身还没有被牺牲掉。因
93 此，当下达一个命令时，我们需要的不是一味服从的士兵，而是真正能够思考这个命令是否正当的士兵。我们希望他们大部分时间都服从命令，但绝不是任何时候都如此。[105] 正是出于这个原因，美国军事院校开设了伦理学课程。[106] 即使在人们放弃政治生活时，我们也希望他们在必要时能够以公民身份运用实践理性。简言之，有些时候，我们也许有理由通过要求有限的功能发挥来保障能力，至少当一个人正在行使某项负责任的社会功能时，情况如此。

在另外一组情形中，我们或许会怀疑丧失功能实际上是放弃能力本身的一个标志。在情绪健康领域，我们经常可以做出这种从功能丧失到能力丧失的推断：如果一个人经常表现出对他人的怀疑和畏惧，我们通常会推断其爱的能力遭到破坏，而不会说这个人虽然有能力去爱却选择不去爱。在其他一些领域，这个问题也常常需要被提出来。倘若某些阶层的人似乎有能力投票却坚持不投票，我们应当询问是否有一些微妙的物质障碍或社会障碍阻碍他们履行公民职责。如果我们认为，持续的不平等或等级制可能造成了全面参与的情感障碍，我们可能就有合理的理由使用特殊的激励性措施鼓励功能发挥，譬如专为女性或弱势群体创造就业机会。只要我们坚信要求功能发挥是确保获得能力的唯一方式，即使是强制投票也不能被排除在外。当然，我们并不希望在缺乏正当的能力理由的情况下要求投票；并且，宗教豁免权是肯定应被授予的。

当一些成年人在明显没有受到强迫的情况下希望永久放弃一项主要能力时，我们应当说些什么？通常来说（虽然并不总是如此），我们将断定，为保护那种能力予以干预是正当的。即便那些赞成自杀合法化甚至曾
94 协助他人自杀的人也认为，必须运用法律程序限制这些选择以避免轻率的决定；并且很少有人支持完全允许所有不快乐的人或抑郁的人自杀。就实践理性而言，情况亦是如此：即使我们认为订立契约的人理智健全，我们也不允许订立自愿的卖身契。我会在第四章中论证，不应当允许订立永久放弃离婚、工作等能力的婚姻契约，尽管配偶可能往往选择不去行使那些能力。禁毒法的存在通常反映了这一判断：毒品对能力造成长期损害，且常常是不可逆的。使用安全带和安全头盔的法规更具争议性，但再次反映

一个普遍的观点，即保护人们的长期能力免受一时疏忽的后果是恰当的。类似地，高风险医疗程序常常需要比我们在日常生活中要求的更高的选择标准和恰当慎思。售卖必要的身体器官是违法的；虽然关于肾脏及其他非严格意义的重要器官的买卖存在更多争议，但售卖这些器官目前在绝大多数国家都是违法的。此外，政府似乎有理由制止女性割礼，即便这么做的成年人是自愿的：理由在于，除了遭受长期的健康风险之外，这种习俗涉及永久废除获得大多数性快感的能力，尽管如果人们不愿意，他们当然应该拥有不享受性快感的选择自由。最后，对大自然和濒危物种领域中的能力予以特别保护以防止出现永久性损失似乎是正确的，即便此种永久性损失获得民主多数的赞同。[107]

在生殖领域，永久放弃能力的问题以一种特别棘手的形式出现，国家对人口过剩的担忧经常导致一些政策出台，这些政策把放弃能力作为一种廉价的和有效的避孕方式来积极推进。瓦桑蒂的例子表明，人们常常过于轻率地做出永久放弃生育能力的决定，在这之前他们与受影响各方的磋商太少。邦政府对施行输精管切除术提供奖励，并且明显只需要丈夫的同意，尽管他的选择造成瓦桑蒂的不孕。正如大多数政府所表现的那样，它 95
们可能允许那类选择，但是当我们讨论核心人类能力时，鼓励它们似乎是有问题的。应当优先采取其他控制人口数量的策略。提高女性读写能力就是降低出生率的最有效方式，它增强而不是消除了这些能力。[108]

其他更多短期或部分放弃能力的方式也可能存在争议，尤其在健康和身体完整性领域。所以，受害者同意不构成对多种身体虐待的辩护。某些极端血腥的运动（“终极格斗”[109]，不使用手套的拳击运动）在多数地区是违法的。即使完全知情，我们也不允许人们购买受污染产品或危险药品。在其他领域（如烟酒行为）政府对损害健康的选择采取抑制措施，而不是直接阻止人们的选择。所有这些问题之所以存在争议，是因为它们确实引起了对家长制的合理关切。我自己的看法是，健康和身体完整性是如此重要地关系到其他所有能力，以至于它们构成某种限度内干预个人选择的正当领域，尽管对于每个领域中的限度是什么，人们将存在合理的意见分歧。这种争议很大程度上不属于基本政治原则的范围，应当留给各个国家的民主进程来解决。

就罗尔斯的基本善清单与核心能力而言，情况都是如此：它们并不是对生活价值的详尽描述。在政治思想中，源自对托马斯主义自然法理论的某种独特解读的对亚里士多德主义功能发挥概念的一些运用的确具有如此倾向：只要个体忽视亚里士多德主义清单上的任意一项，或致力于追寻清单上没有的项目，人们就会认为他们正在过着不合标准的生活。[110] 与
96 之相比，在我自己的能力进路中，使用这份清单是出于便利而非专制的目的：如果个体忽视清单中的某一项，从清单合于政治目的的观点来看，这完全是没问题的，只要他们不妨碍那些希望追求它的人即可。倘若他们追求的是清单上没有的项目，这是意料之中的，恰好也是清单意欲呈现的可能性。正是在这个意义上，这份清单着重呈现一种局部的而非整全的善观念。

六、能力与人权

由于没能赋予传统的政治权利和自由以突出地位，这份清单的早期版本似乎背离了罗尔斯式的自由主义进路——虽然把它们列入其中的必要性一开始就得到强调。[111] 这份清单纠正了关注重心方面的缺陷。政治自由对于享有人的福祉具有核心的重要性。一个以推进福祉为目的、却无视这些自由的社会给其成员提供了一种不完全符合人类水准的满足感。[112] 正如阿马蒂亚·森最近所述："政治权利不仅对于满足需求来说具有重要性，对于需求的形成来说它们也具有决定性。这一观念最终与我们作为人类同胞彼此赋有的尊重有关。"[113] 我们有多种理由认为，政治自由在防止物质灾难（尤其是饥荒）[114] 和促进经济福祉方面发挥工具性作用。但是，它们的作用不仅仅是工具性的：它们自身就具有价值。

97 因此，正如当代国际性讨论中所理解的那样，我认为能力与人权具有非常紧密的关系。实际上，它们覆盖了所谓第一代人权（政治自由与公民自由）和第二代人权（经济权利与社会权利）所覆盖的领域。并且，它们发挥类似的作用，即为宪法基本原则提供哲学基础。由于权利话语已然确立，能力的捍卫者需要说明这种新的话语增添了什么东西。[115]

人权理念绝不是一个清楚易懂的理念。人们对权利的理解有许多不同

方式，权利话语的使用常常掩盖了一些艰难的理论问题，在存在深刻的哲学分歧的地方，它能使人产生意见统一的错觉。人们对权利主张的基础是什么有不同看法：理性、感知和单纯的生活都有其捍卫者。对权利是先于政治的还是法律和制度的产物，他们也有不同看法。（康德持后一种观点，但主流人权传统持前一种观点。）在权利只是属于个体的人还是也属于群体的问题上，他们存在意见分歧。在权利应被看作促进目标实现的行动的边际约束，还是正被促进的社会目标的一部分的问题上，他们存在意见分歧。此外，在权利与责任的关系问题上他们也存在意见分歧：如果A对S拥有一项权利，这是否意味着总有某个人负有提供S的一项责任，我们如何确定那个人是谁？最后，在什么权利应被理解为**对……**的权利（rights to）问题上，他们存在意见分歧。人权主要是以某些方式对待的权利吗？对获得一定程度福祉的权利？对一个人追求自身生活计划所需资源的权利？对一个人选择生活计划可能需要的某些机会和能力的权利？

在我看来，核心能力说在采取明确立场处理这些争议性问题，同时清楚说明什么是令人关切的问题，什么是目标方面具有优势。伯纳德·威廉斯（Bernard Williams）在评论1987年森的坦纳讲座时，雄辩地论述了此种观点：

> 我自己并不是非常乐意以权利作为出发点。在我看来，基本人权的概念够晦涩的了，我宁愿从基本人类能力的视角来论述它。我更愿意使用能力概念来完成这项工作，如果我们想要一种关于权利的话语或修辞，那就从能力概念出发来获得它，而不是相反。[116] 98

然而，如威廉斯所言，鉴于权利话语在国际发展领域的主导地位，这两个概念之间的关系需要做进一步审视。

我会论证，在某些领域，思考权利的最佳方式是把它们视为综合能力。政治参与权、宗教自由权、言论自由权——这些及其他权利最好被看作功能发挥所需能力。换句话说，确保公民在这些领域的权利就是使他们具有在那个领域发挥功能所需的综合能力。[当然，“权利”拥有另一种更类似我所谓“基本能力”的含义：即使人们所在的国家并不保障他们的宗教自由权，他们也因生而为人拥有它（一种合理要求）。] 通过从综合能力方面定义权利，我们清楚地表明了 C 国家人民之所以不拥有真正的政治参与权，正是因为这种话语停留于纸上：仅当存在有效措施使人们能够真正参与政治活动，他们才真正拥有这项权利。许多国家的女性名义上拥有政治参与权，在能力意义上却并不拥有这份权利：例如，如果离开家庭，她们可能会受到暴力威胁。简言之，从能力方面来思考为我们考虑确保某人的权利是什么提供了衡量基准。

还有另外一套主要涉及财产和经济利益方面的权利，它们与能力的关系在分析上似有不同。以住房权为例。这种权利可以从许多不同的方面来分析：从资源的、效用（满足）的或能力的方面。（我们必须再次区分“A 拥有一项住房权”这一断言——它通常指的是，A 作为人在道德上要求拥有我所说的**基本能力**——和“C 国家赋予其公民住房权”这一陈述。
99 我在这里讨论的是对第二个句子的分析。）在这里，从能力方面理解这些权利似乎也是有价值的。如果我们认为住房权是对一定数量资源的权利，那么我们就真正进入我在第三节讨论过的那个问题：给人们提供资源并不总是使不同处境的人们达到同等的功能发挥所需能力水平。以效用为基础的分析也面临一个问题：遭受习惯性剥夺的人们可能会满足于一种非常低的生活水准，并认为这是他们唯一的希望。相比之下，能力分析着眼于人们实际上能够怎样生活。因此，从能力方面分析经济和物质权利能使我们清楚地说明在弱势群体身上花费不等量资金，或建立特殊项目协助他们向全面的能力过渡的理由。

能力话语较之权利话语还有另一项优势：不像人们对权利话语的理解那样，能力话语不会紧密关联于某个特殊的文化和历史传统。这种理解并不完全正确：虽然“权利”这个词与欧洲启蒙运动联系在一起，但它的构成性思想深深扎根于多种传统。[117] 就印度而言，即使除去最近印度法律和宪法传统中确认的权利话语，突出的构成性思想仍深深扎根于更早期的印度思想领域——自公元前 3 世纪阿育王颁布法令后发展起来的宗教宽容思想，莫卧儿帝国有关印度教与伊斯兰教关系的思想；当然，它们也植根于 19、20 世纪许多进步人文主义思想家的思想中，这些人显然不能被简单描述为不尊重自身传统的西化的思想家。[118] 泰戈尔在描述他故事中的年轻妻子所使用的自由观念时认为，米拉拜对自我表达的快乐的追求具有莫卧儿思想来源。她认为自己拥有“思想自由”的思想并不具有任何外在的来源，而是来自经验与历史的结合。

因此，在最重要的意义上，“权利”并不是西方独有的；它们可以从 100
不同的视角得到理解。尽管如此，能力话语仍能使我们绕过这种麻烦的争议。当我们只谈论人们实际上能够做什么和能够成为什么样的人时，我们甚至没有显示出优待某种西方思想的样子。关于活动和能力的思想随处可见，没有哪种文化中的人们从来不询问他们能够做什么以及他们拥有哪些功能发挥所需的机会。

倘若我们拥有能力话语，我们还需要权利话语吗？我认为，尽管权利话语具备不令人满意的特征，但它仍然在公共话语中发挥四种重要作用。当在第一种意义上使用它时，如在句子“A 有权要求政府保障她的基本政治自由”中，它提醒我们，人们对某类待遇拥有合理和迫切的要求，不论她们身处的世界在这方面做过什么。我已经表明，权利话语的这种作用与我称之为“基本能力”的伦理作用非常接近，因为认为人们拥有这类自然权利的**辩护理由**（justification for）常常通过指出人们至少在某个基本层面上实际具有的某项能力特征来给出。我确实认为，在缺少那种辩护理由的情况下，对权利的诉求是相当神秘的。另外，毫无疑问的是，一个人可以认可人的基本能力却依然否认这种认可，这意味着，他们在合理要求某类待遇的意义上拥有权利。我们知道，这一推论并不是通过大量有关世界历史的资料得出的。因此，在缺乏任何进一步的我所提供的那种伦理论证的情况下，对权利的诉求比对基本能力的单纯诉求传达的信息更多。权利话语表明，我们确实拥有那种论证，并且我们从基本能力的事实中得出了很强的规范性结论。

第二，哪怕在我们讨论政府保障的权利时，权利话语也非常强调在这些领域中能力的重要性和基本作用。仅具有模糊的规范性效应的说法是，“这份清单关系到人们应当能够做的事和应当能够成为的人”。在修辞学意义上，更直接的说法是，“这是一份关于基本权利的清单”。它会马上告诉人们，我们正在处理一组特别紧迫的功能，它们得到下述观念的支持，即由于生而为人，所有人都有正当理由要求获得那些事物。

第三，权利话语因强调人的选择和自主而富有价值。如我所言，设计 101

能力话语是为了提供选择空间，也是为了传达这一思想，在强迫人们以你认为有价值的方式发挥功能和让他们自己选择之间存在巨大差异。不过，有一些运用亚里士多德式的功能发挥与能力话语的进路并不像我的进路那样强调自由：马克思主义的亚里士多德主义和某些形式的天主教托马斯主义的亚里士多德主义在这个意义上是不自由的。我认为，倘若我们也拥有有效的权利话语，它会有助于格外强调这一重要事实，适当的政治目标是人们有能力以某些方式选择功能发挥，而不只是他们实际的功能发挥。

第四，在我们对权利话语的适当分析持不同意见的领域——在这些领域中有关效用、资源和能力的不同主张仍有待解决——在我们就更具体层面的恰当分析方式不断进行慎思的过程中，权利话语仍使我们保持一种协调一致的感觉。

七、民主政治：辩护与实现

核心能力说建立在有关真正的人类功能发挥的强有力的直觉式观念之上，这种观念植根于多种不同的传统，并独立于任何特殊的形而上学观念或宗教观念。然而，现在我们必须更多地谈谈政治辩护工作，以及它与政治实现之间的关系。

总的来说，我所赞成的政治辩护理论与罗尔斯式的走向反思平衡的论证理论非常接近：我们为既定的理论立场提出论证，并参照道德直觉中的“确定之点”来支撑它；我们观察那些直觉如何检验受审视的观念，并被这些观念所检验。[119] 例如，强奸和家暴有损人类尊严的论断可能暂时属于确定之点。我们来看一看受审视的各种观念如何符合那一直觉。我们可
102 能更倾向于能力观点而非功利主义观点，譬如，当我们注意到满足感具有可塑性，人们可以在不体面的处境中学会默许时，情况便是如此（见第二章）。其他时候，当我们发现我们基于其他理由所支持的观念会使我们对那些具体判断产生疑问时，我们的具体判断可能会让步。例如，如果我们倾向于认为私有财产对于政治正义来说并不是很重要，在能力进路中考虑私人财产的作用以及该理论将财产与其他领域的人类选择和自由联系起来的方式，可能会使我们重新评估那个初始判断。我们希望，随着时间的

推移，我们的判断能够保持一致，并与整体判断相符，当一个在其他方面似乎强有力的理论观念提出要求时，我们会修正特殊判断，但是，当理论观念不符合我们最确定的道德直觉时，我们会修正或否定这个理论观念。我们在很多方面都遵循这一过程，但是，对于罗尔斯，我想我们是在一个特定的政治领域遵循它，并寻求一种观念，使持有不同整全性观念的人们能够同意共同生活在政治共同体中。这意味着，我们不仅考虑我们自己的判断和理论观念，也考虑我们的同胞公民的判断。[120]

我在本章的论证被设想为达到那样一种反思平衡过程的第一步。在那一过程完成之前（倘若它会完成的话），我们还必须提出其他竞争性观念，把它们与这一观念做细致的比较，从而理解为什么我们的观念可能更值得选择。并且，我们必须同时考虑同胞公民和我们自己的判断。第二章是这个过程进一步发展的阶段，并把能力观念和可能充当基本政治原则基础的各种主观福利主义做了细致比较。

倘若上述过程能够完成，这一事实本身就会使我们有信心往前走，大胆地将这一观念确认为各类民族国家和国际文件的基础，这些文件规定了各国应当遵循的原则。然而，即使在那个时候，我们也仍然需要考虑恰当 103
程序的问题，以及如何在一个国家中实现从当前现状过渡到能力观念的问题。有助于我们的事实是，我们将得到所有公民的实际同意；但我们仍需设计适当尊重他们选择的过渡程序。当政治辩护的进程尚未完成时（它很可能永远是无法完成的）——当我们拥有一种有希望通过诸多检验并获得多数人支持的观念，但有关这个观念的完全罗尔斯意义上的广泛的反思平衡尚未被找到时，我们如何去实现？虽然政治的观念本身为关于整全性善观念的多元主义提供了很大的空间，但是多元主义的另一个问题在此出现了：在其他**政治的**观念仍拥有强大支持的情况下，我们怎样进展下去？简言之：考虑到（似乎有可能）不是每个人都会同意这一观念，我究竟希望用它来做什么呢？

在这里，我们必须说好观念毕竟是好观念。它可以被国际机构和非政府组织用来在尚未接受它的国家内开展项目。它可以成为国际性条约及其他文件的基础，这些条约和文件可能被不同国家采纳，并以此方式被纳入国内法和国际法之中。但是，民族国家仍在所有政治实现中发挥基础性作用。至少可以说，印度政府不是一个完美的政府。它有很多缺点；实际上，民主政府所具有的缺点，它几乎全都具有。它腐败低效，面临经济灾难，在捍卫少数人的权利和尊严方面软弱无力，有大男子主义情结，忽视儿童的教育需求，在性别平等的讨论中毫无效力。[121] 在地方政府中，有一些（如喀拉拉邦）比此处描述的情况要好很多，有一些（如比哈尔邦、
104 安得拉邦）则更加糟糕，它们不仅腐败而且有暴力对待政治敌人的倾向。尽管如此，仍有一件事对这些政府有利：它们都是民选政府。它们对印度人民负责，而国际机构甚至极其出色的非政府组织都不可能如此。能力进路对民主政治和政治自由的作用巨大，如果能力进路的捍卫者计划寻求某种绕过民选议会审议的实现策略，那么这将是不融贯的。因此，在这一点上，建议印度或其他国家中想要使能力进路成为国家或地方政策基础的政治家们将它作为一个好主意来接受。

单纯的建议并不是这种政治叙述的终点。一些把与这种人类能力说相似的理论作为宪法基础的国家相信这种规范可以获得国际性的重叠共识，对这些国家而言，把它强烈推荐给其他国家似乎是恰当的。在存在特别严重的侵犯人类尊严和人格问题的地方，国家使用经济策略及其他策略确保遵从似乎是恰当的。（在回应对女性尊严的侵犯时，这种情况很少发生：种族问题和宗教问题似乎更能够动员国际社会。）在政府不是通过民主选举产生的地方，或者名义上的民主无法代表大部分国民的地方（像之前南非的情形一样），此种施压甚至更为恰当，并且可能更有信心得到运用。然而，在印度这类情形中，如果《宪法》要改变，它终究不得不改变，因为印度人民选择了这样的变化。绕过国家的能力理论会成为专制暴政的一剂良药。

长远来看，国际社会把能力清单当作国际合作行动的一组目标和每个国家对自己国民的一组承诺，就此达成一种跨越国界的重叠共识，这是非常可取的。就清单中的某些项目而言，那种共识已然存在，并且我们也许有望将这些共识推广到其他方面。[122] 对许多国家来说，有效追求清单中
105 的诸多项目需要国际合作；它还需要实现从发达国家到不发达国家的某种财富转移。我尚未在此论及那种财富转移或管理机制的辩护理由，不过，在我们设法使全世界人民获得门槛级别的能力时，那些深层次论证将会很

重要。特别是在经济全球化快速发展的时代，我们迫切需要能力进路对发生在我们身边的缺乏充分道德反思的进程赋予道德内容和道德约束。人们或许希望，当他们考虑如何选择时，能力清单将控制全球化进程，赋予它一组丰富的人类目标和鲜明的有关人类荒废与悲剧的意识，这样他们就不会做出其他仅仅考虑狭隘经济利益的选择。然而，即使是高度道德化的全球主义也需要民族国家作为其核心，因为跨国机构（至少是所有我们目前已知的跨国机构）无法充分地对公民负责，且无法充分地代表他们。因此，能力进路的主要作用仍在于提供能构成国家宪法基础的政治原则；这意味着，在很大程度上实际的政治实现必定是各国公民的任务。

由此，我对有关普遍主义的合理担忧的回应分为五个部分。第一，**多重可实现性**：依据个体品味、地方环境及传统，每一种能力的具体实现可能有许多不同的途径。第二，**把能力作为目标**：为了把是否追求相关功能的选择权留给公民，基本政治原则着重促进能力而非实际的功能发挥。第三，**自由与实践理性**：能力清单的内容赋予公民选择权以及传统的政治自由和公民自由以核心地位。第四，**政治自由主义**：这一进路意欲成为某种具体的政治观念的道德核心，以及拥有截然不同的整全性善观念的人们在政治上达成的重叠共识的对象。第五，**实现的约束**：设计这一进路是为了给宪法原则提供哲学基础，但是在很大程度上，这些原则的实现必须留给相关国家的内政来处理，但国际机构和其他国家政府有正当理由使用说服的方式——以及在特别严重的情况下使用经济或政治制裁——来促进此种发展。

八、女性生活中的能力：公共行动的作用 106

我已经论证了对多样性、多元主义和个人自由的合法关切与对普遍规范的认可并非不相容；其实，如果我们要维护多样性、多元主义和自由，把每个人当作一个行动者和一个目的来对待，实际上需要普遍的规范。我论证了把所有这些关切结合在一起的最佳方式是，将普遍规范表述为全面的人类功能发挥所需的一组能力，并强调了能力会保护而非封锁人类自由领域的事实。

现在，让我们回到瓦桑蒂和贾亚玛的例子。瓦桑蒂的人生剧本在很大程度上是由她所依赖的男性撰写的：她的父亲、丈夫，以及当她婚姻破裂时帮她走出困境的兄弟。这种依赖性使她的生命和健康面临危险，令她拒绝接受原本可以培养思维能力的教育，并阻止她将自己视为一个需要形成生活计划和做出选择的人。在婚姻本身中，她的遭遇最糟糕，由于家暴她丧失身体完整性，由于恐惧她丧失情绪的平静，并且被切断与诸多有意义的关系的联系，如家庭关系、朋友关系和公民关系。出于这些原因，她并不认为自己在真正意义上是一个自由的、有尊严的，享有与他人同等价值的存在者。我们应当注意，财产、就业和信用这些俗事在此发挥了巨大作用：她不拥有任何在自己名下的财产，她不识字、不具备就业相关技能，而且除了男性亲属以外她没有其他借贷途径，所有这一切都巩固了她的依赖地位，并使她遭受虐待的时间比她所希望的要长很多。在这里，我们看到所有能力是如何紧密地彼此关联在一起，一种能力的丧失和自身败坏如何同时侵蚀其他能力。瓦桑蒂还是有一些好运气：她似乎不必受到姻亲的虐待——至少她选择讲述的故事中不包含这部分——她有几个兄弟，他们格外关心她的生活福祉，甚至给她找了一位离婚律师。因此，在无须求助任何有人身危险或有辱人格的职业情况下，她能够且确实摆脱了婚姻。不过，这种好运气造就了新的依赖；因而瓦桑蒂仍然十分脆弱并缺乏自信。

107 自营职业女性协会提供的贷款改变了此种景象。现在，瓦桑蒂不仅拥有一份收入，而且独立地掌控自己的生活。即使她还欠下许多资金，但是欠自营职业女性协会的钱好过欠她兄弟的钱：就实践理性与依附能力而言，作为相互支持的女性团体的一员，与作为受施舍的穷亲戚有着至为重要的不同。当她还清贷款并开始储蓄时，她的尊严感提升了。我见到她的时候，她已经获得了相当大的自信心和价值感；无论在群体中还是在个人友谊中，她与其他女性的关系已经成为她获得快乐和自豪的新的来源。她参与政治生活的水平也在提升，因为她加入了科基拉的项目，该项目旨在敦促警方调查更多家暴案件。有趣的是，她现在认为，通过帮助别人，她能够成为一个好人，这是对生存的狭隘关注不容许她做的事情。

反思瓦桑蒂的处境，我们注意到，公共部门为她所做的何其少，她获得全球最好的女性非政府组织之一的支持何其幸运。政府没能确保她受教育；没能以虐待的理由起诉她的丈夫，或者为她提供躲避虐待的庇护所[123]；它没能确保她在原生家庭中拥有平等的财产权；它没能为她提供借贷途径；最终，它也没能迅速处理她的离婚案件。其实，政府在瓦桑蒂生活中发挥的唯一巨大的作用完全是负面的，它为她丈夫的输精管切除术提供现金奖励，使她的脆弱处境变得更加脆弱。

贾亚玛的情况提供了一个有趣的对比。一方面，她的人生起点比瓦桑蒂糟糕得多，她的一生在某些能力衡量指标方面表现得更加糟糕。她不得不经常担忧饥饿问题，她有时营养不良；她从事极度危险和繁重的体力劳动。她没有给予支持的男性亲属，尽管她有孩子而瓦桑蒂没有，但与其说他们是一项资产，不如说他们是一项负债。她没有积蓄，甚至从未申请过贷款；她对她占用的那块土地的所有权尚未清楚确立。她在职场遭遇的歧视毫无矫正的可能。她不得不去做那些发展中国家的无数妇女经常在做、 108
瓦桑蒂却不必做的事情，那就是，在肩负起抚养和照顾孩子、操持一个有孩子的家庭的全部重担时，还要从事一整天高强度的工作。

另一方面，贾亚玛在某些能力方面比瓦桑蒂表现得更好。她的身体一直很健康，毫无疑问，这是因为她具有令人印象深刻的力量和体能，她从未受到丈夫的身体虐待，她的丈夫似乎比她要虚弱得多。她似乎不曾遭遇任何人的威胁，并且她具有对政治问题的意识，而瓦桑蒂只是最近才形成此种意识。与瓦桑蒂不同，从来没有人鼓励她表达羞怯和顺从，她自然也不是这种人；这意味着，多年来她为了确保家庭团结、提高家庭地位而进行的斗争非常有效。然而，虽然她勇气十足，但她的丈夫自私成性、缺乏雄心，她的孩子生活坎坷，这使得已近晚年的她毫无依靠。她强烈地感受到自己与他人缺乏平等，尽管这种不平等至少是基于阶级和性别的；她的骄傲与此种信念深为不安地结合在一起：她不可能期望从生活中得到其他更有特权的人轻易将得到的东西。

如果我们观察政府在贾亚玛生活中扮演的角色，也会发现一个有趣的对比，因为政府在这里积极得多。首先，这些占用政府土地的寮屋居民如今被赋予了土地所有权，尽管他们需要上法庭才能清楚确立他们的诉求。其次，在贾亚玛费力讨生活的日子中，政府的服务提供了宝贵援助。现在，蹲厕里通自来水了，而且政府的一个项目为她修建了一个室内洗手间

（尽管为了在家中辟得一处空间以供她儿子和儿媳居住，她最终放弃了这项服务）。政府的医疗服务近在咫尺、质量好，而且免费。他们甚至允许在西药和阿育吠陀药之间进行选择。有一次，贾亚玛得了严重的流感，她不喜欢政府医院的服务，因为她必须等待，而且医生对她的态度生硬无礼，但那不要紧，因为她在阿育吠陀诊所得到了她着实喜欢的治疗。尽管
109 她没有让自己的孩子利用受教育的机会，但她的孙辈却从政府的强力扫盲中受益。按照国家政府的某项政策，养老金办公室拒绝了她的要求，她认为这是错误的；并且，政府显然未能在她工作的地方消除工资和升职方面的性别歧视。它没有采取任何措施消除医疗部门的腐败，这样她的孙女就无须通过行贿来找到工作。（这指出了喀拉拉邦今天存在的一个较大的一般性问题，即如何为人们提供与其教育资质相匹配的工作。）不过，至少在一些重要方面，喀拉拉邦政府能够因促进人类能力而获得好评——在发展文献中，这个结论现在已得到很好的证实。[124]

当用于评估这些生活时，能力框架似乎不是一种舶来品：它似乎与这些女性已经在思考的事情，或是在她们人生的某个时刻开始思考的事情，以及她们思考这些事情的需求非常吻合。就它要求对传统文化予以批判而言，这些女性已满腹批判精神；的确，任何不要求批评的框架都不足以捕捉她们所需要的和致力于争取的东西，也很难准确描述她们身处其中的文化。尤其是，有关实践理性、控制环境和不受羞辱（包括不受性羞辱）的观念在她们思想中似乎格外突出，与此同时，对营养、健康和免受暴力的自由的考虑也更加明显。

在某些方面，这份清单超出了两位女性目前的想法。例如，贾亚玛很可能并未像这份清单所示的那样，向自己阐述过不受歧视和基本自由的问题，但是由于她明确意识到阶级问题，我们不应该排除这种可能性。此外，两位女性都不像清单所示的那样重视教育，尽管贾亚玛开始看到自己家庭的变化，这种变化可能会改变她的观念。但是，就规范性政治目的而言，这并不意味着这份清单没有很好地捕捉她们处境中所缺失的东西，以及处在她们和有关独立、尊严、掌控她们都在奋力争取的事物这些一般性
110 目标之间的东西。她们仍未奋力争取教育机会的理由是，她们身处的环境还不允许教育为实现这些更为一般性的目标开辟新的道路。

与印度和世界其他地区的许多女性一样，瓦桑蒂和贾亚玛缺乏对许多最核心的人类功能的支持，此种支持的缺乏至少一定程度上源于她们的女性身份。但女性不是石头、树木和马匹，只要获得充分的营养、教育和其他支持，她们就有发挥这些人类功能的潜能。这就是为什么她们在能力方面遭遇的不平等障碍是一个正义问题。这个问题的解决取决于全人类。我断定，在我们完成这一艰难任务的过程中，一种普遍的人类能力观念会提供出色的指引。

注释

［1］1914年在孟加拉国出版；收录于 Bardhan，ed.，*Of Women*，*Outcastes*，*Peasants*，*and Rebels*：*A Selection of Bengali Short Stories*，trans. Kalpana Bardhan（Berkeley：University of California Press，1990），96－109。

［2］关于我对能力观点的早期表述，参见“Nature，Function，and Capability：Aristotle on Political Distribution，” *Oxford Studies in Ancient Philosophy*，Supplementary Volume Ⅰ：1998，145－184，以下简称 NFC；“Aristotelian Social Democracy，” in *Liberalism and the Good*，ed. R. B. Douglass et al.（New York：Routledge，1990），203－252，以下简称 ASD；“Non-Relative Virtues：An Aristotelian Approach，” in *The Quality of Life*，ed. M. Nussbaum and A. Sen（Oxford：Clarendon Press，1993），此文以下简称 NRV，此书以下简称 QL；“Aristotle on Human Nature and the Foundations of Ethics，” in *World*，*Mind and Ethics*：*Essays on the Ethical Philosophy of Bernard Williams*，ed. J. E. J. Altham and Ross Harrison（Cambridge：Cambridge University Press，1995），86－131，以下简称 HN；“Human Functioning and Social Justice：In Defense of Aristotelian Essentialism，” *Political Theory* 20（1992），202－246，以下简称 HF；“Human Capabilities，Female Human Beings，” in *Women*，*Culture*，*and Development*，ed. M. Nussbaum and J. Glover（Oxford：Clarendon Press，1995），61－104，此文以下简称 HC，此书以下简称 WCD；“The Good as Discipline，the Good as Freedom，” in *Ethics of Consumption*：*The Good Life*，*Justice*，*and Global Stewardship*， ed. David A. Crocker and Toby Linden (Lanham, MD: Rowman and Littlefield, 1997), 312－411，以下简称 GDGF；“Women and Cultural Universals,” Chapter 1, in Nussbaum, *Sex and Social Justice* (New York: Oxford University Press, 1999), 29－54，以下简称 WC；and “Capabilities and Human Rights,” *Fordham Law Review* 66 (1997), 273－300，以下简称 CHR。

［3］伯纳德·威廉斯（Bernard Williams）表述了这一观点的某些方面内容，见他的 *Making Sense of Humanity*, *Ethics and the Limits of Philosophy*；我的论述，见 *Ethics* 107 (1997), 526－529，以及 “Why Practice Needs Ethical Theory: Particularism, Principle, and Bad Behavior”，此文收录于即将出版的 *The Path of the Law in the Twentieth Century*, ed. S. Burton (Cambridge: Cambridge University Press, 1999)。但是，威廉斯在近期著述中对道德理论与政治/法律理论做出区分，他认为即使前者没有价值，后者也可能是有价值的；在这一点上，他区别于更激进的反理论主义者，如哲学界的安妮特·贝尔（Annette Baier）、法学界的理查德·波斯纳。有关贝尔的观点，参见 “Why Practice”；有关波斯纳的观点，参见 “Still Worthy of Praise: Comments on Richard Posner's ‘The Problematics of Legal and Moral Theory’,” *Harvard Law Review* 111 (1998), 1776－1795。

［4］关于西方女性支持印度民族主义的言论，参见 Kumari Jayawardena, *The White Woman's Other Burden: Western Women and South Asia during British Rule* (New York and London: Routledge, 1995)。她表明，西方女性分享了印度女性的许多观点，在两种情形中存在着多元化观点。有关大卫·黑尔（David Hare）和德林克沃特·贝修恩（Drinkwater Bethune）在孟加拉文艺复兴中的地位，见 “Introduction” in Kalpana Bardhan, *Of Women, Outcastes*, 43。黑尔以手表商的身份于1800年来到加尔各答，1816年他着手创建男子学校，1817年开始创建印度学院，1855年它成为著名的总统学院。黑尔死于霍乱，其时五千名印度人为他送灵。苏索班·萨卡尔（Susobhan Sarkar）写道：“树立在总统学院草坪上他的雕像纵然是这座城市里一块异国人士纪念碑，但即使最狂热的

民族主义者也不会梦想去移除它。”此话出自 A. Gupta，ed.，*Studies in the Bengal Renaissance*（Jadavpur，Calcutta：The National Council of Education，1958），28。

［5］对这些攻击的精彩论述，参见“Contesting Cultures，” in Uma Narayan，*Dislocating Cultures：Identities，Traditions，and Third World Feminism*（New York：Routledge，1997）。

［6］例如，参见 Amartya Sen，“Human Right and Asian Values，” *The New Republic*，July 14/21，1997，pp. 33-41。

［7］在这方面有两篇不错的综述，参见 Barbara Metcalf，“Reading and Writing about Muslim Women in British India；” Faisal Fatehali Devji，“Gender and the Politics of Space：The Movement for Women's Reform，1857—1900”。两篇文章均收录于 Zoya Hasan，ed.，*Forging Identities：Gender，Communities and the State in India*（Delhi：Kali for Women，and Boulder，Co：Westview Press，1994），1-21，22-37。也可参见 Imtiaz Ahmad，ed.，*Modernization and Social Change among Muslims in India*（Delhi：Manohar，1983）。孟加拉国的情形比较特殊，在拉姆莫亨·罗伊（Rammohun Roy）改革和婆罗门运动的影响下，它提出进步教育理念的时间较其他地区有些偏早，这方面可参见 Bardhan，“Introduction，” 4-11，42；Susobhan Sarkar，*On the Bengal Renaissance*（Calcutta：Papyrus，1979）。在东孟加拉邦和西孟加拉邦，女子学校于 1850 年建立，贝修恩学院于 1849 年开始对外招生，1888 年它成为印度第一所招收女性攻读硕士学位的学院。

［8］见引言第四节。

［9］参见 Jawaharlal Nehru，*An Autobiography*（Delhi：Oxford University Press，1936，centenary edition 1989），Appedix A，“Pledge Taken on Independence Day，January 26，1930”：“我们认为，像其他民族一样，印度人民享有自由并享受其劳动成果和生活必需品不可剥夺的权利，这样他们才可能拥有充分的成长机遇。”（612）

［10］见引言第四节。

［11］关于这些假设如何破坏非洲发展项目，参见 Nkiru Nzegwu，

"Recovering Igbo Traditions：A Case for Indigenous Women's Organizations in Development," in WCD，444-466。

［12］参见 Martha Alter Chen，*A Quiet Revolution*：*Women in Transition in Rural Bangladesh*（Cambridge，MA：Schenkman，1983），其中描写了孟加拉国乡村进步委员会（BRAC）组织的女性团体；也可参见 Chen，"A Matter of Survival：Women's Right to Employment in India and Bangladesh," in WCD，37-57。另一类似项目是由印度政府创立的马希拉·萨马赫亚项目（Mahila Samakhya Project），目的是在全国四个地区建立女性团体，教会女性行动起来，从当地政府和她们的雇主那里要求获得自身权利。运用女性群体团结的类似技巧得到了自营职业女性协会（见引言）及其他女性就业/信贷群体的采用，第四章将进一步讨论这个问题。

［13］参见"Cross-Cultural Connections，Border-Crossings，and 'Death by Culture'," in Uma Narayan，*Dislocating Cultures*：*Identities*，*Traditions*，*and Third World Feminism*（New York and London：Routledge，1997），41-80。

［14］见第三章。

［15］第一种情形常见于向社会更高层流动的印度教种姓之中，见 Martha A. Chen，"A Matter of Survival," in WCD。第二种极为常见的模式在瓦桑蒂的生活中得到例证，第四章会做进一步探讨。

［16］Narayan，7.

［17］这些女人从来没有践行过闺禁制度，所以她们在此情形中的反应算不上对其本土传统的批评。但是，对地方规范的类似驳斥很常见，见 Chen，*A Quiet Revolution*。

［18］关于一组类似的故事，见 Chen，*A Quiet Revolution*。

［19］朵帕蒂有五个丈夫（潘达瓦兄弟）。她被描述为"与她的五个英勇的丈夫生活得极其幸福，就像萨拉斯瓦蒂河与她的大象那样"。对这个复杂事件的进一步讨论，见第三章注释 1，我在那里就无人质疑朵帕蒂作为他人财产的地位这一点进行了讨论。仅有一个丈夫基于朵帕蒂遭到伤害的理由而质疑骰子游戏本身。

[20] 参见 Rose，*Where Women Are Leaders*，83-84，74-82，其中描述了巴特被国家劳工协会驱逐，以及她在一个全国性会议上遭到的羞辱对待。冲突起因于一个与女性反等级制度斗争紧密相关的种姓问题：考虑到农村地区低种姓女性会因高种姓医生没兴趣治疗她们而缺乏治疗，巴特在针对医学院校低种姓人的平权行动问题上反对一切折中的做法。巴特（一个婆罗门法官的女儿，嫁给了一个低种姓的男人）对比她自身经历和朵帕蒂的经历，说道："我觉得我像是一丝不挂地站在自己最敬仰的人面前，没有一个人为我辩护。"重要的是，在自营职业女性协会的这个故事版本中，朵帕蒂通过向克里希纳神祈祷而获胜，但是在原始版本中，她是通过诉诸法的理念而获胜的。据推测，巴特通过法律途径没有取得太大进展，她认为有一个更高的权力更可能站在她这一边。

[21] 印度女性主义法学普遍存在的一个问题是需要为女性主义目标而奋斗，例如，利用女性端庄和贞洁的概念保护女性免受性骚扰，这些概念在某些方面对女性进步不利，实际上也是维多利亚时期英国立法的遗产。参见我的文章"The Modesty of Mrs. Bajaj: India's Problematic Route to Sexual Harassment Law"，收录于 Reva Siegel and Catharine MacKinnon 编著的一本讨论性骚扰的文集中，耶鲁大学出版社即将出版。

[22] 对泰戈尔（1861—1941）特别有影响力的是孟加拉国思想家和社会改革家拉姆莫亨·罗伊（1772—1833）的思想。关于孟加拉国文艺复兴，参见 Kalpana Bardhan，"Introduction," in *Of Women*，*Outcastes*，4-8，42-44；Susobhan Sarkar，*On the Bengal Renaissance*。

[23] 参见 Bardhan，42。对拉姆莫亨·罗伊的讨论，他基于宗教文本反对萨蒂习俗；以及对伊斯瓦昌德拉·维德亚萨加尔（Iswarchandra Vidyasagar）（1820—1892）的讨论，他运用圣经知识反对童婚和一夫多妻制并支持寡妇再婚。

[24] "Letter from a Wife," trans. Kalpana Bardhan，in *Of Women*，*Outcastes*，109.

[25] Rokeya Sakhawat Hossain，*Sultana's Dream and Selections from The Secluded Ones*，ed. and trans. by Roushan Jahan（New York：Feminist Press of the City University of New York，1988）.

[26] 这当然并不意味着整个传统就是一个性别平等的传统。很明显的是，在财产权、离婚权及其他重要权利方面的严重不平等在伊斯兰教法律传统中根深蒂固，参见本书第三章；Agarwal，*A Field of One's Own*，Chapter 5。

[27] 参见第三章关于宗教传统中内部争议的进一步讨论。

[28] 这不是指 1995 年 8 月在北京召开的那次大型会议，而是指 1995 年 6 月由福特基金会赞助的一个小型学术会议。

[29] Elizabeth A. Mann，"Education，Money，and the Role of Women in Maintaining Minority Identity，" and Huma Ahmed-Ghosh，"Preserving Identity：A Case Study of Palitpur，" in Hasan，ed.，*Forging*，130-167，169-187.

[30] 参见 Nehru，*Autobiography*，449。

[31] 引自"The Graves of Academe，" in *Our Feet Walk the Sky*。

[32] Narayan，26.

[33] 有关这方面的一个绝佳的例子，以及对有关文化和平与同质的共产主义空想的一个总体批评，参见 Fred Kniss，*Disquiet in the Land：Cultural Conflict in American Mennonite Communities*（New Brunswick：Rutgers University Press，1997）。

[34] 一个涉及众多参考文献的一般性讨论，可参见 M. Nussbaum and Amartya Sen，"Internal Criticism and Indian Rationalist Traditions，" in *Relativism：Interpretation and Confrontation*，ed. Michael Krausz（Notre Dame：University of Notre Dame Press，1989），299-325。

[35] 1998 年 4 月，阿马蒂亚·森在芝加哥大学举办的"现代民主的挑战"会议上发言时引用过这个例子。

[36] 亚里士多德：《政治学》，1269a3-4。

[37] 这个错误来源于方法论的错误：因为人类学家常常挑选出一个"当地线民"并在此基础上建造文化图景。

[38] Nehru，*Autobiography*，534.

[39] 参见 *The Subjection of Women*，ed. S. M. Okin（Indianapolis：Hackett，1988），密尔反对放弃对婚内强奸的起诉和不平等的婚姻

法律条件等。也可参见 David Dyzenhaus，“John Stuart Mill and the Harm of Pornography,” in *Mill's On Liberty*：*Critical Essays*，ed. Gerald Dworkin（Lanham：Rowman and Littlefield，1997），31－54，作者认为，对色情作品的法律规范存在一个强有力的密尔式理由。

［40］理论上说，这些地区被标示为“半干旱地区”：只有拉贾斯坦邦的一些地区被称为“沙漠地区”。然而，从我个人的亲身经历来看，这些地区与美国人称为“沙漠”的地区（如加利福尼亚和内华达）无异。

［41］在印度强奸法中，指控警方拘留期间强奸的举证责任近期发生了转移：如果被告是名公务员，就可以推定有罪。见引言部分第五节。这项改变通过确保警察不会单独与女性囚犯在一起，且保留有目击者为他们的行为作证，以防止警察行为不端。很明显，只有当相关各方不会勾结起来彼此袒护时，这种改变才会奏效。

［42］关于已公布的强奸率的上升以及确保胜诉的极端困难，其精彩论述参见“Rape：When Victim Is Seen as Villain”（1，30－34），此文（和许多不同的相关文章）乃 1998 年 7 月 10 日星期五发行的 *India Abroad* 的头条。

［43］有关最高法院准则及其他法律进展的讨论，见我的文章“The Modesty of Mrs. Bajaj”。

［44］*India Abroad*（注释 42），34，引自联合国人口基金会报告。根据德里非政府组织萨克希近期开展的一项研究，68％的被调查法官认为，“挑逗性”穿着是引发性骚扰的原因之一，55％的人认为女性道德品质是性骚扰案件的相关因素。

［45］关于这方面的一些实例，参见我的文章“The Feminist Critique of Liberalism,” *Sex and Social Justice*，55－80。

［46］有关这种个人主义的解释，进一步参见“The Feminist Critique of Liberalism”。

［47］参见 Veena Das and Ralph Nicholas，“‘Welfare’ and ‘Well-Being’ in South Asian Societies,” ACLS-SSRC Joint Committee on South Asia（New York：Social Science Research Council，1981）；虽然这篇文章以小册子的形式进行传播，但达斯从未公开发表。与此相反的观点，参

见 Agarwal，*A Field of One's Own*，422－438，and "'Bargaining' and Gender Relations：Within and Beyond the Household，" *Feminist Economics* 3（1997），1－51。

［48］Kalpana Bardhan，ed.，*Of Women*，*Outcastes*，155.

［49］关于佛教和功利主义聚合观之间的密切联系，见 Damien Keown，*The Nature of Buddhist Ethics*（New York：St. Martin's Press，1992），第七章"佛教和功利主义"。减少痛苦的观念在佛教政治理论中具有核心作用，但通常不是从更严格的形而上层面来说的，在这个层面，个体痛苦将仅仅被视为世界痛苦总量中的组成要素。这种更严格的形式可能对政治具有激进的含义，例如大部分佛教徒都赞成政府提供公共医疗服务。

［50］有关国际人权规范具有专断性的指控，参见 Wendy Brown，*States of Injury*：*Power and Freedom in Late Modernity*（Princeton：Princeton University Press，1995）。如第六节所示，我对此提出了异议。

［51］*Human Development Report 1997*（Oxford and New York：Oxford University Press，1997）.

［52］例如，如果中上阶层对高等教育体制不甚满意，情况可能就是如此。

［53］在这一点上有个令人信服的论证，参见 Drèze and Sen，*Indian*，其中给出了区域比较，以及有关比较区域研究的配套书目。

［54］参见 Rawls，*A Theory of Justice*（Cambridge，MA：Harvard University Press，1971），下文简称 TJ，156－173，其中讨论了平均效用及其困境。

［55］Becker，*A Treatise on the Family*（Cambridge，MA：Harvard University Press，1981，second edition 1991）.

［56］参见"The Economic Way of Looking at Behavior，" Nobel address，1992，in *The Essence of Becker*，ed. Ramón Febrero and Pedro S. Schwartz（Stanford：Hoover Institution，1995），648："包括我在内的许多经济学家过度依赖利他主义来维系家庭成员利益。"他提到，愧疚感、热爱、责任感、愤怒以及对肉体虐待的恐惧是需要纳入考虑的因素。

[57] 参见 A. Sen, "Gender and Cooperative Conflicts," in I. Tinker, ed., *Persistent Inequalities* (New York: Oxford University Press, 1990), 123-149; Partha Dasgupta, *An Inquiry into Well-Being and Destitution* (Oxford: Clarendon Press, 1993), Chapter 11。其他关于博弈进路有价值的例子，参见 Agarwal, *A Field of One's Own* and "Bargaining"; Shelly Lundberg and Robert A. Pollak, "Bargaining and Distribution in Marriage," *Journal of Economic Perspectives* 10 (1996), 139-158; L. Chen, E. Huq, and S. D'Souza, "Sex Bias in the Family Allocation of Food and Health Care in Rural Bangladesh," *Population and Development Review* 7 (1981), 55-70。

[58] 参见 Rawls, TJ, 62-65, 90-95, 396-397。近来，罗尔斯通过以下表述对基本善观念做出了限定：基本善不是作为通用的手段，而是作为从某种政治观点来理解的公民需求，与其"道德能力"的发展和表现相联系。他强调对道德能力（形成和修正一种生活计划的能力）的解释本身构成关于善的政治理论的一个重要部分：参见 Rawls, PL, 178-190。

[59] 最近，罗尔斯在清单中添加了迁徙自由和择业自由：PL, 181。

[60] Rawls, TJ, 396, 440.

[61] Rawls, TJ, 97："在把这些个人按照收入和财富水平来划分时，我假设这些社会基本善与那些能力和权威存在足够的关联，从而避免了指标问题……总的来说，这个假设对我们的目的而言似乎足够安全可靠。"当我们认识到罗尔斯所谓相关各方是指那些以贝克尔方式代表整个家庭博弈的户主，这个问题就会变得更加严重；然而家庭收入/财富与女性能力和机会之间的关系可能非常不稳定。自尊或许与其他所有的基本善处于不稳定的联系中；因此，在多数情况下，欧洲犹太人在收入与财富方面做得很好，却在自尊的社会基础方面做得很差。罗尔斯后来认识到了这一问题，他说，"单纯参照自由和财富这类事物对期望进行的初始定义是暂时性的；有必要将其他形式的基本善涵括进来，而这些会带来深层次的问题"(396-397)。可是，我们从未获知如何解决这一问题。

[62] 参见 Rawls, PL, 4-11; "The Law of Peoples," in *On Human Rights: The Oxford Amnesty Lectures* 1993, ed. Stephen Shute and Susan Hurley (New York: Basic Books, 1993), 41-72, at 50-59。在

后面这篇文章中，女性平等是罗尔斯准备确认的一个跨文化价值。

[63] 参见1997年3月对自营职业女性协会的米莱·查特吉、里纳娜·贾布瓦拉和伊拉·巴特进行的个人访谈内容；也可参见 Rose, *Where Women*, 32。罗斯注意到依赖性存在两方面："甘地本人将自由斗争的策略归功于他所观察到的他的妻子及母亲抵制家庭剥削的策略。"

[64] *The Subjection of Women* (1869), ed. S. M. Okin (Indianapolis: Hackett, 1988)，下文简称SW，尤其第16-18页内容；参见我的文章"The Feminist Critique of Liberalism"。

[65] 森首次表述能力进路见他的"Equality of What?"，此文收录于S. McMurrin, ed., *Tanner Lectures on Human Values* 1 (Cambridge: Cambridge University Press, 1980)，再版于 Sen, *Choice, Welfare, and Measurement* (Oxford and Cambridge, MA: Basil Blackwell and MIT Press, 1982)，下文简称CWM。也可参见收录于下述文献中他的各种文章：*Resources, Values, and Development* (Oxford and Cambridge, MA: Basil Blackwell and MIT Press, 1984)，下文简称RVD；*Commodities and Capabilities* (Amsterdam: North-Holland, 1985)；*Well-Being, Agency, and Freedom: The Dewey Lectures 1984*, *The Journal of Philosophy* 82 (1985)；"Capability and Well-Being," in QL, 30-53；"Gender Inequality and Theories of Justice," in WCD, 153-198；*Inequality Reexamined* (Oxford and Cambridge, MA: Clarendon Press and Harvard University Press, 1992)。

[66] *Human Development Report: 1993, 1994, 1995, 1996, 1997* (New York: United Nations Development Programme).

[67] 参见NFC，HN。

[68] 关于我们两人的能力进路之区别的讨论，参见 David Crocker, "Functioning and Capability: The Foundations of Sen's and Nussbaum's Development Ethic, Part Ⅰ," *Political Theory* 20 (1992), 584-612，以及"……Part Ⅱ," in WCD, 153-198。

[69] 对这一观点的进一步阐述，见HN。根据有关人类经验和选择的不同领域的解释，对能力和功能予以个体化处理的方式，见NRV。

［70］对比一下阿马蒂亚·森的表述，见“Freedoms and Needs，” *The New Republic*，January 10/17，1994，38：“政治权利对于理解经济需求的重要意义最终表现为，将人视为有权行使权利的人，而不是被动存在并必须得到照顾的‘种群’或‘人口’的一部分。”对马克思这方面思想予以精彩论述并影响着当代争论的，见 Daniel Brudney，“Community and Completion，” in *Reclaiming the History of Ethics*：*Essays for John Rawls*（Cambridge：Cambridge University Press，1997），388－415，布鲁德尼（Brudney）捍卫了马克思的观点，认为它是某种整全性自由主义的基础，而非政治自由主义的基础。

［71］参见 Seneca，*Moral Epistle* 41，塞涅卡将这种人的尊严与令人敬畏的大自然的崇高进行了对比。这段话很可能影响了康德在《实践理性批判》中给出那句著名的结语。

［72］对这部分思想的详细阐述，参见我的文章“Victims and Agents，” *The Boston Review* 23（1998），21－24；“Political Animals：Luck，Love，and Dignity，” *Metaphilosophy* 29（1998），273－287。

［73］如第七节将表明的，我也设想了国际机构和国际人权法在推进这些能力方面的作用；但是，基于问责制，民族国家仍是基本单位。

［74］为有效发挥这种功能，这份清单对门槛标准的说明较之其现有说明必须更加清晰分明；我稍后会在本节以及第三章和第四章中讨论那个问题。

［75］这些主题包括私有财产和公共财产的作用，代际正义的观念，公民不服从的作用，以及国家间的分配正义（第七节一些简短评论除外）。

［76］参见 Rawls，PL，133－172。

［77］参见 Rawls，PL，144－145。

［78］然而，并非所有犹太教徒都这么说：参见我的文章“Judaism and the Love of Reason，” in Marya Bower and Ruth Groenhout，eds.，*Among Sophia's Daughters*：*Philosophy*，*Feminism*，*and the Demands of Faith*，即将出版。

［79］参见 HN。

［80］当然，为符合我们正在讨论“基本善”的类比这一事实，我借

用了罗尔斯《正义论》中的表述，用“善”替代了“正义”。

[81] 很明显，有些项目比其他项目更具备永恒性。读写能力是对现代社会一种更具一般性的能力的具体说明，在其他时空中，这种一般性的能力可能无须借助读写能力便可实现。所有大范围的通用规则似乎都是永恒的，但我不会断言，或者不需要断言人类生活在历史上表现出不变的本质。

[82] 目前这份清单显示的变化是我与印度人交流讨论的成果。主要变化是更强调身体的完整性和对环境的控制（包括财产权和就业机会），并开始强调尊严和不受羞辱。古怪的是，这些有关人的“自足”和尊严的特征最常被西方女性主义者批评为“男性的”和“西方的”特征，这是它们在早期清单中角色更低调的一个原因。参见我的文章“The Feminist Critique of Liberalism”。

[83] 1994 年人口与发展国际会议（ICPD）采纳的生殖健康定义与作为这份清单向导的有关真正的人类功能发挥的直觉式观念非常吻合：“生殖健康是一个涉及生理、精神和社会福祉的整体状态，而不仅仅是没有疾病或身体虚弱，此处所指均与生殖系统及其运行有关。因此，生殖健康意味着，人们能够拥有满意和安全的性生活，他们有生育能力，能自由决定性生活的时间和频率。”这个定义还说，它同时意味着获得他们所选择的计划生育方法的信息和途径。人口与发展国际会议的建议摘要得到由国家研究理事会建立的人口委员会生殖健康问题小组的采纳，其中指明了生殖健康的三个必要条件：“1. 每一种性行为都应免于胁迫和感染。2. 每一次受孕都应是有意为之。3. 每一次分娩都应是健康的。”参见 Amy O. Tsui，Judith N. Wasserheit，and John G. Haaga，eds.，*Reproductive Health in Developing Countries*（Washington，D. C.：National Academy Press，1997），13-14。

[84] 这项规定是依据《印度宪法》第 15 条制定的，它补充说（正如我会补充说的），此项规定不应该被理解成阻止政府采取措施矫正针对女性与列表部落和种姓的历史性歧视。不因性取向而受歧视并未得到《印度宪法》的保障，考虑到人们（尤其印度人）在这一项上鲜有达成共识，并考虑到将它纳入清单可能是不成熟的，因此在更早期的清单中我没有这么

做——但是，与此同时我强调这一事实，即我认为它隐含在不因性别而受歧视的权利当中，因为我把性向歧视看作对性别歧视所暗示的性别二元划分予以支持的一种手段。参见我的 *Sex and Social Justice*，Introduction and Chapter 7。然而，今年，关于女性主义电影《火》被中断放映的争论在印度媒体引发了更多关于性取向的讨论，也使得女性主义者和其他自由主义思想家就这些问题与完全的女性平等之间存在重要关联形成一种公共认知。因此，我不再认为，将这项权利添加到一份有望获得重叠共识的跨文化清单中是不成熟的。我会在第四章中进一步讨论这个问题。

[85] 就跨文化发展而言，这是清单上最具争议性的项目：见第二章的深入讨论。通过选择保护濒危物种、保护动物的健康和生命以及生态环境的相关政策，政府可以在推进这种能力方面做很多事情。例如，挪威非常重视这种能力。在奥斯陆，人们只能在距离海岸线五英里的范围内建造房屋；越过那条“森林界线”的内陆山区是无人居住的，从而为人们保留享受在森林中独处的空间，在挪威人对这项能力的具体说明中，这是一个核心的方面。

[86] 例如，ASD 认为，财产权不同于言论自由权，因为财产只是人类功能发挥的一个手段，而非目的自身。目前这份清单仍坚持认为，财产越多不见得越好，但是鉴于财产权与自我定义之间的密切关系，它扩大了财产权的作用：见第二章的深入讨论。最明显的是，由于财产权目前处在印度的一些属人法制度下，因此它们不应当在性别歧视的基础上进行分配。不过，在支持其他有价值的人类功能发挥的意义上考虑它们的绝对价值也很重要。因此，所有公民都应当以他们自己的名义拥有一些财产（不动产或动产）。具体的数量规定将由每一个邦根据自身经济状况适当地进行审议。由于土地通常是自我定义、博弈能力和经济支持的一个特别宝贵的来源，所以人们可能会利用这份清单证明一些土地改革的合理性，这些改革将富人富余的土地划分给穷人，目的是让他们拥有一些自己名下的东西。例如，西孟加拉邦的改革就用富有的土地所有者的二套住房来达成目的。也参见 CHR。

[87] 所以，倘若以人均国民生产总值为依据的生活质量评估在发展政策中不占据主流地位，“新加坡的成功故事”这类表述就可能更加难于

启用。

[88] 参见 HN 和 ASD。

[89] 参见 HN 对这一思想在人类转变的神话中的作用的论述。

[90] 关于马克思的观点，参见前面引用的布鲁德尼的论述。

[91] 参见 HN，我认为这也是亚里士多德的观点。

[92] 参见 NFC，其中提到亚里士多德划分不同层次潜能（*dunamis*）的方式。

[93] 参见 NFC，其中提到亚里士多德一个类似的区分；HC 讨论了基本能力的问题。森虽然没有明确区分这三个层次，但他的许多言论实际上都假设了相关区分。

[94] 在更早期的论文中，这些被称为“外在能力”（见 NFC），但大卫·克罗克说服我相信，这个词错误暗示着对外在条件而非内在能力（internal fitness）的关注。实际上，我用它来表示“内在”与“外在”的恰当结合。

[95] 参见 Martha A. Chen，*The Lives of Widows in Rural India*，即将出版；“A Matter of Survival：Women's Right to Employment in India and Bangladesh，” in WCD，37-57。

[96] 如果这种专制足够严重和持久，他们也可能在某种程度上丧失那种表达的内在能力；见后续讨论。

[97] 参见 Rawls，TJ，204-205，72-75。

[98] 然而，注意能力平等并不必然需要资源平等：这一切都取决于在我们超越门槛标准时资源将如何影响能力。亚里士多德认为我们会达到一个负收益点：在达到某一“限度”之后，财富开始发生反作用，与那些具有重要性的事物分离开来。

[99] 参见 HN，其中关于马克思的讨论。

[100] 参见我的文章“Double Moral Standards?”（此文是对 Yael Tamir 的“Hands Off Clitoridectomy”一文的回应），in *The Boston Review*，Oct.-Nov.，1996，扩充版 in *Sex and Social Justice*，Chapter 4；同时参见“Religion and Women's Human Rights”。

[101] TJ，62.

［102］罗尔斯评论道，“尽管拥有它们受基本结构的影响，但它们并不如此直接地处于基本结构的控制之下”（62）。当我们考虑健康问题时，这当然是对的，但如果我们考虑的是健康的社会基础，这就不对了。在我看来，将这些项目列入政治清单的理由与将自尊的社会基础列入其中的理由同样是强有力的。罗尔斯暗示了将健康列入清单，见“The Priority of Right”。

［103］来自对萨尔达·简的个人访谈，以及对拉贾斯坦邦农村地区实施的一个这类项目的观察。

［104］我以前的一个研究生因丧失信仰而摆脱了一个戒律森严的宗教秩序。他发现哲学研究生的学习权威性太低，并且没有什么纪律性，于是加入了海军陆战队，现在拥有一份高级别的工作。

［105］关于普通士兵在犹太人大屠杀中发挥的作用，参见 Christopher Browning，*Ordinary Men*（New York：Harper Collins，1992）。

［106］出自 1992 年对美国西点军校讲师的个人访谈，以及 1998 年对安纳波利斯美国海军学院讲师的个人访谈。安纳波利斯的伦理学课程是最近开设的，并且是在哲学家南希·谢尔曼（Nancy Sherman）的指导下开设。开设它的理由涉及尾钩性骚扰丑闻和广为人知的诈骗丑闻。

［107］这些问题显然也引发托管后代能力的棘手问题。我不会在此处理那个问题。其他方面的环境问题将在第二章中得到讨论。

［108］参见 Amartya Sen，“Fertility and Coercion，” *The University of Chicago Law Review* 63（1996），1035-1062。

［109］这是一种无规则的格斗，在格斗过程中允许对身体任何部位出拳。它在美国的几个州是合法的，但在大多数州是非法的。

［110］参见 John Finnis，*Natural Law and Natural Rights*（Oxford：Clarendon，1980）；Robert P. George，*Making Men Moral：Civil Liberties and Public Morality*（Oxford：Clarendon Press，1992）。在那个意义上，致力于寻求（不在芬尼斯清单中的）快乐的生活是一种不合标准的生活，即使它拥有他的清单上所有功能所需能力。忽视清单中某些项目的情形更为复杂，因为芬尼斯承认，生命太过短暂，人们不可能追求所有事物。因此，即使一个或更多项目遭到忽视，他也认为那种生活可能是

有价值的，**只要**这个人承认那个项目在客观意义上的善："没有追求学识、友爱、身体英雄主义或圣洁的能力甚至'品味'，这是一回事；以仿佛这些东西不构成真正的善的方式去思考、言说或行动，这是另一回事，它要么愚蠢，要么武断。"我的能力观念只需要公民支持相关**能力**的价值，并且这样做**仅只出于政治目的**。他们完全可以根据自己的喜好自由谈论或思考相关功能的价值，也完全有自由就这些能力的形而上学基础表达不同意见。当然，既然言论自由受到保护，他们完全可以通过反对能力清单，自由地对宪法原则的哲学基础发起挑战。

[111] 参见 ASD。

[112] 参见 HN。

[113] Sen，"Freedoms and Needs，" *The New Republic*，January 10/17，1994，31—38，at 38. 比较一下罗尔斯的观点，见 Rawls，PL，187-188，这里以一种相关方式将自由和需求联系在一起。

[114] Sen，*Poverty and Famines：An Essay on Entitlement and Deprivation*（Oxford：Clarendon Press，1981）. 森论证了，新闻自由和开放性政治辩论对于防止食物短缺引发饥荒至关重要。

[115] 本节内容在 CHR 中得到进一步阐发。

[116] Bernard Williams，"The Standard of Living：Interests and Capabilities，" in *The Standard of Living*，ed. G. Hawthorne（Cambridge：Cambridge University Press，1987），100.

[117] 有关中国的情形，参见 Tu Wei-ming，"A Confucian Perspective of Human Rights"；Joshua Cohen，"Comments on Tu Wei-ming"，即将发表。有关印度与中国的情形，参见 Sen，"Human Rights and Asian Values，" *The New Republic*，July 14/21，1997，33-41。

[118] 参见 Sen，"Human Rights and Asian Values"。有关泰戈尔的讨论，参见 Sen，*New York Review of Books*，June 1997；K. Bardhan，*Introduction to Of Women，Outcastes*。有关印度独立战争时期的权利话语，参见 Nehru，*Autobiography*，612。

[119] Rawls，TJ，20-22，46-53；PL，28，45，381 n. 16.

[120] 参见 Rawls，PL，384 n. 16："这种平衡完全是主体之间的平

衡，就是说，每个公民都考虑了其他公民的推理和论证。”

［121］有关最后一点的一个例子，想想最近印度议会就拉贾斯坦邦贾格迪什·昌德拉·博斯（Jagdish Chandra Bose）旅社强奸案展开的辩论吧，在此案中，一个27岁的妇女被轮奸，一群男人对此嘲笑并欢呼。许多立法者，尤其是拉贾斯坦邦的立法者，抨击这名妇女的道德品性，为警察没能及时逮捕被告人并对受害者进行必要的医学检查做辩护，参见“Another traumatized victim in rape-prone Rajasthan,” *India Abroad*, July 10，1998，31。

［122］在此，我同意托马斯·博格的观点，见 Thomas Pogge，*Realizing Rawls*（Ithaca，NY：Cornell University Press，1989）。

［123］印度女性庇护所的数量极少，其实接近于零。

［124］参见 Drèze and Sen，*India*；Ramachandran，“Kerala's Development Achievements,” in Drèze and Sen，eds.，*Indian Development*。

第二章　适应性偏好与女性选择

111　这位医生对［女性住处的不良卫生状况］感到不安是有道理的；但在某个方面他是错的。他认为，这是我们持续痛苦的根源。恰恰相反……对那些自视甚低的人来说，受到忽视似乎并不是不公平的，因此它不会使她们感到痛苦。这就是为什么女性羞于对所遭遇的不公感到烦恼。倘若一个女人必须在为她安排的生活中接受如此多的不公平，那么对她来说，被全然忽视也许没那么痛苦；反之，倘若她无法改变她的生活规则，那么她注定遭受不公平的痛苦，而且是毫无意义的痛苦。无论你使我们身陷何种境遇，我都很少想到这其中包含痛苦与剥夺。

——拉宾德拉纳特·泰戈尔，《一个妻子的来信》[1]

当我们制作视频，像我们这样的女性观看它们时，我们就会有信心尝试做出改变。当我们见到像我们这样的女性做了勇敢和新鲜的事情时，我们就会有信心，认为我们自己也可以学到一些新东西。当贫困女性在视频中见到作为健康工作者的其他贫困女性时，她们会说："我也可以学习健康知识，帮助邻里解决这些问题。"当其他自营职业女性见到我这个蔬菜供应商在制作这些视频时，她们也有了信心，认为她们自己能够做一些起初看来不可能的事情。

——丽拉·达塔尼娅（Lila Datania），自营职业女性协会，艾哈迈达巴德，1992[2]

112　一、不尽如人意的两极：偏好与善

任何对普遍规范的辩护都涉及在人们实际欲求的许多事物之间做出区分。如果它有任何内容的话，它会说，就政治目的而言，某些欲望对象

较之其他欲望对象是更为核心的，对人类生活质量而言是更必需的。一种明智的研究进路会走得更远，它坚持认为某些现存偏好实际上构成社会政策的不良基础。第一章提出的清单包含许多功能，多年来许多人不愿将这些功能赋予女性，他们要么完全不赋予，要么以不平等的方式赋予它们。因此，坚持它们的核心地位意味着违背在男权传统中具有相当深度和广度的那些偏好。此外，这份清单包含女性多年来不曾为自己争取过的许多项目，以及直至今日许多女性都不会追求的一些项目——所以，当把这份清单置于旨在为基本政治原则提供哲学基础的规范性政治研究的核心时，我们不仅违背了其他人有关女性的偏好，而且更具争议性的是，我们违背了女性自己有关自身和其生活的诸多偏好（或者大概是这样）。在某种程度上，这份清单通过坚持把能力而非实际的功能发挥作为政治目标，以及强调选择作为一种善的核心重要性而规避了这些家长制的问题。但是，清单所使用的选择和实践理性概念是一个规范性概念，在许多生活中它强调理性的批判性活动，而此种强调并不表现为对理性的实际运用。

我们再考虑一下瓦桑蒂和贾亚玛的情形。瓦桑蒂持续多年忍受一段受虐的婚姻。最终，她的确摆脱了这段婚姻，现在的她非常坚守自己身体完整性的重要性：她和科基拉着实花费大量时间帮助其他受虐女性向警方报案，敦促警方解决问题。不过，有段时间，瓦桑蒂不这么看问题——尤其在她丈夫接受输精管切除术之前，她那时以为自己仍然可能拥有孩子。像许多女性一样，她似乎一度认为，受虐虽是痛苦的、糟糕的，但那仍是女性人生命运的一部分，某种程度上是由于女性依赖男性而不得不忍受的事情，是离开她的原生家庭而搬去丈夫家中居住所导致的。这是对权利、法 113
律和正义的侵犯，她自己拥有的权利正因丈夫的行为而受到侵犯——她那时并不具备这些观念，全世界太多女性至今都不具备这些观念。我的普遍主义进路似乎意味着，忍受虐待的偏好（如果我们应当称之为“偏好”的话）是有问题的，它不应该像保护和捍卫人的身体完整性偏好那样在社会政策中占据同等地位。这种理论同时意味着，不把自己视为权利的承载者和拥有与他人平等的尊严与价值的公民，这是有问题的。

或者我们考虑一下贾亚玛的情形，她极其捍卫自己的身体完整性，但她非常默许歧视性的工资结构和歧视性的家庭收入共享制度。当女性在砖窑厂从事高强度体力活却获得较低工资，且毫无升职机会时，贾亚玛没有抱怨或抗议。她知道，这种做法有一贯性并将维系下去。就像我在引语中提到的泰戈尔的角色那样，她甚至不会浪费精力让自己心烦，因为这些事情不可能被改变。另外，当她的丈夫拿走自己的收入，有些奢侈地将其花在自己身上，让贾亚玛通过做苦力给孩子们提供经济支持，同时承担全部家务劳动时，这并没有让她感到不对或不好，事情原本如此，她不会把时间浪费在渴望另一种生活方式上。不像瓦桑蒂，贾亚玛似乎不仅缺乏将自己视为一个拥有可能被侵犯的权利的人的概念，而且缺乏遭遇不公的意识。

最后，容我介绍一个新案例以展示，即使在基本营养和健康层面，根深蒂固的偏好也可能与普遍规范发生冲突的方式。在安得拉邦马赫布纳加尔郊外的沙漠地区，我与一些严重营养不良、其所处村庄没有可靠的洁净水源供应的女性进行了交谈。在政府出台意识提升计划之前，这些女性明显不曾对自己的身体状况感到愤怒或提出抗议。她们不知道有别的出路。她们不认为自己身处的环境不健康或不卫生，也不认为自己营养不良。现在，她们不满意的程度上升了：她们向当地政府提出抗议，要求获得洁净水源、电力供应和健康随访员。她们保护其食品供应免遭苍蝇侵害，并时
114 常洗澡。在被问到政府计划给其生活带来的最大变化是什么时，她们立刻异口同声地说："我们现在干净多了。"意识提升项目在采用基于好的人类功能发挥观念的规范性进路时，明显挑战了根深蒂固的偏好与满足。

在第一章阐发的人类功能发挥与能力基础上建立起来的规范性进路拒绝把功利主义基于偏好的进路视为基本政治原则的基础，恰恰是因为它们无法对偏好和欲望展开批判性审查，这些审查揭示了习惯、恐惧、低期望值和不公平的背景条件如何以多种方式扭曲人们的选择，甚至是她们对自己生活的愿景。所以，能力观点最终开展这样一种批评并不令人吃惊。但是，我们现在必须更广泛地直视这项事业提出的智识性问题。因为，挑战根深蒂固的满足感的女性主义者，常常由于这种处理方式而受到极权主义和反民主的指控。谁告诉女性什么是真正对她们好的东西，或者谁进入一个由传统和习俗塑造的、在人们应当要求什么和应当欲求什么方面存在普遍标准的领域？难道她们不就是对什么是正确和恰当已有自己想法的被

洗脑的女性吗?[3]

在女性主义者对欲望的批评和声名扫地的极权主义意识形态之间，很容易建立某种修辞学的联系——在一定程度上，这是因为马克思是“虚假意识”（false consciousness）观念最有趣和最具影响力的阐发者之一，并且因为在发展中国家和西方国家中，女性主义者的意识提升策略常常受到马克思理论的影响。然而，一些偏好被无知、恶意、不公和盲从所扭曲的观点也深深植根于自由主义政治哲学传统之中：亚当·斯密有关贪婪和愤怒的思想、密尔有关性别的思想、康德有关人们习惯以多种方式把彼此视为手段而非目的的思想、约翰·罗尔斯有关不公平的背景条件如何塑造欲望与选择的思想。近来，在主流经济思想与政治思想以及阿马蒂亚·森、 115
乔恩·埃尔斯特（Jon Elster）和加里·贝克尔的著述中，偏好畸形的概念已经成为核心概念。[4]

这种自由主义传统所强调的一件事是，人们对基本自由的偏好本身可能受到传统与恐吓的支配；因此，拒绝对根深蒂固的欲望进行批判的立场表面看来似乎很民主，但与在这些问题上采取更强的规范性态度、一定程度上独立于人们现存欲望的立场相比，实际上或许不那么有利于民主制度。（正如我们会看到的，即便一些坚定的功利主义者也已经因此与功利主义分道扬镳。）所以，在处理偏好畸形问题时，不应当一开始就假设在规范性的偏好排序和自由民主价值之间存在某种不确定的张力。

关于偏好在个人生活和政治生活中的作用，人们可能会提出许多问题。本章要面对的问题关系到现存偏好在奠定政治判断之基础中的作用，在我们制定政治原则时，那些政治判断可以作为宪法保障的基础得到运用。我们的问题是：在什么条件下，偏好是那些基本的社会选择问题的良好向导，以及在什么条件下，我们可能有理由以正义和人类能力这类重要规范的名义背离或批评其中一些偏好？那种辩护该如何进行？

面对基于偏好的社会选择观时，我们是在进一步开展第一章所阐述的政治辩护计划。在通过阐明能力进路的优点和展示它何以可能解决某些紧迫的政治问题，以直觉方式证明能力进路的合理性之后，我们现在来详细讨论一个主要的竞争性观念，那就是目前在新古典主义经济学中占主导地位的一种福利主义观念。通过考察引发那种观点的理由，并展示（我认为我们可以展示）能力观点在回应那些关切的同时，为福利主义面临的问题提供了更好的处理方式，我们向全面辩护能力进路的目标又迈进了一步。

116 第一章所阐述的能力进路有两个相关的运用。我的核心计划是为基本政治原则奠定基础，所有国家的公民都必须坚持这些原则；但从属性的相关计划是标识出一个空间，在此空间中，各国之间可以展开最直截了当的生活质量比较。在某种程度上，论证的这两个部分是独立的。人们也许坚持认为，将基于偏好的观点作为生活质量比较的基础完全是合理的，同时怀疑它不足以充当基本政治原则的选择基础——譬如，如果一个人认为，我们需要从生活质量评估中得到的是不那么野心勃勃的东西，而只是关于人们如何看待自身处境的一个指标，情况便是如此。我认为，一旦人们直面基于偏好的观点的具体缺陷，这将是一个不可取的立场：认为它们构成政治原则的不良基础的理由同时也是它们无法在生活质量评估中发挥良好作用的理由。当然，认为偏好虽构成生活质量评估的不良基础，但它构成选择基本政治原则的良好基础则更加不合理：因为，如果偏好甚至不能告诉我们，人们实际上过得怎么样，那么它们似乎很难成为关于宪法原则的规范性说明的基础。然而，在这一章中，我将重点讨论基本原则领域里社会选择的基础，并偶尔评论一下不断演变的论证与生活质量评估问题的关系。

现在，更复杂的情形出现了。经济学家和偏好观点的其他捍卫者很少明确区分它们在一般性社会选择中的运用和它们在宪法保障所体现的基本原则选择中的运用。相反，他们倾向于就社会选择发表一般性声明。鉴于他们的如此做法，我会简单地假设，他们不会为人们选择基本政治原则的特殊情形破例，并且我的批评将以这种特殊情形为重点，而不是以其他诉诸偏好或许会发挥宝贵作用的情形为重点。我认为这是完全公平的，因为我确实认为，我的反对者试图将他们的立场看作关于社会选择的完全一般性的说明。

在有关偏好应在社会选择中扮演何种角色的争论中，我们可以鉴定出两种极端立场，我的立场处于二者之间。第一种立场可以称为**主观福利主**
117 **义**。[5] 它坚持认为，就政治目的而言，一切现存偏好都是同等偏好，社会选择应建立在所有这些偏好的某种聚合基础上。（在下述内容中，我将从我在第一章中已经提出的关于聚合与善的多元化问题当中抽离出来；我将假设，福利主义者承认有许多相关的度量标准可用来对偏好进行加和。)[6]

第二种立场可以称为**柏拉图主义**。[7] 依据此种观点，人们欲望或偏好某物的事实基本上是不相关的，因为我们认识到，欲望与偏好在指明真正的公平和善方面是极不可靠的向导。实际的欲望和选择在证明某物为善方面毫无作用。我们需要做的是为独立于人们对它的欲望或偏好这一事实的相关事态的客观价值提供论证；一旦我们拥有这样一种论证，我们甚至有理由全然背离人们的实际需求。

两种立场都是由真正具有重要性的关切所激发。福利主义源于对人们及其实际选择的尊重，源于不愿意把一些外来事物强加给他们，甚或不愿意不平等地对待不同个体的欲望。实际上，它始于对人格的尊重，并把它理解为与对偏好的尊重同等的尊重。柏拉图主义源于对正义和人类价值的迫切关注，并源于此种认知，即在现实世界中，这些价值通常从属于权力、贪婪和自私的放纵。不过，两种立场都包含明显的问题。作为一种规范性立场，主观福利主义不可能对不正义的制度展开激烈批评；例如，它迫使我们说，由于贾亚玛接受了不公平的工资结构，把它看作是必需的，所以事情就应该保持那个样子；由于安得拉邦女性不要求医疗保健和洁净水源，所以她们不需要那些东西；既然瓦桑蒂忍受着一段受虐的婚姻，那就是她的命运。在我们选择宪法保障所体现的基本政治原则的过程中，这种限制尤其严重。另外，柏拉图主义似乎对人们的实际经验所体现出来的 118
智慧过于轻蔑：它似乎不太在意贾亚玛和瓦桑蒂改变她们生活的想法，以及这个事实与政治选择的相关性，即安得拉邦女性对政府项目改善其处境感到高兴，她们不会选择回到以前的生活状态。任何可行的现代立场似乎都必须设法维护这两个极端所包含的重要价值，与此同时规避它们的缺陷。

很有可能没有一位研究社会福利的现代思想家是彻底的柏拉图主义者。当然，没有一个女性主义者是柏拉图主义者；由于女性主义者赞成对欲望和选择的激进批判，因此她们通常会通过诉诸女性真正需要的东西、使她们真正快乐或满足她们最深层次欲望的东西来支持这种批判。尽管在功利主义经济思想中，曾经存在一些真正的主观福利主义者[8]，但现在，人们也很少支持那种立场的不合理版本。在这些极端之间寻求一种适当的“中道”时，先考察功利主义经济学家为何拒绝纯粹的主观福利主义，以及他们如何设法革新这种福利主义观点将是有帮助的。在这里，我会重点讨论约翰·哈萨尼（John Harsanyi）、理查德·布兰特（Richard Brandt）和加里·贝克尔的论证，他们都试图在福利主义框架内表达一些明智的内容，最终却揭示出做到这一点有多么困难。接下来，我会考察我们可能得出下述结论的一些理由：偏好畸形问题要求我们完全背离功利主义框架；在这里，我利用了理查德·波斯纳、阿马蒂亚·森、琼·汉普顿（Jean Hampton）、乔恩·埃尔斯特、凯斯·桑斯坦和托马斯·斯坎伦的论证。最后，我会说明我自己的核心能力观点如何解决这些问题，并论证在核心能力层面，通往社会善的“实质性善”（substantive good）进路与“知情欲望”（informed desire）进路之间存在相当程度的收敛。[9] 在第一章中，
119 这份清单是运用独立的哲学论证推导出来的；但它在多方面趋近于知情欲望进路有望提出的东西，这一点很重要。我会论证欲望既在达成核心能力清单方面继续发挥启发式作用，也在对它们的辩护方面发挥有限的辅助作用；尽管如此，从对核心善的实质性说明开始，而不是试图从严格的程序进路中获得它们是富有成效的。无论怎样，任何我们可以接受的程序进路都将承载如此多规范性价值，以至于在实际意义上，它会坍缩为一种实质性善的进路。我将通过比较我自己的进路和最强式女性主义程序（但不是功利主义的）进路，即琼·汉普顿在其重要文章《女性主义契约论》中表述的观点[10]，来证明这个结论。最后，我会反思权力和恐惧对我所设想的欲望与正义之间的收敛造成的障碍。

二、偏好概念问题

不过，我们先来看看偏好问题。迄今为止，我已经讨论过“欲望”与“偏好”了。在经济学文献中，关于什么是偏好有两种不同的观念。依据保罗·塞缪尔森（Paul Samuelson）最著名的一种进路，偏好与行为之间不存在任何概念上的区别：一种偏好只是事实上被选择的行为“外显”（revealed）出来的东西。[11] 此种进路有许多问题——除其他问题以外，

它没有给予我们任何资源去谈论一个人的愿望和一般意义上深思熟虑的生活，除非这种精神生活被转化成行动。这种进路和它的表亲——行为主 120
义心理学面临同样的问题；心理学早已得出结论，行为主义不是一种充分的解释理论。[12] 但是，行为主义甚至还存在更显著的问题。被理解为行为的偏好不会遵循某些非常基本的理性公理，如传递性和一致性。[13] 但这种观察使我们进入一个更深层次的概念问题。一个行为不像一个陈述：它的特征并不浮于表面。因此，甚至在我们可以询问被理解为行为的偏好是否具有一致性之前，我们就必须对它们进行解释。但是，为了对它们进行解释，我们必须提到某种外在于选择行为的东西，它类似于选择中所追求的基本目标或价值。[14] 这些论证早就被用来反对行为主义心理学[15]；它们对外显偏好（revealed-preference）理论的主张同样具有毁灭性。

就“偏好”这个概念而言，有一种更具前景的进路受到加里·贝克尔和阿马蒂亚·森等人的青睐。依据此种观点，偏好隐藏于实际选择背后并具有心理的实在性。它们是与信念一同解释选择的实体。对运用这一进路的人而言，偏好更像是欲望；实际上，欲望似乎就是偏好的一个子集。

但是，任何哲学家都可能对此感到头疼。因为，为什么我们要用如此贫乏的解释性实体词库来设法解释如此复杂的人类行为呢?[16] 自柏拉图和亚里士多德以来，西方哲学家一致认为，对人类行为的解释需要运用很多不同的概念；这些概念**至少**包含信念、欲望、感知、嗜欲和情感。包括某些当代哲学家在内的许多哲学家都认为亚里士多德基本上是对的，除了他所引入的概念，我们不需要其他概念。[17] 其他哲学家对此不甚满意。 121
斯多亚学派进一步引入“趋力”[impulse（hormê）]概念，他们认为亚里士多德主义范畴没有充分捕捉生物维持自身存在的内在倾向；斯宾诺莎把这个概念转化成他的核心范畴“冲力”（conatus）。康德偏爱“倾向”[inclination（Neigung）] 概念，他似乎觉得，这个概念捕捉到了中世纪/亚里士多德主义框架中未得到充分重视的情感和欲望的一些特征。一部分当代哲学家指出，“意图”（intention）概念不仅无法还原为信念、欲望或情感，而且是解释行为时一个至关重要的部分。[18] 当然，也有一些哲学家捍卫各种精神分析学概念，如直觉和驱动力。最后，包括已故的琼·汉普顿在内的许多道德哲学家坚持认为，现实精神生活具有复杂的多层次结构：个体不但有偏好，也有关于那些偏好的偏好，或许还有关于所有那些的偏好。[19] 他们还拥有可能与自身偏好相冲突的承诺；那些承诺甚至可能反映出他们的判断，即他们的偏好很可能被证明是不可靠的。[20]

主观福利主义有一个明显的错误，那就是它没有捕捉到此种复杂性。因为它没有探究诸如嗜欲与情感之间的区别，所以它不能充分揭示社会环境如何塑造所谓“偏好”的内容。[标准的区分方式是认为，至少在某种程度上，一个嗜欲（如对食物的嗜欲）是不受社会环境影响的，而情感却
122 具有丰富的认知性和感受性内容，它们常常深受社会环境的影响。不论这点是否正确，它都是需要探究的观点。] 类似地，它没有考虑欲望自身拥有复杂的意向性内容的可能性，以及不同类型的欲望具有不同层次和类型的意向性内容的可能性。[21] 最后，通过把个体视为一打未经审查的欲望，它忽视了人们在现实生活中的批判性和审慎性，他们通常不会对自身全部欲望一视同仁，而是在其生活中采用某种等级划分和先后排序。因此，福利主义将自身置于一个不太可能实现其核心目标的位置，这个核心目标（如我已描述的）就是展现对人格的尊重。把人们简单地看作婴孩而非具有反思能力的成年人，这不太可能良好地展现对人格的尊重。

于是，在接下来的内容中我们不得不设法解决这个令人遗憾的事实，即当代经济学仍未将自身纳入从概念上讲受人尊敬的人类行为理论的版图。（实际上，它已经放弃了亚当·斯密赋予它的浓厚的哲学人类学基础。）有时候，当人们真心倾向于说，我们甚至不能如此粗略地评价一个理论，让我们全盘抛弃它并重新来过时，寻找经济行为理论微妙的错误似乎是个古怪的做法。当我们开始讨论尊重人以及人的精神生活的问题时，这一点将会具有相关性。尽管如此，我们仍将设法开展此种微妙的批评，并选择那些即使与更复杂的理论相悖也将令人感兴趣的理论。

三、福利主义：内在批评

在经济学中，虽然主观福利主义通常是在对规范性进路的简短表态中
123 出现的，但是一旦功利主义经济学家正面广泛地考虑规范性问题，很少有人愿意成为彻底的主观福利主义者。米尔顿·弗里德曼（Milton Fried-

man）很可能是个真正的主观福利主义者：他显然认为，就价值差异而言，“人们最终只能依靠斗争”[22]，因此，规范理论不可能超越主观福利主义。在公共政策方面，罗伯特·博克（Robert Bork）是另一位真正的主观福利主义者且深受经济学讨论的影响，他坚持认为，主观偏好的聚合是处理包括确定宪法基本原则在内的规范性事务的唯一理性的方式。通过指出评价者“漂流于不确定的海面上”，“缺乏原则性方式来做出必要区分”，而这些区分将为规范性判断奠定充分的基础，他支持了这个判断。[23] 然而，经济学家常常已经承认，出于规范性目的同等对待一切现存偏好是不可信的，并且他们会建议至少进行一些筛选或修正。

这种最显见的修正涉及虚假信念和信息匮乏。甚至在一般意义上认为我们不可能融贯一致地将激情和欲望视为“不合理的”休谟，也将下列情形视作例外，即一个人错误地相信一个不存在的对象存在，或者对实现进一步目的的恰当手段持有虚假的信念。[24] 但是，在承认认知性谬误方面，绝大多数追随休谟的功利主义者比他走得更远。克里斯托弗·布利斯（Christopher Bliss）就是一个代表性例子，在非常强势地捍卫主观福利主义与发展中国家生活质量评估之间关系的同时[25]，他承认需要修正不充分的或虚假的信息：“例如，穷国的居民或许意识不到他们的身体有多么不健康以及这种不健康的后果，但是专家会知道这些。”布利斯会允许专家修正现存观点的另一个情形是，我们需要一种全球性概观，而这是个体无法提供的。另外，布利斯坚持认为，这种修正之所以可接受，是因为它涉及个体的“不完美视角”。我们可以对个体视力予以矫正——比方说给 124
她配戴眼镜——同时坚持“这个基本观点，人即便不是万物的尺度，至少也是生活水准的尺度”[26]。由于布利斯没有讨论宪法保障背后的基本政治原则的基础，因此他可能不会在那个领域支持基于偏好的观点；并且，他对所有涉及生活质量的领域中的偏好进行了满怀激情的辩护，但这并不表明他认为对偏好的依赖会给任何领域带来问题。

约翰·哈萨尼针对现存偏好提出了一套更为野心勃勃的修正方案，这套方案明显仍处于主观福利主义理论的一般框架之内。[27] 哈萨尼首先宣称：“**偏好自主**是项重要的哲学原则。我认为，这项原则是指在决定对某个特定个体而言什么是好的、什么是坏的时，最终标准只能是他自己的需求和偏好。”[28]（哈萨尼并未明确解释他支持这项原则的理由，但除了对民主的一贯关注以外，他似乎也受到此种思想的激发，即我们根本不可能理解“A 的需求对 A 是不好的”含义，除非把它视为这一断言，在某种更深的层次，A 确实更喜欢其他东西。）[29] 另外，哈萨尼承认人的偏好通常是“不理性的”。他认为，“任何合理的伦理理论”都必须承认这个事实。“就像我们负有帮助人们实现他们非常合理的欲望的道德义务一样，声称我们同样负有帮助他们实现完全不合理的需求的道德义务，这很荒唐。”[30] 可是，我们能赋予该区分何种与维护福利主义原则相容的内容呢？他注意到，一个规范性的享乐主义者很容易给出相关区分：理性的需求是一种其对象在真正意义上产生了快乐的需求，不理性的需求是一种其
125 对象不在真正意义上产生快乐的需求。然而，如果我们不接受那种明确的规范性理论（哈萨尼已经拒绝了它，且明显支持从偏好本身衍生出来的规范性理论），我们该说些什么呢？

哈萨尼的结论是，我们必须说人们的外显偏好通常与他们的“真实偏好”存在差异。一个人的理性需求是与其真实偏好一致的需求，不理性需求是与其不一致的需求。外显偏好与真实偏好的区别如下：

> ［一个人的］外显偏好是通过被观察到的行为表现出来的实际偏好，包括可能建立在错误的事实信念或不严谨的理性选择之上的偏好。相反，一个人的真实偏好是他在掌握全部相关的事实信息、永远以尽可能严谨的方式来推理，并处于最有利于理性选择的心理状态下时**原本可能**具有的偏好。[31]

于是他得出结论，社会效用应当依据个体真实的而非外显的偏好来确定，社会效用最大化是恰当的社会目标。哈萨尼提出这一思想来作为完全一般意义上的社会选择理论，尤其是在基本原则领域：他把基于偏好的伦理理论描述为罗尔斯正义理论的替代选项。[32]

要注意，为了提出一些甚至只是表面看来令人满意的东西，哈萨尼不仅必须对信念和信息予以通常的修正，而且必须引入与缜密推理和“最有利于理性选择的心理状态”相关的严格的规范性程序观念。他没有进一步描述最后这个构成要素，但是当思考我们的案例时，我们很容易辨认出那

些似乎**不**处在有利于理性选择的心理状态下的人：瓦桑蒂因丈夫施加的身体虐待而受到恐吓，并且对脱离丈夫之后的生存前景感到害怕；贾亚玛一贯认为，对家庭收入的不平等控制就是女性的命运；我在引语中提到的泰戈尔的角色姆里纳尔习惯性地认为，她自己是没有什么价值的。我们显然不会觉得这些条件有利于理性选择，这也恰恰是泰戈尔的角色在向丈夫解 126
释她最终是如何决定离开他时所表达的观点。对她而言，充分的选择首先需要摆脱由多年的轻蔑和无视而引起的昏睡状态。可是，如果我们试图把传统等级制度的消失、恐惧的消失以及个人自身的价值感和尊严感放入理性选择的过程中，我们将在事实上远离标准的福利主义理论。我稍后会论证，这些添加物确实有助于我们建立一种具有启发式价值的知情欲望进路；不过，哈萨尼是否有意使我们远离他的福利主义出发点，这一点是不太清楚的。

再考虑一下我在第二段引语中提到的自营职业女性协会的那些女性，她们在视频中看到了大胆从事新鲜事情的女性，因而自信她们也可以做这些事情。现在看来，认为观看视频的经历有助于这些女性为将来做出充分的选择——不仅提供新的信息而且增强了她们对自己的可能性和价值的认识，这明显是丽拉·达塔尼娅的观点。但是，如果这些视频教导女性成日躲在家里，或者让她们相信自己注定要受到身体虐待，我们不会认为它是一种进步，或是将畸形偏好引向“真实”偏好的一种矫正。然而，我们很清楚，某些视频（如暴力色情视频）可以教导人们以这类态度对待自己和他人。这是因为，我们拥有某种隐含的价值理论，它把自尊和经济上的能动性视为重要的善事物，以至于我们认为视频所构造的偏好是好的；不太清楚的是，是否存在任何纯形式化的方式来做出这种区分。

达塔尼娅的观点非常类似于经济学家加里·贝克尔1992年诺贝尔奖演讲中的观点，贝克尔发现，就教育和培训而言，女性和少数群体经常对自身人力资本投资不足，由于从小就相信他们不能做别人能做的事情，因此做出糟糕的决定。[33] 贝克尔论证说，各种社会偏见，尤其是“雇主、教师和其他有影响力的群体认为少数群体成员的生产效率更低的**信念，可能**会自我应验”，这导致弱势群体成员“对教育、培训和工作技能的投资 127
不足”——随后，这种投资不足确实降低了他们的生产效率。总之，弱势群体——贝克尔把“黑种人、女性、宗教群体、外来移民及其他一些人”归入其中——使其二等地位内在化，从而导致他们做出使二等地位永久化的选择。[34] 在其规范性公共政策模式中，贝克尔明显认为这些决定对人们是有害的，且与明智的社会政策应予鼓励的东西相悖。[35] 但是，在得出此项发现的过程中，贝克尔明显采用了一种远离标准的福利主义规范性进路的方式，这种方式再次隐含地要求某种有关正义和人类能力的规范性理论。哈萨尼似乎不准备迈出如此激进的一步。[36] 但他自己的标准明确指向某种进一步的规范性说明，他提供给我们的信息太少，以至于我们无法知道他能否以相容于他的福利主义原则的方式详细阐明其最后一个条件。当然，从实践角度说，想象所有相关反事实的模糊运用必须以某种相对独立的规范性理论为向导。

哈萨尼对福利主义提出的一个进一步修正使他更明确地远离了福利主义。这个修正是，一些人的“真实”偏好必须完全被排除在社会效用函
128 数之外。“尤其是，我们必须排除所有明确的反社会的偏好，如施虐癖、妒忌、愤恨和恶意。”[37] 哈萨尼对这一举措提供辩护的方式令人着迷，因为它展示了一种非福利主义的道德直觉，这种道德直觉隐藏在他的福利主义之下。他说，在功利主义中我们对他者道德承诺的“根基”是“一般而言的善意和人类同情”。因此，“功利主义伦理学使我们所有人都成为同一个道德共同体的成员”。但是，如果道德共同体观念是隐藏在功利主义背后并赋予其规范判断以吸引力的东西，那么我们就必须对功利主义予以解释，以要求排除现实生活中与道德共同体观念相抵触的部分人格：“一个对他人怀有恶意的人仍是这个共同体的一员，但不是就他全部人格而言。其人格中怀有这些敌对的反社会情绪的部分必须被逐出共同体，当涉及对我们的社会效用概念进行定义时，那部分人格也没资格发表意见。”[38]

哈萨尼在他的文章中开篇就提到对他自己的理论产生影响的三种伦理理论：亚当·斯密的理想观察者理论，经典功利主义理论，以及康德的义务论。[39] 纵观他的大部分论证，功利主义影响占据上风，我们很少看到康德和斯密的影响；但是在这一点上他们的影响浮出了水面。对哈萨尼来说，某种康德式观念似乎隐藏在功利主义社会选择函数的底层——只有在那个理想的目的王国视角（或者也许在斯密的审慎而同情的理想观察者

的共同体观念）的规约下，效用函数才能作为社会政策的基础被证明为可接受的。哈萨尼此处说得不够清楚，以至于我们无法把一个非常明确的伦理观念归之于他。但我们或可得出结论，哈萨尼对偏好的真实关切实际上类似于对尊重人、人的平等和自主的某种康德式关切，并且他不是真正反对任何保留这些康德式基本特征的背离功利主义的做法。总之，他只是表面上持有一种福利主义观点；实际上，出于种种考虑，他对福利主义提出 129
了一种激进的批评，若无这些考虑，福利主义对他毫无吸引力。

现在应该考虑在背离福利主义的道路上再建立一个前哨站，因为它很可能代表着在革新基于偏好的社会选择观方面最为明智和融贯的尝试。这就是理查德·布兰特在《善与正当的理论》中所阐述的“认知心理治疗”观。[40] 与哈萨尼一样，布兰特也把他的观点视为罗尔斯正义理论的替代选项，从而告诉我们如何选择基本政治原则，同时告诉我们如何做出许多其他的个人选择和社会选择。[41]

最终，布兰特与哈萨尼（或表面上的哈萨尼）一样都是福利主义者。他认为，应当在每一个人身上寻找个体理性与社会理性的终极标准，而不是通过强加任何外在于那个人自身价值的价值。但是，由于布兰特承认谬误常常深植于人们内心，不能总是通过简单披露相关事实而被驱逐，因此他得出结论，只有通过长期的“认知心理治疗”我们才能触及人们的真实偏好。这个过程所产生的欲望被用于定义人们的理性。[42] 社会基本原则便依据一个完全理性的人会表示支持的东西来界定。所以，认知心理治疗理论构成布兰特关于如何选择基本政治原则的观点之核心。我们可以通过考察它来了解布兰特是否真的创造了一种融贯的福利主义社会选择理论。

认知心理治疗被谨慎地定义为“价值中立的反思”，它“仅仅依赖对可用信息的反思，而不考虑某人声望的影响，不使用评价性语言，不存在外在奖励或惩罚，也不利用类似松弛这样的人为诱导的感觉状态”[43]。然后这个过程被用来定义欲望中的理性：“倘若一个人的欲望、厌恶或快乐 130
能经受得住对那个人谨慎的‘认知心理治疗’或者由其产生，那么我会把它称作‘理性的’。倘若一个欲望无法以相容于有关既定事实的明晰反复的判断的方式存在下去，我会把它称作‘不理性的’。”我们已经注意到，这种方法缺少权威、恐吓和等级制度本身并不是那么明确的价值中立；它传达了布兰特实际上认为非常重要的价值——独立、自由和内驱式选择。这些确实是被纳入认知性欲望审查程序的重要价值。而且，它们与女性在受压迫环境中的处境高度相关：因为，在遭受压迫时，女性通常会说的话非常不同于她们会对她们信任的人说的话，或者其隐秘行为将显露出来的东西。[44] 值得怀疑的是，我们应当把由此产生的方法看作是完全价值中立的。

现在，布兰特鉴定出他所认为的认知心理治疗将消除的四类错误。[45] 第一，有很大一部分欲望依赖虚假的信念（记住，这其中必定不包含关于价值问题的信念，这些信念仍然不受认知过程的影响）。第二，有一些一般化是从非典型的实例中抽象出来的；这些错误最终也会通过更广泛地处理各类实例来解除。第三[46]，存在一类被称为“文化传播中人为的欲望唤起”的错误。在这里，布兰特的意思是，文化常常通过实例和训诫的方式来传播价值，在没有文化干扰的情况下，这种传播方式无法由对所谈论之事的现实经验产生出来。布兰特举了两个例子，垃圾收集的职业和“与其他种族、宗教或国籍的人结婚”。布兰特说，这些实际的活动经验可能被证明是非常令人满意的，显然没有理由假设，它们会使缺乏文化先决条件的人们的内心产生某种厌恶感。他接着说道，当然，他人的社会态度本
131 身就是人们不得不面对的现存事实。“但是，对他人态度的强烈关切本身就建立在错误的基础之上——错误地相信，对一个成年人而言他人的态度至关重要，尤其当这些态度仅只是此人父母的态度时。”

在这段精彩的文字中，我们看到布兰特尽力从他推荐的所谓价值中立的方法中挤出令他满意的结论。对自由的热爱、对体力劳动者民主的尊重和对迷信的厌恶都使他把回避异族婚姻和垃圾收集职业的人的态度看作极其不理性的态度。他所说的话很可能是对的，一个未经教导的孩子不会自然地鄙视这些事物，但他是否应当采取这种做法尚不清楚，因为未经教导的孩子也可能丧失许多布兰特不愿摆脱的社会态度的基础，如对残忍的厌恶、对穷人福祉的关切、对言论自由的热爱和对正义的激情。所以，如果这种价值中立的科学果真消除了所有需要在某种文化中进行价值学习才能传播的态度，那么它就消除了太多东西。同样地，就所谓价值中立的虚假信念，即包括一个人父母在内的他人的态度是不重要的而言，这只在

某一特定的目的和价值体系中才是如此，在其他目的和价值体系中则不尽然。总之，与哈萨尼面临的情形一样，布兰特的自由民主直觉与他的论证实际上能够提供的东西相冲突——尽管在价值中立的尝试中他比哈萨尼更为头脑冷静确是事实。

布兰特所说的第四类错误指的是“夸大早期剥夺所产生的效价”的错误。[47] 他举出的实例是写给《亲爱的艾比》报刊专栏的一封信，信中一个女士对她的丈夫心生抱怨，他在大萧条时期失去了父亲，现在已经变得相当富有。然而，他痴迷于为自己的晚年存钱，已经到了使家庭不幸福的程度：他购买二手衣服、吃不新鲜的面包等等。（布兰特注意到，类似的行为可以在实验室老鼠身上观察到。）[48] 在这里，他说道，我们有一种综合征，在此症状中早期剥夺和相关焦虑导致了后期欲望的过度发展。他声称，一旦那些异常强烈的欲望的根由被揭示出来，它们就会减弱——在金 132
钱的例子和其他善事物的例子中，诸如爱或情感可能就是个体早期生活所缺失的东西。

但毋庸置疑，未决问题是对金钱或爱的欲望何时会被“夸大”。在缺乏价值理论的情况下，我们有可能说明这一点吗？什么算得上早期生活中的“剥夺”？同样，在这里，我们一开始就需要一种关于适度的爱和适度的物质支持的规范性解释。布兰特通过选择一个非常奇怪的案例而掩盖了这个问题的深度。但是在这里，他明显再次经由所谓的事实运用得出一些具有布兰特式特色的价值结论（例如，人们不应当过分依赖他人的爱与认可）。布兰特早年在一篇关于自杀的文章中得出一个颇有助益的类似结论，他认为为爱自杀是“不理性的”，因为“如果一个人失恋了，采取一个积极的行动计划是有可能的，这样做很可能使他结识至少他也会喜欢的人”[49]。或许如此吧——但那是一个被伪装成价值中立的科学的实质性道德立场。

简言之，福利主义者试图重新构建基于偏好或欲望的观点遇到了困难；它似乎无法提供福利主义哲学家/经济学家自身想要获得的东西。我们可以通过增补信息和矫正逻辑错误来与其保持距离。但是，为了直达哈萨尼平等之人的道德共同体理想，或是布兰特独立冷静的、不迷信的民主公民理想，或是贝克尔有教养的自由公民做出不受自我轻贱玷污的选择的理想，这些思想家必须将价值判断注入修正程序——虽然贝克尔更为谨慎地保持其实证性方案和规范性方案之间的距离，但这违背了哈萨尼和布兰特的初衷。

若不涉及形式社会选择理论的两个定理所提出的著名福利主义问题——肯尼思·阿罗（Kenneth Arrow）的不可能性定理和阿马蒂亚·森的帕累
133 托自由悖论，对经济学家自我批评的讨论就是不完整的。[50] 这些定理在技术文献中得到如此广泛的讨论，以至于在这一文本中进行简短讨论几乎没有任何补充意义；然而，忽略它们相当于忽略掉福利主义者对福利主义不满的一个重要部分。阿罗定理表明，社会福利函数不可能满足四项条件，每项条件都是可信的，且每项条件都相当弱：**无限制域**（所有可能的 n 元组个人偏好都包含在内）；**弱的帕累托原则**（对任何一对备选项，如果每个人都严格地喜欢其中一项而非另一项，那么这一项将会被选择）；**非独裁性**（没有人对任意一对备选项的严格偏好会一成不变地反映在严格的社会偏好中）；以及**不相干备选项的独立性**（通俗地说，这种观点认为，排序独立于慎思中的选项与其他不合于慎思目的的备选项之间的关系）。这项在多方面得到讨论和扩展的重要定理，无疑尚未导致社会选择理论家放弃对一种福利主义的（以偏好为驱动的）社会选择理论的希望。但毋庸置疑，它确实带来了问题。这种理论因其简洁性与合理性而受到称赞；但是，倘若即便是这些非常弱的定理都不可能实现，那么似乎整个理论事业都需要在某些方面予以重新考虑。然而，弱的帕累托原则和非独裁性原则尤其像是任何基于偏好的规范性理论的弱式和基础性假设，以至于我们明显很难放弃它们，甚或很难对它们做出重大的修正。

就我们的目的而言，森的结论甚至更为惊人。因为他正式展现了哲学家经常以直觉方式观察到的东西：基于偏好的理论很难容纳自由权利。森表明，如果我们将阿罗的无限制域原则及其弱帕累托原则与此种观点的形式表述——社会应当保护个体追求自身偏好的空间——结合起来，我们会
134 得到一个不可能性定理。理由是很明显的，人们拥有关于他人活动的偏好：森文中的普鲁德（Prude）不愿他的邻居卢德（Lewd）满足自己阅读《查泰莱夫人的情人》的偏好。当然，这种见解与哈萨尼坚持认为恶意、残忍及其他反社会偏好必须被排除在社会选择函数之外时所表达的一组

见解关系紧密；由于森的文章具有广泛影响，在哈萨尼写作的年代，它所提出的问题是无可逃避的。不过，森的结论对有关这个问题的经济思想的发展有特别的重要性，因为在未导入任何令人惊讶的康德式概念或其他哲学规范的情况下，它运用福利主义社会选择理论的常规素材得出了不可能性定理。实际上，它使这种观念获得正式的内容和体面：福利主义的一些深层次承诺存在内在冲突，需要彻底反思。

可以说，我们现在来到这条道路的转折点，在这个转折点上，一个忠诚的福利主义者表示，福利主义不足以充当公共政策的基础。在其早期法学和经济学著作中，理查德·波斯纳出于实证和规范的目的采用了一种相当标准的基于偏好的观点。他经常批评那些从偏好满足的角度看无法使效用最大化的政治选择是（规范意义上）不理性的。[51] 但波斯纳也是一个密尔式的自由主义者。并且，他最终开始相信，功利主义无法为基本自由提供充分的保护。波斯纳公开表达了布兰特和哈萨尼仅只暗示过的观点：基于偏好的经济学思想“对基本自由怀有潜在的恶意”，并且“有可能为各种针对受鄙视的少数群体的歧视提供经济学辩护”。这些“非自由主义的含意”不可能“通过明智的权利分配”而消失。而且，这些含意不只是包含对基本自由的威胁；它们“似乎包含着纵容折磨和恐怖的惩罚、履行自我奴役契约、允许参赛者搏斗至死的角斗士比赛、履行夏洛克一磅肉契约以及废除一切福利项目及其他形式的社会保障”。功利主义者或许会说，
我们应当让效率优先于自由。波斯纳回应道：“我们为何应当这么做？我 135
们的自由主义直觉与功利主义直觉一样深刻，不存在任何将会或应当强迫我们放弃它们的理智程序。”[52] 波斯纳的观点并不新颖，哲学家和非功利主义的经济学家很长时间都在谈论这种观点。但是，他果断声明的方式很有趣，因为这种方式直面其他经济学思想家努力掩埋的深层次问题。

四、适应性偏好与对福利主义的拒斥

当福利主义方案的热心维护者发现他们自己仍与之背道而驰时，其他不那么执着于这种方案的人出于规范性目的——尤其出于选择基本政治原则的目的——会得出结论认为知情欲望进路是不充分的，这并不令人奇

怪。近些年来，抨击以偏好为基础的进路解决公共选择的规范性问题的工作激增。但是，为了弄清楚它们究竟在多大程度上与基于偏好的观点相悖，以哪些方式相悖，回顾一下已给出的不同论证是值得的。由于这个领域存在那么多有趣的作者，所以我们最好根据不同的论证方式而非思想家来予以回顾。

1. **诉诸恰当程序的论证**。甚至连哈萨尼和布兰特都认为知情欲望进路需要程序上的补充：他们各自以不同方式在这种程序中创建平等之人的共同体理念，这些人不会受到权力或权威的恐吓，也不会受到由意识到他们在社会等级制度中的地位所激发的妒忌或恐惧的影响。当然，这是规范性工作的一个巨大领域，这个领域的思想家们仍然相信某种程序主义将足以成为社会选择的基础。约翰·罗尔斯和尤尔根·哈贝马斯关于公平的公共选择程序的观念不仅过于熟悉也过于复杂，以至于我无法在这里对它们加以讨论，但是，他们明显都严谨细致地完成了哈萨尼仅只提及而没能完
136 全做到的事：通过引入信息和程序上的限制，塑造一个理想的康德式道德共同体。在这份杰出人物的名单中，我们应当加上琼·汉普顿的名字，她在《女性主义契约论》[53] 这篇重要的文章中阐述了她的女性主义程序主义，稍后我会把它与我自己的规范性提议进行对比。仍有一些研究偏好与欲望自主的思想家，如杰拉尔德·德沃金和乔恩·埃尔斯特[54]，特别强调某种批判性审查程序，通过此种程序，人们对其欲望的起源进行考察以确保它们不仅仅是习惯的产物。蕴含在对传统的批判性审视和对某种生活计划的构建中的实践理性概念明显是个规范性概念，在这些思想家当中，没有一个人认为它只是对功利主义方案的一个次要调整。

因此，甚至那些更偏爱程序主义的原则推导而不是一开始就把原则建立在目标判断之上的思想家，仍会设计出蕴含实质性伦理价值的与福利主义相容的程序，在基本的政治选择语境中尤其如此。我稍后会表明，在那些负载道德价值的程序主义和我这种进路之间存在且应当存在一种实质性收敛，它始于一组基本的社会目标。

2. **诉诸适应性的论证**。与这些规范性的功利主义批评紧密相连的是一系列关注**适应性**现象的论证，在这种现象中，个体会调整他们的欲望以适应其所了解的生活方式。乔恩·埃尔斯特的适应性理论关注的内容非常

狭隘。对他而言，只有当一个欲望确实具有一种“狐狸和葡萄”结构时，它才是适应性欲望：想吃葡萄的狐狸发现自己无法吃到葡萄时便断言葡萄是酸的。我们要把这些偏好与基于学习和经验的欲望变化区分开来：因为后者可能是不可逆的，而适应性偏好（身在城市便追求城市生活，身在农村便追求农村生活）远非是不可逆的。埃尔斯特也区分了他的适应性偏好 137
和预先承诺所产生的偏好（自愿缩小系列可行偏好的范围）、建立在自愿的性格塑造之上的偏好、一厢情愿的偏好（它改变了对处境而非欲望的感知）[55]，最后是由他人故意操纵个人心理所产生的欲望。适应性偏好是在一个人缺乏控制或意识的情况下，因某个不由自身选择的因果机制而形成——这就是埃尔斯特认为它们可疑，且构成社会选择的不良基础的原因。他把它们与“自主偏好”进行对比，在某种意义上，自主偏好是反思的对象，是行动者在深思熟虑之后所选择或至少认可的。埃尔斯特在适应性偏好和自主偏好之间进行的对比具有多种用途；但埃尔斯特似乎有兴趣将其付诸实施的一个领域是基本的社会或政治原则选择领域：因为他将由工业革命带来的不满所激发的社会革命视为他的核心范例。

埃尔斯特对奋斗与渴望的有些浪漫化的偏好使他对任何通过适应现实而形成的欲望都持有怀疑态度。不过，他是否应当如此彻底地谴责适应性偏好，这一点完全不清楚。我们已经习惯了拥有自己的身体，即使年幼时我们曾想像鸟儿一样飞翔，但过一段时间我们就会放弃那种想法，或许这样做会更好。[56] 同样，一个人年幼时可能想要成为世界顶级的歌剧演唱家（我曾这样想过），或想要成为顶级的篮球运动员——但是绝大多数人都会根据他们实际可能的成就来调整他们的抱负。这些变化似乎的确包含“狐狸和葡萄”结构，会因不相容于自主性而被埃尔斯特排除在外：它们是响应个人对环境的感知而进行的调整，而不是自愿的性格塑造的结果，并且它们缺乏“自由做出其他选择”这一条件，为了把它们与适应性 138
需求区分开来，埃尔斯特把该条件作为自主需求的一个必要条件引入进来。[57] 我没有做一个领先的歌剧演员的自由，一个矮小的成年人也没有做一个领先的篮球运动员的自由。我们无法吃到葡萄，并且通过断言那种生活不适合我们，我们已经改变了自己的偏好以适应那个失败。但是很显然，这常常是件好事，我们或许不应当鼓励人们坚守不现实的抱负。[58]

埃尔斯特实际考虑的情形有些有趣的不同之处：封建主义使人们不渴求政治平等和物质福祉的方式，工业革命引发阶级不满风暴，最终产生巨大的政治和经济成效的方式。但是，若要把这类情形与我说的鸟儿和篮球运动员的情形区分开来，他需要某些他不曾给予我们的东西，即一种实质性的有关正义和基本善的理论。这些人对他们（暂时）无法实现的欲望的坚守是富有成效的，因为这些欲望是对基本善的欲望，是作为人而有权拥有的东西。人们的自由的确可以衡量，不过，是通过他们对人类有权拥有的事物的需求程度来衡量，而不是通过他们所拥有的无法实现的需求的单纯数量来衡量。因此，痛恨家暴的瓦桑蒂似乎比默认歧视与压迫的贾亚玛要更自由一点。然而，在另一个至关重要的方面，两个人都是不自由的：她们都没有认识到自己作为公民所拥有的权利正在受到侵犯。这种对恶劣环境的适应的确是可悲的，当她们开始意识到自己有权获得更好的待遇时，我们会视之为一种进步，即便那种更好的待遇仍未到来。但是，为了表明这一点，我们需要说明在核心生活领域中，何种待遇是人们有权期望
139 获得的。这再次说明，缺乏某种实质性理论的程序主义——即使是更为复杂的程序主义——似乎是不充分的。

这种理论在一定程度上是由另一位讨论适应性偏好问题的杰出经济学家阿马蒂亚·森提出的。[59] 森关注女性及其他受剥夺之人的处境；他讨论的主要情形是与女性不渴望一些基本的人类善有关的情形，因为她们早已习惯这些基本善的丧失，或者被告知她们这些人是不配获得的。例如，1944 年，也就是孟加拉大饥荒爆发的第二年，全印度医疗与公共健康研究所在加尔各答附近的一个地区开展了一项调查，调查对象包括许多寡妇和鳏夫。在这些鳏夫中，45.6％的人把他们的健康状况评定为“糟糕”或“不好不坏”。做出这个判断的寡妇仅有 2.5％，并且没有一个寡妇把她们的健康状况评定为“不好不坏”（森留意到，这是一个比“糟糕”更具主观色彩的词）。这与她们的现实处境形成鲜明对比，因为在基本健康和营养方面，寡妇往往是一个特别受剥夺的群体。森的结论是：“默默接受剥夺和厄运会影响所生成的不满程度，而功利主义演算赋予这种扭曲以神圣性。”我们也可以从另一个方面发表评论：生活优越的人习惯被宠溺和照拂，当宠溺他们的人不在时，他们或许会感到异常不满。森的结论

是，这使得效用难以充当社会选择的充分基础。

注意，比起埃尔斯特所讨论的情形，森所讨论的这组情形不但更宽广，也更狭窄。它之所以更宽广，是因为森将终生习惯性囊括了进来，而不仅仅关注放弃个人曾经拥有的某种欲望。在涉及女性时这一点很重要，因为大部分有趣的案例确实涉及终生的社会化和信息缺失。这组情形之所以更狭窄，是因为森所利用的案例全都涉及一种核心的人类能力。尽管他从来不愿意支持一种实质性的核心能力理论，但实际上他就是这样做的，因此当一个人发现他的身高永远不可能超过 5 英尺 4 英寸（我们假设他不 140
是马格西·博格斯）时，森不会因为这个人放弃他的篮球明星梦想这一适应性偏好而苦恼。[60] 在森的观点中，不存在把抗争视为善本身的浪漫主义偏好；无论多么隐晦，欲望的恰当性总是与对生活中的基本善的认识联系在一起。

森对适应性的分析与我们在贾亚玛、瓦桑蒂和安得拉邦女性的例子中的发现非常吻合。在一定程度上，她们所有人都因社会习惯和社会压力而轻视人类基本能力，后来开始加以重视。瓦桑蒂的适应性是最浅层的，因为她始终认为她在婚姻中的生存状况是糟糕的。她想终止家暴，希望获得对经济福祉来源的更大控制。但她仍不具备这种认识：她是**受虐**之人，她**有权**不被虐待，**有权**在与男性平等的基础上寻找就业机会和信贷渠道。多年来，她学会了这些概念，如今她教其他女性把自身看作权利的持有者。就一些核心人类能力而言，贾亚玛和安得拉邦女性在某些方面拥有更深的适应性偏好。贾亚玛不认为她丈夫把他自己的收入花在购买奢侈品上，让她承担全部家务劳动是件坏事；她不认为砖窑厂的分工是不好的。类似地，安得拉邦女性不认为缺乏电力、教师与公共交通服务是件坏事，因为那是她们知道的唯一一种可能性。所以，这些女性必须经历一个两阶段的认识过程：开始认识到她们自身处境的恶劣，并且开始认识到她们作为公民有权生活得更好。森对适应性的分析含蓄地指出了这两个阶段，但他的分析可以通过使它们明朗化而有效加以充实。

最后，在谈到女性欲望时，约翰·斯图尔特·密尔在《妇女的屈从地位》中以一种特别有启发性和重要性的方式讨论了适应性偏好现象。当然，在此处，密尔或多或少遵循整个西方哲学传统，而大部分西方哲学传

141 统都重视许多有害情感（如愤怒和过度的贪婪）的社会起源。但是，与埃尔斯特一样，通过与封建主义的审慎类比，他卓有成效地将它应用到妇女屈从的例子中。他的新研究揭示了领主和封臣的适应性偏好与男性和女性的适应性偏好之间的相似性。除了一点显著的区别之外，正如领主习惯于高人一等，封臣习惯于低人一等，女性和男性也是这样。这种区别就是，领主是通过身体的力量维系他们的权力。男性经常会这样做，不过，他们想要的更多：

> 男人不只是希望得到女人的顺从，他们还希望得到她们的感情。除开粗野匹夫，所有男人都渴望从与他们最亲近的女人那里获得一个心甘情愿而非被强迫的奴隶，并且不只是他们的奴隶，还是他们的最爱。因此，他们把一切付诸实践以奴役她们的思想。其他奴隶的主人都依赖恐惧来使其保持顺从……女人的主人想要的不只是顺从，他们利用教育的全部力量来达到他们的目的。所有女人从小都被灌输一种信念，她们的理想性格与男人的理想性格刚好相反；她们不需要自觉意志和自我控制的管理，她们只需要顺从和屈服于他人的控制。[61]

密尔进一步论证说，这些理想不仅塑造了道德情感，也塑造了性爱本身：因为男人会对顺从性产生性欲，女人则相信顺从构成性欲方面的基本要素。[就安德烈亚·德沃金（Andrea Dworkin）而言，他可能还会补充说，反过来她们常常学会对权力和支配产生性欲。][62]

密尔这位功利主义者是如何批评这些适应性偏好的？很显然，他使用了一种关于自由和平等的规范性理论。就更充分地利用女性天赋将给社会带来的好处，他给出了一些工具性论证，但他指出的主要好处在于："有利于使一切最普遍和最广泛的人类关系受到正义而非不义的调节。"[63]

这种场合并不适合对密尔的功利主义以及这种功利主义与其自由理
142 论之关系做深入的考察。但我们至少可以这么说，这对我们的目的而言是启发式的。密尔确实认为这一点具有高度相关性，即他所维护的价值在某种意义上植根于人类欲望——追逐过也丧失过自由的人将更偏爱自由，正义是人类奋斗的突出目标。在《论自由》中，他引用了一种关于人类能力及其繁荣发展的亚里士多德主义理论来支持自己的主张，这种理论提到

“一种古希腊的自我发展观念”，并把人性称为“需要在各方面得到生长和发展的一棵树”[64]。他谈论自由的方式与我在第一章中的论证密切相关，自由被视为人类基本精神能力的发展，与身体能力一样，精神能力只有在被运用时才能得到发展；在一个没有自由的社会里，“人类能力会枯萎和匮乏”[65]。但他也将这种亚里士多德主义的自我发展概念与经验欲望概念联系在一起，并说道，自由之所以好，某种程度上是因为它满足了人类的某些“永久趣味”，还因为它容许个体满足更多其他趣味（考虑到不同趣味的表达需要自由）。他的效用概念是多元的，更类似于亚里士多德主义的繁荣概念而不是边沁的享乐主义；众所周知，他坚持认为快乐存在质与量的差异，这个观点破坏了边沁最大化策略的关键方面。然而与亚里士多德一样，密尔认为，人们实际上强烈而深切地渴望构成繁荣的那些要素，这不仅仅是件偶然的事。这虽然没能拯救原始的福利主义方案，但它确实以适当方式限制了向柏拉图主义的转变。因为，这样说是很难让人相信的，即安得拉邦女性所需要的充足营养，瓦桑蒂的身体完整性，或者贾亚玛作为一个劳动者的平等是完全独立于它们与人类欲望和选择之间的关系而被追求的事物。最简洁的福利主义方案失败了；不过，在一些重要的事情上它做对了。

3. **制度论证**。最近一段时间，法学、政治哲学和公共政策领域出现了一组密切相关的论证。这些论证以各种方式表明，在很多方面，人们的偏好是由他们身处其中的法律和制度所构建的。如果情况属实，在思考我 143
们所期望建构的法律和制度时，我们几乎不能把偏好视为基础。例如，约翰·罗尔斯强调：“社会的制度形式影响了它的成员，在极大程度上决定了他们想要成为什么样的人，以及他们实际上是什么样的人。”[66]

法学理论家凯斯·桑斯坦运用大量实例阐发了此种观点。[67] 他指出，福利主义观点巩固了现状。但人们的偏好完全是由现存禀赋这一事实塑造的。例如，有关所谓禀赋效应的研究表明，人们对同一事物的估价在不同情况下有所不同，当他们拥有它且放弃它的问题得以产生时，会比当他们不拥有它却可选择购买它时估价更高。总之，“强烈的现状偏见会影响对风险和损失的反应。正因如此，现状中立根本就不是中立的”[68]。然而，如果创造偏好涉及法律规则，那么它们不可能仅仅通过诉诸那些同样的偏好而得到辩护。桑斯坦的结论是，民主需要一种带有实质性道德约束的自由的偏好形成的规范性概念；宪法的基本结构必须保护自由审议的过程，而不只是对既有偏好做出反应。[69]

这些论证实际上是适应性论证方面的新实例，因为它们讨论了社会习惯塑造欲望与抱负的方式。（桑斯坦参照了森的论证。）但是，桑斯坦对社会基本制度结构以及法律/宪法结构的关注使他的论证值得给予单独考虑。这里的重点是，在现存方案领域中，我们发现了福利主义者面临的一个特别尖锐的问题：哈萨尼和布兰特这些思想家希望用偏好来构建的东西——
144 公共制度结构——恰恰被证明是偏好本身的一个主要来源。桑斯坦论证说，我们应当用制度来创造自由的偏好，而不是用偏好来塑造制度。

4. **诉诸内在价值的论证**。即使福利主义者可以说明人们对自由与正义的欲望，即使我们可以对福利主义程序予以某种修正，从而使那些善事物以可靠的方式产生出来（不会以某种方式将它们偷运到程序结构本身当中），我们仍不清楚这是不是证明我们对这些善事物的社会趣味合理的正确方式。一般而言，人们无法拥有各种人类基本能力本身就具有重要性，这种重要性不仅仅源于这个人的在意或抱怨。[70] 如阿马蒂亚·森所言："倘若一个人不能获得他或她所需要的营养，或者由于某种障碍不能过上一种正常的生活，那种失败……本身就很重要，而不只是因为他或她的失败招致不满或负效应才显得重要。"换种方式说，即使我们可以设计出一些东西使人们能够可靠地适应某种非常低的生活水准——并且，如密尔所言，在诸多领域"女人的主人"都做了那种事情——这也无法终止什么是善或正当的问题。这些失败本身具有重要性，对我们来说，人类正在经历那些失败这个单纯的事实已然足矣。

这个论证是适应性论证的另一面。它以肯定的方式告知我们那个论证以否定的方式告知我们的东西，我们需要一种规范性理论——最好是包含平等和自由理论在内的人类能力理论——来提供欲望确实无法给予我们的规范性基础。

但是请注意，我们有多种方法来进行论证，其中许多方法没有直接走向柏拉图主义。柏拉图主义者确实会说，这些永恒的内在价值具有完全独立于人类历史、人类选择和人类欲望的价值。但是，人们可能采取某种不同的辩护理论，这种辩护理论至少会对选择和欲望予以有限的参照。罗尔斯走向“反思平衡”的苏格拉底式辩护理论可能就是那样一种理论；亚里士多德用有实践智慧之人作为规范性标准是这种理论的另一种版本；杜威的实用主义又提供了一种版本[71]；如我们所见，各种承载规范的程序主 145
义也至少通过对欲望和选择的某种有限的参照来证明自身合理性。

因此，我们可以接受诉诸内在价值的论证而不接受对欲望的极端拒斥，如托马斯·斯坎伦在《价值、欲望与生活质量》一文中强烈要求并在其新近出版的著作中再次提到的那样。[72] 斯坎伦指出，在证明生活质量理论之合理性的过程中，欲望之所以有意义，理由只有两个。一个是享乐主义的理由：欲望的满足可能带来快乐，而快乐是一种内在善。另一个是启发式的理由：欲望引导我们走向某些内在善。但是，在这两种情况下，对欲望的参照都是可有可无的：享乐主义理由反过来指向快乐的内在价值，（从这种观点来看）快乐并不仅仅因为被欲求而有价值；启发式理由指向那些必须独立获得其价值的事物。考虑到以上这些，并考虑到欲望通常不是那么良好的向导，在创建一种生活质量理论的过程中，不存在对它表示关切的特殊理由。

出于两个原因，这个论证并未完全说服我。第一，在他的文章中，斯坎伦从未询问过从长远来看，在完全不参照欲望的情况下，我们如何实际地证明他所偏爱的那份价值的“实质性清单”的合理性。他很可能不是一个彻底的柏拉图主义者，但是在他的文章中，他从未告知我们他的真实立场，也从未告知我们他的可欲性判断所倚赖的“其他基础”是什么。在他的著作（及其早期文章《偏好与紧迫性》[73]）中，斯坎伦采纳了某种契约理论的辩护程序；但紧接着，他似乎在强式区分选择与欲望，并且在我看来，他没有充分证明此种立场的合理性。康德式选择理论在选择和欲望之间做出了强式区分；亚里士多德式理论认为，选择就是一种审慎的欲望。在这些道德心理学问题上缺乏论证，使得斯坎伦仅只对他的柏拉图主 146
义结论提供了不确定的论证。

第二，斯坎伦没有考虑到我们在辩护过程中至少应给予欲望某种地位的一个非常强有力的理由：我所认可的尊重的理由。人类欲求某物的事实确实很重要；它之所以重要，是因为我们认为被正确理解的政治来自人民和对他们具有重要性的事物，而并非来自神圣的准则。我不认为斯坎伦会不同意这一点；但他对知情欲望进路不屑一顾的态度仍使我感到困惑。在理解斯坎伦的观点方面，我们或许可以通过求助《偏好与紧迫性》一文来取得进展。[74] 在那篇文章中，斯坎伦的确支持我所论述过的尊重的理由，但他论证说，以此方式理解的对欲望的诉诸会再次反过来指向一个“客观的”实质性善，即对人格的尊重；欲望本身又一次变得无足轻重。[75] 现在看来，这一切似乎都很正确，可是我并不确定它能否让我们得出一个柏拉图主义的结论：因为我们仍然需要知道，尊重人格为何会通过重视他们的欲望而得到恰当的展现。这个问题的答案似乎是，我们是以这样一种方式来看待人这种生物的：他们对某些事物的追求本身就具有某种重要性和尊严，这一事实确实无误。他们不是被动的牛群或羊群，而是主动抗争的存在者。说到这一点，用《偏好与紧迫性》中的术语来说，我们确实赋予欲望某种客观价值。但是，我并不认为这足以支持后面那篇文章的结论，在那篇文章中一切对欲望的参照最终都变得可有可无，它会通过快乐的内在价值，或者是清单中其他的实质性善来兑现。

147 同样，斯坎伦的立场所引起的困惑似乎是因其含蓄采用了某种康德式欲望观而造成的，这种欲望观在欲望与选择、欲望与理性之间做出截然区分。即使人们认为欲望是野蛮无理的，就像一股毫无思想的“冲动”，在不包含任何选择性或意向性的情况下推动人们走向目标，此种观点依然不会承诺斯坎伦式的不屑一顾的立场——人们依然可能认为，我们有理由关注并重视蕴含在人类天性中的那些冲动——但至少它会解释一种康德式的基本道德立场为什么倾向于绕过欲望去支持存在于道德领域里的东西。换而言之，如果一个人像我这样以更为亚里士多德主义的方式将欲望理解为对“显见善”的追求，从而即便在嗜欲层面上欲望也包含高度的选择意向性和回应性，那么在这幅欲望图景中，此人将有强有力的理由不去回避欲望，因为它似乎是我们应予以尊重和表达的人性的一部分。[76] 斯坎伦在近期的著作中讨论沃伦·奎因（Warren Quinn）的观点时似乎承认，许多欲望都具有一个评价性因素；不过，他依旧认为，即使做此理解，它们也并未提供任何独立的理由使我们追求被如此评价的对象。他仍然指出，要么欲望没有提供任何理由，要么这种理由反过来指向快乐或其他某个独立的善。[77] 并且，他依然支持欲望与选择之间的强式区分。因此，他似乎愿意承认欲望的启发式作用，但否认它在辩护过程中发挥了任何独立作用。

斯坎伦的立场很微妙，它与我自身立场的差别并不大。他展开论证的一种方式是向我们表明，他对欲望的看法正是我在偏好概念上已然论证为 148
真的观点：它不是一个单一概念，而是一个复合概念，其所包含的不同因素经常被混淆。一旦我们厘清它们之间的关系，一方面，我们会面对本身不提供行动理由的一些冲动；另一方面，我们会面对人格中有理智的选择性因素，它们确实包含理由，并给行动者提供理由。我并非不满于此种阐述问题的方式，但我认为它很可能掩盖了人类动物性所具有的包含理智和选择的基本嗜欲性成分与更为复杂的选择性成分之间的某种连续性，这种连续性在亚里士多德式的一般欲望概念中得到承认和突出强调，这种欲望的类型是多种多样的。我会论证，人类的特征是渴望玩耍、亲密和控制他们的环境，这一事实为政治保障人们获得这些事物至少提供了某种理由，而这种理由无法完全还原为我们把这些视为善事物的其他理由。（在这么说时，至少我论证的重点不同于斯坎伦，或许在道德心理学的实质性问题上我也不同于斯坎伦。）正如我们会看到的，在政治辩护中，这将使得欲望不只是发挥启发式作用。

五、欲望与辩护

依据我自己的观点，核心能力理论为政治规划提供了必要的聚焦点，它不仅提供了关于善或人类繁荣的完整解释，而且对公民可能选择的任何生活计划当中具有重要性的某些能力、自由和机会给予了政治上的详细说明。第一章通过一个论证支持了这一进路，这个论证建立在一个有关真正的人类功能发挥——体现人类尊严的功能发挥的强烈直觉式观念之上。在那里，我宣称持有各种各样的整全性善观念的公民可能对这份清单表示认可——记住，把它看作一份有关能力而非实际功能的清单——把它看作继续生活（尤其是指政治生活）的基础。这些基本善提供了一系列政治约束——无论政治还追求其他的什么，都应当向公民提供这些事物。如我所

述，在这个意义上，核心能力理论与基本人权理论之间存在某种非常紧密
149 的联系；实际上，能力理论正是进一步充实人权理论的一种方式。[78]

在我看来，能力理论较好地处理了基于偏好的进路感到苦恼的问题。它不会白费时间地设法将某种有关核心能力的实质性理论偷运到欲望筛选程序之中：它直接坦诚地走向善（和正当）[79]，毫不含糊地明确支持对这些事物的需求，把它们看作使人类能够选择其他任何事物的核心。同样，它通过实质性而非形式化的策略处理了适应性偏好问题，这似乎是必不可少的。不愿拥有清单中任意一项能力（政治自由、读写能力、平等的政治权利或其他）的习惯性偏好不会被计入社会选择函数，而愿意拥有那些事物的习惯性偏好将会计入其中。[80] 最后，这份清单公正地对待其所包含的各项能力的内在价值，并未使它们从属于其他事物，譬如偏好的满足。

目前来看，这份清单明显不会是通常意义上的整全主义的，因为第一章结尾给出的五个理由阐明了对多元主义的尊重如何被置入这个方案。第一章也驳斥了这样一种指控，即换种方式看，这份清单是拥护帝国主义的，因为它引入了从名誉扫地的殖民主义计划中衍生出来的某种西方价值观。但是，我们现在应当带着对偏好畸形的关切来重新讨论这个问题。承认劣势群体的适应性偏好是否构成对他们的殖民主义判断以及对其思想和选择的贬低？历史证明，事实远非如此。因为，对适应性偏好的承认恰恰是贾瓦哈拉尔·尼赫鲁谴责英国在印度统治的合法性时提出的最强有力的论证之一。他承认奴役终止于奴隶的自愿联合，这非常符合密尔的精神：

> 150 持续好几代英国人都把印度看作他们拥有的一座巨大的（仿古老英式风格的）乡间别墅。他们是贵族，拥有这栋别墅并占据其中令人向往的部分，印度人则被发落到属于仆人的大堂、餐厅和厨房……英国政府本想把这种安排强加给我们，这个事实并不令人奇怪；但确实令人奇怪的是，我们或者说我们绝大多数人竟然接受它作为我们生活和命运中自然而然和不可避免的秩序。我们养成了某种乡间别墅仆人的良好心态。有时，我们获得少有的虚荣——我们被允许在客厅里喝

了杯茶。我们的雄心壮志是要成为受人尊敬的人，并被单独提拔到上层。英国人在印度获得的这种心理上的胜利远远超过武力或外交方面的任何胜利。正如古代的智者所言，奴隶开始像奴隶一样地思考了。[81]

尼赫鲁在英国监狱里写下这些文字，他在其中表达了这样一种观点，承认个人偏好的适应性是寻求独立的开端——当然，众所周知他用“不可剥夺的权利”、自由和机会表达了这种观点。[82] 对女性来说，情况也是一样：承认许多偏好的适应性是追求真正的自我定义的开端，保护此种追求的自由是封建主义和殖民暴政真正的反对者。

然而，欲望在证明核心能力清单之合理性的过程中发挥了何种作用？很明显，在政治辩护的一般性问题上，人们关于如何进行辩护的直觉差别巨大：一些人认为，只有当我们设计出某种将作为输出的善产生出来的程序，我们才能把事情建立在一个合理的基础上，另一些人（包括我自己）倾向于认为，我们关于核心能力的直觉至少与我们关于什么构成一种好的程序的直觉同样可靠。[83] 迄今为止，我已经说过，能力观点体现了关于真正的人类功能发挥的一个强烈的直觉式观念，这个观念深深扎根于许多 151
不同的传统之中。我已经运用这个直觉式观念证明清单及其政治作用的合理性。但是现在，我必须清楚地阐明，在制定和证明这份清单的进程中，我赋予了欲望哪样一种或哪样一些角色。

在第一章第八节，我捍卫了一种建立在罗尔斯式反思平衡论证理论之上的政治辩护理论：我们对一个给定的理论立场提出论证，把它与我们道德直觉中的“确定之点”进行对照，观察那些直觉如何检验我们所审查的观念并接受它们的检验，期望假以时日它们达成一致并符合我们的整体判断。我在第一章的论证被设想成达到这种反思平衡过程的第一步。在那个过程完成之前（倘若它有可能完成的话），我们还必须陈述其他竞争性观念，在它们与这个观念之间做细致的比较，并观察基于哪些理由，我们的观念更值得被选择。通过比较实质性善的观念和各种基于偏好的观念，本章在那个进一步计划中迈出了一步。现在的问题应当是，欲望在这个走向反思平衡的进程中发挥了何种作用？我认为，欲望在此发挥了两种作用：

认知作用和辅助辩护的作用。

首先，在我看来非常重要的一点是，在有利于对传统进行反思批判、摆脱恐吓与等级制度的条件下，聚集在一起的来自各种文化背景的人们应当同意这份清单是好的，是他们将会选择的清单。从两方面看，寻找那些知情同意的领域在认识论的意义上具有价值：其一，它把我们引向我们可能忽视或低估的人类表达领域；其二，它告诉我们，我们关于什么将有可能带来某种政治共识的直觉是正确的。用以修正这份清单的方法表明了这一点：我既利用了跨文化的学术讨论成果，也利用了女性群体本身的讨论，这些讨论旨在体现某些与平等尊严、非等级制和非恐吓相关的价值。换而言之，我已有的进展仿佛表明了很重要的一点，即在实质性理论和根据某些实质性价值来构建程序本身的程序主义理论之间应当存在一种实
152 质性收敛。（注意，构建程序的实质性价值密切关联于清单上的核心能力，因为至少一些核心能力似乎是很重要的标志，表明由此得出的判断可能是值得信赖的。当人们受到平等的尊重，不受恐吓，能够了解这个世界、不受迫切需求所困时，他们关于核心政治观念的判断可能比在无知、恐惧和存在迫切需求的压力下形成的判断更值得信赖。）出于认知的理由，知情欲望在寻求一份好的实质性清单中发挥巨大的作用。我们正试图寻找的是某种能使人共同生活在一起的东西，因而在其他价值物中，它是产生政治稳定性的东西。一个观念关联于知情欲望至少是使得它有可能完成我们需要它完成的工作的部分因素。

但是，在发现可能提升政治稳定性的因素方面，知情欲望所发挥的这种认知作用表明，它在政治观念辩护中也发挥有限的辅助性作用：因为，无论这种观念看起来多么吸引人，如果我们无法证明它可能具有稳定性——不仅作为一种权宜之计，而且也是共识的对象——那么我们很难为它辩护。“出于正当的理由”（罗尔斯术语）将稳定性纳入对政治观念辩护具有重要性的种种考虑之中似乎是正确的。我认为，在不参照任何知情欲望的情况下，我们无法证明我们的观念“出于正当的理由”可能是稳定的。

对适应性偏好的关切给了我们另外一种处理稳定性问题的方式。我们列出的实例使我们有多种理由设想密尔是对的：对核心人类能力的偏好不

仅是习惯性或适应性的，而且拥有更多通过学习形成的单向偏好结构（埃尔斯特引入这一区分）。这再次使我们有信心认为，就稳定性而言，我们在构思政治观念时并未走错方向。当我们注意到（如我们所注意到的），开始识字的女性发现识字不仅重要甚至令人愉悦，她们对自己新的处境表示满意，并且始于识字的生活变化不是她们会期望逆转的一种变化时，我们会认识到基于核心能力的共识可能具有的稳定性。同样的道理明显适用于健康和医疗、学会站起来反抗家暴以及要求政治自由和能力：曾习得和经历过这些能力的人都不愿回到从前，人们也确实无法使她们回到从前。153
瓦桑蒂、安得拉邦女性、古吉拉特邦视频观看者以及泰戈尔笔下离异妻子的故事——所有这些故事反过来讲都是不合理的。即使在能力方面未能获得长足发展的贾亚玛，也似乎不可逆转地学会了向健康医疗系统和政府索要应得的事物。这种人们不愿回到从前的愉悦感和满足感是一个非常重要的标志，它表明我们所阐发的观念可能是稳定的，阻碍核心能力实现的制度可能被证明为不稳定的。如密尔的论证所表明的，阻碍人类的永恒利益并不是一种明智的政治策略。为了证明我们观念的合理性，表明它有望获得一种合理程度的稳定性是很重要的，从这个角度讲，欲望所发挥的这种认知作用同时又是一种辅助辩护的作用。

当然，有些女性确实会选择放弃外面的职业生涯回归传统的家庭生活。她们也会选择从卸下面纱到佩戴面纱。但是请注意，这是她们进行功能发挥的方式转变，而不是她们作为公民的政治能力水平的转变。为了论证对核心能力的偏好并不是单向的，我们将需要论证人们自愿放弃这个领域的**选择与机会**，就像公民选择基本政治原则那样。对这一点的说明要困难得多。我们需要说明的是，在信息全面和不受恐吓（等等）的情况下，经验过全部核心能力的女性在政治上选择拒绝让所有女性拥有这些能力。不过，通常而言，在尝试过其他生活之后仍然更偏向传统生活的女性不会从政治上助力剥夺所有公民的选择。在第三章，我将讨论哈米达·卡拉（Hamida Khala）的例子，她是一个传统的穆斯林妇女，因后悔摆脱佩戴面纱的习俗而希望在某些方面回归那种生活。然而，令人震惊的是，当一个政治游说团体寻求她的支持时，这个妇女坚决反对强制性要求所有巴基斯坦女性佩戴面纱。她认为，不佩戴面纱的问题主要是一个男性举止问题，男性应当约束他们自己，而不是剥夺其他女性的选择。即使在经验丰富的妇女明显为实行一般限制进行游说的情形中，就像伊朗的情形那样，
154 这些妇女也极不可能预见并渴望随后出现的高压制度。由于阻碍核心能力的实现，那种制度是不稳定的。在巴基斯坦建立强制佩戴面纱的制度根本不会具有稳定性。哈米达·卡拉身处的巴基斯坦体制创造并尊重那种选择空间，它允许佩戴面纱，但假如女性做出相反的选择，它也赋予她们作为平等公民所拥有的机会；这种体制是稳定的，当保守的女性经验过两种生活方式之后，她们自己是不愿推翻它的。

然而，稳定性不是我们应当考虑的唯一问题。我已经论证，欲望是人格中具有理智性的部分，在我们构想的任何一种辩护程序中，它本身就值得尊重。因此，在我看来，我们参照欲望不仅出于稳定性的理由，而且出于我们对那部分人格的尊重。为表示那种尊重，一个很重要的部分是，我们确实会咨询来自不同文化背景的人（在适当的知情条件下）他们希望得到什么；他们对那些问题的回答在证明清单合理性的过程中再次发挥辅助性作用。同样重要的是，当女性在核心人类功能发挥领域获得更高的能力水平时，我们会记录她们所体会到的快乐：因为这种快乐本身有助于证明我们的清单是一份尊重其人格的清单。当然，欲望最终也在这一事实中发挥了作用：如我在第一章中所言，我们是从能力而非实际功能发挥的角度来呈现这个目标的。通过将是否追寻这个目标的选择置于最基本的理论层面，我们尊重了欲望和偏好的价值。欲望的作用当然是启发式的；但就政治目的而言，在下述意义上欲望似乎也将是能力善的部分构成因素：假如绝大多数人在很长一段时间内典型而普遍地认为这些能力不值得欲求，我们也许仍然会拥有它们对人们来说构成善的一些论据；但是，我们会丧失一个非常重要的政治理由。在承认欲望不可靠且易被扭曲的同时，我们可在这个意义上承认欲望在政治观念辩护中的部分作用。欲望的这种辅助性作用与民主选择的图景联系在一起：我们认为具有反思性和审慎性的民主选择是最佳的民主选择，但我们也认为显示人们欲望的民主选择是不错的民主选择，并且我们认为，至少在某种程度上，这种善独立于民主选择的其他优点。

155 在这一点上，截然区分选择和欲望的进路可以说，我们承认选择作为

值得尊重的一种人类能力的作用，但这并不意味着承认作为我们自身动物性的构成要素、其本身不值得受到那种尊重的欲望也具有某种作用。我再次强调，很重要的一点是，我的进路（不像斯坎伦的）没有做出这种截然区分。亚里士多德把选择定义为“欲望的慎思或慎思的欲望”。同样，我会论证，人的情感、欲望甚至嗜欲都是她人格中具有人性的重要部分，其本身都值得尊重。人格是统一的，实践理性会充斥它的各个部分，使它们都具有人性而不是动物性。

可是，考虑到我对欲望及其适应不义处境的倾向所做出的全部批评，为什么我还应当承认它在构思基本正义观过程中的作用？表明欲望具有某种评价性因素并未消除这个问题，因为人的评价活动本身就易受到流行观点、贫困或权势的支配。鉴于欲望的可塑性，诉诸政治稳定性的论证似乎是可疑的：因为，任何政治谋划似乎都可以通过诉诸它自身塑造的欲望来为自己辩护。即使人们的欲望仅仅显示他们身处的正义或不义的背景条件，诉诸尊重人格的论证似乎也不会好转。

倘若人们的欲望事实上完全是适应性的，这将是一个有力的反驳——尽管它必定会使我们好奇我们可以求助于什么，毕竟我们已经说过，选择和欲望存在非常紧密的联系。然而，我相信人格至少在一定程度上具有某种独立于文化的结构，尽管文化在人格发展的各个阶段都对它进行了强有力的塑造。正如古希腊哲学家塞克斯都·恩披里柯（Sextus Empiricus）所言：“对饥渴交加的人而言，我们不可能通过论证使他产生没这么饥渴的信念。”对食物、活动性、安全、健康以及运用理性的欲望，这些似乎是我们自身人性构成的相对永恒的特征，文化可以削弱它们，却无法完全消除它们。正是出于这个理由，无法提供健康、基本安全或自由的制度都是不稳定的。我的稳定性论证依赖认为人格不完全是权力产物的人格观。当然，我们仍然必须承认，欲望发生社会形变的可能性相当大：正是由于这个原因，我们主要还是倚赖一份获得独立证明的实质性善的清单。但 156
是，我们承认我所赋予欲望的辅助性作用，这是因为我们认为，至少从某些方面看，欲望确实具有某种比社会上的奇思妙想和流行时尚更为强劲的结构。这个结构既包含有问题的坏东西，也包含好东西，如侵犯性和对食物的需求。因此，我们不会从人格事实中直接推导出规范，即使我们的论证的确在有限程度上倚赖欲望。我们还是必须评估我们的发现，并询问它是否应被囊括进来。这是避免过分信任欲望的又一个强有力的理由。但是这与一定程度上信任它，把它看作政治应给予人们什么的向导是相容的。

我可以通过重点讨论清单中两项引发诸多争议和修正的能力来阐明我的辩护观点。第一项是在与男性平等的基础上拥有财产的能力。财产权在早期清单版本中很少提及。我坚持认为，财产只是人类功能发挥的一个手段，我把它囊括在一个人掌控自身生活的一般能力之中，而并未赋予它十分显著的作用。我的判断一定程度上受到这个事实的影响，即当你在现代美国的法学院授课时，你会不断听见人们提起财产权关系到自由主义者对财富与收入再分配的抨击这一核心重要性。因此，我开始把对财产权的诉求与一种无视穷人以他们自己名义拥有一些财产的权益的立场关联起来。（土地改革已经成为独立后的印度社会改革的重要来源。）然而，我在印度的经历告诉我，女性不仅极其重视拥有财产的权利——至少会要求获得与男性平等的继承权和财产权，也极其重视他们能以自身名义获得某些土地的可能性。（在具有规范程序主义特征的语境中）倾听这些声音使我得出结论，我自己在这个领域的想法简直是一团糟；有关欲望的证据使我看到某些从前我拒绝看到的东西。我会在第四章论证，财产权在自我定义、博弈和培育自我意识中发挥了重要作用。所以，它们现在在清单中发挥的作用较之在早期版本的清单中会显著得多。当然，认识到它们在这方面的重要性并不意味着回到我一开始就拒绝的自由主义立场；因为，如果
157 它们是所有公民能力的重要来源，那么这可能会在某些情况下支持像西孟加拉邦开展的那类土地改革，在那些土地改革中，富人失去了他们的第二套房，为了让穷人以自己的名义拥有财产，政府试图从总体上限制奢侈品。类似地，喀拉拉邦政府赋予公民对曾为政府所有土地的私有权，承认这一自我定义领域对穷人的重要性。我目前这份清单大力支持这些措施，最重要的是，它坚持认为，无论产权方案是怎样的，女性都应当在这个领域拥有与男性平等的能力。为实现此种情形，断然以女性土地权为重点的改革通常可能是必需的。欲望在这里发挥着启发性和举证的作用；并且，它还发挥着辅助辩护的作用，使我们相信我们很可能走在正确的道路上。

现在，我开始讨论从多方面看构成清单中最富争议性的这项能力，它

呈现了辩护问题在这一点上的面貌。这是一种与动物和大自然建立富有成效的关系的能力。在我最初起草的清单中，这项能力是没有的，我是在该项目的斯堪的纳维亚参与者的坚持下把它加进去的，他们说，对他们而言，缺乏这项能力的生活不可能是真正的人类生活。当我们进行反思时，这一点会变得很明显，即我们很多人也持有这种观点，尽管我们不像斯堪的纳维亚参与者那样精心地将它理论化。有些南亚的参与者从来不认为它很重要，他们实际上不喜欢动物，并认为当人们正在遭苦受难时，把这种能力放入清单无异于某种浪漫的绿党式繁荣。另外，随着时间的推移，一些人质疑整个清单的人类中心主义倾向，他们断言我们没理由认为人类能力优先于其他能力，且反对这一观点，即只是因为其他物种与人类的关系，它们才被考虑进来。

在我看来，在这一点上整个问题都是未决问题，我们尚未达成一种政治共识——这恰恰是因为在知情欲望与实质性理论之间，还不具备我们在别处一般会得到的那种趋同性。在个别国家中，政治稳定性可能受到或者没受到威胁：因为一些国家明显在这些问题上拥有某种政治共识。但是， 158
我们目前还不能满怀信心地把这项能力作为完全具有国际性的政治共识的一部分提出来。这些偏好似乎是身处佳境的人们持有异议的地方，尽管我们至少可以一致认可环境因素的工具性价值。而且，它们比起清单中的其他偏好更像是埃尔斯特式偏好：学会适应自然的人似乎也可以适应不怎么亲近自然的生活，反之亦然。学习并没有像在其他情形中那样发挥单向的作用。我的结论是，所有这些都应适当削弱我们对这项能力在清单中的作用的信心，尽管我个人依然坚信它的确具有某种作用。只要它仍在清单中，我们至少可以从这一事实中得到宽慰，即通过把能力而非实际功能作为目标，我们尊重了那些不关心动植物的人的偏好。（这并不意味着，我们也不需要就我们避免给动物带来痛苦和伤害的责任单独予以解释；能力理论并不意图提供一个完备的道德理论。）

换言之，如我们所应期待的，在理智的规范程序主义和一种非柏拉图主义的、对人的实际信念和价值保持敏感的实质性善的理论之间存在并应当存在相当程度的收敛。[84] 为再次理解这一点，请容许我现在开始讨论对女性所面临的特殊问题予以明确处理的最强式程序主义理论——琼·汉普顿的《女性主义契约论》。汉普顿首先讨论了霍布斯的社会契约论。她发现这是一种有缺陷的、女性主义者或可使用的观点，因为它不包含这种思想——每个人仅仅因为他或她是一个人就应得到尊重。它使得尊重取决于“情绪感受”，且没有把人看作拥有内在价值的。对女性主义来说，这个失败当然尤为严重，因为女性常常在此种偶然意义上——由于人们碰巧关心她们，而不是由于她们具有人类尊严——而获得尊重。

因此，汉普顿转而为某种以康德为基础的契约理论做辩护。在这一点
159 上，人们或许认为她完全不再追求知情欲望进路了，因为康德对欲望如何关联于选择的解释似乎确实将人格一分为二。但汉普顿自己似乎会坚持一种更具亚里士多德主义倾向的欲望与情感理论；事实上，她因经济学没能赋予其欲望概念充分的复杂性和认知性内容而进行过批评。[85] 汉普顿虽然没有在《女性主义契约论》中对此问题做出评论，但没有理由认为她的程序主义完全否定欲望。

汉普顿现在提出一种具有康德式特征的程序进路，这一进路专为评估亲密的人际关系而设计——这正是女性主义者常常觉得契约论无法发挥作用的一个领域。在设计某种适当的测验以剔除人们因给予爱和关怀的倾向而遭到利用和剥削的情形时，汉普顿引入一系列实质性观念：首先是一种康德式的**人类价值观念**，这种观念突出地包含**平等价值**和**非聚合**的思想（即，我们不会在人与人之间进行善的加和，而是考虑每个分离的人的善，把每一个人都看作一个目的）；其次是**一个人的合法利益**观念，但汉普顿并未在她的文章中进一步阐明它。

在我看来，这是一种富有希望的程序进路，并且如她断言的，这一进路所取得的进步超越了其他相关的契约论进路。但首先要注意，它究竟在多大程度上类似实质性善的进路。通过对非歧视、实践理性、尊严与非侮辱的强调，平等价值、尊严与非聚合的思想都成为能力清单本身的构成要素。如果**合法利益**概念想要具有任何影响力的话，它终究需要在更大程度上予以充实，我想充实它的方式就是引入更多清单中的项目。

就这种进路并**不**像一种实质性善的进路而言，我认为它常常太过模糊以致无法提供良好的指引。我们很难去讨论家庭正义，除非我们知道就业权是不是一种基本善，政治自由与政治参与的机会是不是基本善，性表达

能力是不是一种基本善，如此等等。在说明女性所受待遇是否具有剥削性 160
时，这份清单给我们指明了方向。我认为，在没有清单的情况下，薄的程序进路不会给我们提供充分的指引。

并且，当我们接受某种具有汉普顿式特征的程序质询时，我们不会得出结论认为就业权、财产权以及清单中其他项目是核心的人类善，除非我们听到许多女性这么说。在这个意义上，适当承载规范的程序主义再次被证明是关于实质性善的进路的一个必要补充。通过两者之间的对话，我们有信心认为我们选择的道路是正确的。

最后一个问题仍有待考虑。在第一章中，我论证了恰当的政治目标是能力而非功能发挥。这意味着我们为公民追求他们自己的欲望提供了很大程度的自由，无论那些欲望是什么、是怎么形成的。我说过，这样来构想目标是出于尊重的理由：如果我们强迫人们进入全面的功能发挥模式，我们就没有完全尊重他们。相反，我在这一章中已经论证，在政治观念的辩护中，我们并不参照所有实际的欲望，而只参照其中一些在适当条件下形成的欲望；并且，即便那时我们也不会让欲望掌握最终的决定权。难道我不正是处于第一章所要避免的那种家长制的危险之中？

在我看来，这个问题的答案是否定的。正如我在第一章中的论证，家长制与对选择的尊重相关；因而反对家长制意味着，我们通过将某些选择机会（宗教自由、言论自由及其他）置于多数主义政治的突发奇想之外而保护了它们以及它们的物质条件。表明这一点与表明下面这一点完全是融贯的：即使人们的实际欲望是堕落的、错误的，这些机会领域也供他们随意使用。但是，当我们证明有关基本权利与机会的清单本身的合理性时，参照包括堕落的和错误的欲望在内的全部实际欲望，会将政治观念和公民自由置于一个过分脆弱的基础上。表明以下两点是融贯的：一方面，即使我们相信某种宗教是正确的，我们也不会把它强加给公民；另一方面，我们会强制要求所有公民履行尊重公民良心自由的义务，以此保障人们能够追寻各种不同观念的选择空间。类似地，表明以下两点也是融贯的：一方
面，当我们证明构成政治观念基础的核心能力清单的合理性时，我们将运 161
用一种实质性进路（与一种实质性的知情欲望进路相结合）；另一方面，在此种观念中，我们正在以尊重人们的欲望甚至是错误欲望的方式保护和

促进选择的自由，只要这些欲望没有伤害到他人。

当然，确保人们获得清单中的能力也将促进人们有可能形成更充分知情的欲望的条件：正是在这个意义上，实质性能力清单与塑造合理的知情欲望进路的规范之间存在很大的趋同性。通过促进教育、平等尊重和人身完整性等等，我们也间接塑造了欲望，在这些条件下形成的欲望可能比在隔离、无知、等级制和恐惧的条件下形成的欲望更充分地通情达理。但是，身处正义制度中的人有时仍然是无知或草率的；他们也可能感到害怕或妒忌。通过保护选择的机会，把目标定位于能力而非功能发挥，政治观念容纳并尊重这些不适当的欲望，同时尊重由这些欲望激发的选择。从这些方面看，政治观念的目标旨在规避家长制的指控并尊重人民，即使在他们表现得不明智时也是如此。

六、政治稳定与根深蒂固的习惯

通过关注各种自助群体中的女性故事，我们对偏好畸形问题做了乐观的估计。在一个又一个的案例中，我们看到女性很快放弃了习惯性偏好，并根据有关其尊严和平等的全新认识来调整她们的抱负。当我们看到，在短短数周内这些女性就学会了索要就业权、财产权、洁净水源以及清单中许多其他的项目；当我们听到瓦桑蒂谈论自营职业女性协会贷款给她的生活带来的变化；当我们见到贾亚玛向这个世界索要权利的意识是如何被政府项目激发起来的；当我们看到安得拉邦女性如何在获得良好的健康状况之前就已开始争取她们的权利——我们很容易认为，就核心能力达成某种
162 政治共识是件轻而易举的事。我们必须做的就是让人们尝试一下，然后他们会拒绝返回到其他生活方式。

但我们对重叠共识的稳定性所抱有的政治乐观主义应当受到这一事实的调和，即，迄今为止我们只看到故事的一半。我们已经看到女性自己需要什么，或者说她们开始需要什么。但我们还没有考虑过男性的适应性偏好，以及当我们考虑他们愿意给予女性什么时，在知情程序主义和实质性善的理论之间实现同样令人愉悦的趋同是容易还是困难。对许多人而言密尔 1869 年所写的文字似乎仍然是真理：“大部分男性还是无法容忍与一

个平等的人共同生活的观念。”[86] 哈萨尼显然是对的：如果我们确定人们确实受到恶意或施虐癖的驱使，那么我们不应当容许那些偏好被计入社会选择函数。同样明显的是，我们会接受的任何一种程序主义——如汉普顿的程序主义——都在底层置入每个作为目的的人的价值，并且这应当被理解为与一个人的目的系统从属于另一个人的目的系统是不相容的。然而，当我们想到那些基本上没有恶意或施虐癖的男性通常是怎样抵制这些变化，同时还认为他们确实把女性当作目的来看待时，我们几乎还没有开始衡量习惯、家庭、社群压力以及单纯的惧怕变化的全部分量。

因此，我想要用一个失败的程序主义故事——拉宾德拉纳特·泰戈尔1913年的短篇故事《海曼蒂》（“Haimanti”）——来结束这一章的讨论。[87] 这个故事由一位年轻的新郎以第一人称方式讲述，贯穿整个故事的引人瞩目的地方在于，他在记述自己的道德懦弱时那种通晓一切的明察灼见。他的父母为他和一个比正常年龄稍大一点的女孩订立了婚约，因此这个女孩较之平常女孩有更多时间待在原生家庭中形成她的个性——在这种情况下，她受到一个进步父亲的支持和教导，他尊重她的智慧，加强对她的教育，并把她看作一个自身拥有价值的独立的存在者。婚礼过后，这位父亲要求他的新女婿以同样方式看待她——他确实是这么做的。他发 163
现，赢得她的爱的方式实际上是尊重她的思想：

> 我担心我不知道怎样去赢得一个受过教育的成年女孩的心。但是，很快我就发现，去往书店的路和去往她心灵的路是一致的。我不知道究竟从什么时候开始她那纯白无瑕的心灵逐渐有了颜色，从什么时候开始她的身体和心灵热切地奔向了我。

不过现在，故事不太美好的部分来了——正如叙述者自己所言。（这个故事之所以是悲剧性的，很大程度上是因为，男主角如此清楚地意识到自己行为中的缺点，却无法阻止它。）一段时间过后，他的家人得知海曼蒂的父亲并不像他们以前认为的那样富裕——便不再把新娘看作一个潜在的收入来源（除了已经给付的嫁妆之外），他们开始在情感上虐待她、贬损她，要求她说一些有损她人格完整性的无用的谎言，并且在她面前攻击她所深爱的父亲，禁止她为他辩护。她的郁郁寡欢导致她的健康状况每况愈下，目睹一切的新郎召来了海曼蒂的父亲，他请来一位好医生替女儿看病；医生说，如果她不离家休养一阵，她的病情会恶化。但是，新郎的父亲拒绝让她离开，并再次羞辱了她的父亲。

这个时候，新郎本可轻易地带她离开。他爱她，他看到了她的价值，他知道那是挽救她的精神健康和身体健康的唯一方式。然而，因为他的父亲斥责了他，他便没有这么做。

> 我的一些朋友后来问我，为什么我没有去做自己说过要做的事。我必须做的无非就是带着我的妻子离开。为什么我没有迈出那么简单明了的一步？究竟是为什么？如果我不打算因人们认为合理的理由而牺牲我的真情，如果我不打算因大家庭而牺牲我最爱的人，那么，流淌在我血液中代代相传的社会教化会怎样呢？它的存在是为了什么？
>
> 难道你不知道，在阿约提亚人民要求驱逐西塔的那一天，我也在他们中间？那些歌颂这种光荣牺牲的一代又一代的人，我也是他们其中一个。所有那些撰文高度赞扬抛弃心爱妻子以取悦人民这种行为的月刊作者的文章，我都读过。我是否曾想过，有一天，我会满腔热血地写出我自己抛弃西塔的故事？

164 他什么都没做。海曼蒂不久便去世了。现在，他的母亲在为他物色一个更合适的姑娘。他抗拒过，但是他知道，他很快就会屈服的。

在这里，我们看到，从带有诸多汉普顿式程序主义特征的程序中产生出来的个人的真实偏好，似乎与实际引导他行动的、某种意义上同样属于他自身的偏好有明显的反差。他说，真实偏好是那些表达尊重与爱的偏好，虚假偏好则是那些由习惯支配的偏好。但是紧接着，他更加振振有词地说，那些习惯和他的爱同样都**属于**他，他的个性甚至是通过他怯懦的行动而非他那爱的软弱冲动才得到更真实的表现。认可他不作为的偏好似乎是埃尔斯特意义上的适应性偏好：它们告诉他，心理上得不到的东西不是真正的好东西，从某种意义上说，怯懦的做法是最好的。但是，埃尔斯特的浪漫主义观点并不是众多人的真实写照，依据此种观点，适应性偏好是虚假的，在它们背后潜藏着真正意义上的真实偏好。就他们自己需要食物、居所、稳定甚或是自由而言，他们的人格具有某种特定的结构。不过，至少就他们与某些他者的关系而言，他们的适应性习惯恰恰是属于他们的，在那些习惯的影响之下不存在任何自主的人。

这意味着不再清晰明了的是，将海曼蒂看作一个目的自身、平等看待她的利益和他自身利益的程序确实向他传达了这样一个结论，即我们与泰戈尔一样认为他应当反抗传统并帮助她离开。这位叙述者最初的想法不同于他最终的见解，即，当我们平等地尊重每一个人时，我们会直接得到这个结论，所有人都同样承受过去的影响，并且所有人都同样承受非自主的义务束缚。这里的问题并不是丈夫得出正确的结论，却不知何故没能采取行动。他实际上转向了错误的结论，尽管这种转向似乎符合平等待人的程序规范。最终，他确实像对待和尊重他自己那样去对待和尊重她，即把她看成无法抗拒的巨大力量中的无名小卒。（巧的是，那些力量尽管贬斥她
的能力却保护了他的能力：所以，他人格中的欲望结构没有产生不满的强 165
烈动机。）在这个例子中，我们似乎很难说明这不是程序主义会提供的结论，除非我们在设计程序时置入所有相关的实质性善：自主的实践理性、非羞辱、迁徙权、就业权、平等的财产权以及其他一切。自主性必须由法律和制度来构建，一些人并不拥有自主性，甚至特权阶层也是如此。他们任由传统主宰自我——尤其当传统刚好满足了自身利益、贬斥了他人利益时。

适应性自我的问题并未威胁对能力清单的一般辩护，因为就能力清单的辩护而言，最相关的偏好是海曼蒂自己的偏好以及那些明显支持能力清单的偏好。不过，它的确对稳定性问题有影响，我已论证了稳定性至少是辩护问题的一部分。与稳定性相连的适应性自我的问题表明，我们或可期望在后续几代人中出现有关知情欲望的理论与实质性善的理论之间的收敛，但我们不能期望在第一代人中出现同样的收敛。特权阶层显然不会乐意放弃权力，并且第一代人所受到的道德教育很可能无法足够深刻地改变人们有关平等公民的认知。即便他们同意将能力清单作为所有人的目标，他们也不会是真心实意地这么做，而仅只出于权宜之计。我相信，这不会威胁对重叠共识的辩护，因为稳定性必须被视为一个长远问题，只有当我们发现，持续好几代都无法培育出拥护那种把女性当作平等公民来对待的政治观念的人，稳定性才会受到威胁。我认为，20 世纪的经验（例如，

北欧国家的经验）表明这是虚假的。但是这个问题的确告诉我们，从短期来看，我们需要选择究竟是倚赖知情欲望的进路还是实质性善的进路来提供指引。虽然我们期盼在知情欲望和实质性善之间达成长久共识，但我将论证，海曼蒂的问题表明从短期来看，我们更应偏好这样一种理论来作为政治上的向导，这种理论立场坚定地支持人类能力清单，并将它视为所有公民不可或缺的东西。

埃尔斯特的程序主义明显没能在这个丈夫的问题上切中要害：因为他
166 有意识地评估了影响他的力量，并且更愿意站在习惯和传统一边。或许像汉普顿那样的规范程序主义可以证明他的行为具有剥削性——只要她以足够有力的方式充实了人的利益概念。但是，这个故事展现的是懦弱、习惯以及不愿成为个人自身行动的主人如何深远地影响人的欲望与选择。正如这个故事以悲剧方式所呈现出来的，如果爱不能改变它，那么我们也并不清楚，经济学家所设计的形式上的审议程序是否能够提供这些善事物。所以，我们最好不要过分信赖这些不可靠的力量。如我所言，我们最好立场坚定地站在实质性善的阵营里——同时重视欲望，把它作为一种见证，并把它当作理智人格的一部分加以尊重。

注释

［1］引自 Bardhan，*Of Women*，Outcastes，99。

［2］引自 Rose，*Where Women Are Leaders*，158。

［3］参见 Christina Hoff Sommers，*Who Stole Feminism?*（New York：Simon and Schuster，1994）。我对此也进行了讨论，见 *Sex and Social Justice*，Chapter 5；*Cultivating Humanity：A Classical Defense of Reform in Higher Education*（Cambridge，MA：Harvard University Press，1997），Chapter 6。

［4］第四节将详细讨论所有这些人的作品。

［5］参见 Cass R. Sunstein，*The Partial Constitution*（Cambridge，MA：Harvard University Press，1993），Chapter 5，162－166。

［6］对这种功利主义观点的一种描述，参见 Amartya Sen，"Plural Utility," *Proceedings of the Aristotelian Society* 81（1980/81），193－215。

［7］这可能是或不是柏拉图坚持的立场，他似乎认为经验选择在他的价值理论中发挥着某种作用，尽管我们很难说是怎样的作用。（如果它只具有启发式作用，而不具有辩护作用，那么柏拉图可能仍在我所说的意义上是一个柏拉图主义者。）

［8］例如，Milton Friedman，"The Methodology of Positive Economics，" in Daniel M. Hausman，ed.，*The Philosophy of Economics*（Cambridge：Cambridge University Press，1984），210－224；最近，发现了这样一种观点，见 Robert Bork，*The Tempting of America*：*The Political Seduction of the Law*（New York：1990），251－259；似乎也持有这样一种观点，见 Sommers，in *Who Stole Feminism*?。

［9］关于这些术语的讨论，参见 Thomas Scanlon，"Value，Desire，and Quality of Life，" in QL，201－207。斯坎伦实际使用的是"实质性清单"一词，但他也指出，这个词有点危险，因为它暗示我们所谈论的是一长串互不相关的项目而非连贯的观点。

［10］收录于 *A Mind of One's Own*：*Feminist Essays on Reason and Objectivity*，ed. Louise M. Antony and Charlotte Witt（Boulder：Westview Press，1993），227－256。

［11］这种理论与行为主义心理学关系甚密。因此，约翰·希克斯（John Hicks）（他一开始并不赞成这种理论，但后来转而拥护它）说，这种理论允许我们将人类"仅仅作为具有某些类型的市场行为的实体"来研究；"它不声称也不假装能够发现人们头脑当中的东西"［*A Revision of Demand Theory*（Oxford：Clarendon Press，1956），6］。有关（那个时代特有的）这种观点——在科学上，纯粹的行为主义理论比唯心主义理论更受人尊敬——的其他例子，参见 Sen，"Internal Consistency of Choice，" *Econometrica* 61（1993），495－521。

［12］关于行为主义在认知心理学中的消亡，一个很好的论述见 Richard Lazarus，*Emotion and Adaptation*（New York：Oxford University Press，1991）。

［13］参见 Amartya Sen，"Internal Consistency of Choice"；他更早期的文章，见"Choice Functions and Revealed Preference，" *Review of*

Economic Studies 38（1971），307－317，再版于 CWM；“Behaviour and the Concept of a Preference，” *Economica* 40（August 1973），241－259，再版于 CWM，54－73。

［14］Sen，“Internal Consistency.”

［15］尤其参见 Martin Seligman，*Helplessness*（New York：W. H. Freeman，1975）；哲学领域的相关讨论，参见 Charles Taylor，*The Explanation of Behaviour*（London：Routledge，1964）。

［16］参见我的文章“Flawed Foundations：The Philosophical Critique of（a Certain Type of）Economics，” *University of Chicago Law Review* 64（1997），1197－1214。

［17］例如参见 G. H. von Wright，*The Varieties of Goodness*（London：Routledge，1963）；Donald Davidson，*Essays on Actions and Events*（Oxford：Clarendon，1980）。

［18］参见 Michael E. Bratman，*Intentions，Plans，and Practical Reason*（Cambridge，MA：Harvard University Press，1987）。也参见 G. E. M. Anscombe，*Intention*（Ithaca：Cornell University Press，second edition 1969）。

［19］参见 Harry Frankfurt，“Freedom of the Will and the Concept of a Person，” *Journal of Philosophy* 67（1971），5－20；G. Dworkin，*The Theory and Practice of Autonomy*（Cambridge：Cambridge University Press，1988），14－20；Gary Watson，“Free Agency，” *Journal of Philosophy* 72（1975），205－220；Jean Hampton，“The Failure of Expected Utility Theory as a Theory of Reason，” *Economics and Philosophy* 10（1994），195－242。

［20］参见 Sen，“Rational Fools：A Critique of the Behavioural Foundations of Economic Theory，” in CWM，84－108；J. Elster，*Ulysses and the Sirens*（Cambridge：Cambridge University Press，1979）；G. Dworkin，*The Theory and Practice*，14－15。

［21］关于这个问题的讨论，参见 Warren Quinn，“Rationality and the Human Good，” in *Morality and Action*（Cambridge：Cambridge

University Press，1993)，210－227。这是一个非常古老的观点；亚里士多德甚至认为，嗜欲是以“显见善”为对象的，它至少偶尔会响应道德及社会训练；伊壁鸠鲁学派和斯多亚学派这些希腊化时期的哲学家就此问题展开了十分复杂的论辩，譬如，他们认为对食物的需求和某种一般性欲望是内在的、不可消除的，但社会训练在实质意义上塑造了人们可欲的食物种类。伊壁鸠鲁学派坚持认为，对肉类的欲望完全是社会训练的产物。

［22］Friedman，“The Methodology of Positive Economics，” 210.

［23］Bork，*The Tempting of America*，252，258；“Neutral Principles and Some First Amendment Problems，” *Indiana Law Journal* 47 (1971)，1，6（文章论证了“价值选择法庭”与民主程序的不一致）。

［24］Hume，*A Treatise of Human Nature*，book 2，part 3，section 3，他以这个著名论断结束本节讨论：“宁愿世界毁灭也不愿挠我的手指，这并不违背理性。”

［25］Christopher Bliss，“Lifestyle and the Standard of Living，” in QL，415－436，at 418－419.

［26］Bliss，419.

［27］John C. Harsanyi，“Morality and the Theory of Rational Behavior，” in *Utilitarianism and Beyond*，ed. Amartya Sen and Bernard Williams (Cambridge：Cambridge University Press，1982)，39－62.

［28］Harsanyi，55.

［29］同上。

［30］同上。

［31］同上。

［32］Harsanyi，40－41.

［33］Gary Becker，“The Economic Way of Looking at Behavior，” in *The Essence of Becker*，ed. Ramón Febrero and Pedro S. Schwartz (Stanford，CA：Hoover Institution Press，1995)，633－658，at 634.

［34］这里不甚清楚的是，究竟是女性拥有畸形的偏好，还是她们被引导着做出违背她们真实偏好的选择（因为，与保罗·塞缪尔森及其他“外显偏好”的选择观的支持者不同，贝克尔在偏好与选择之间做出了概

念上的区分)。或许,人们应当区分一般性的两个层次:在更一般的层次,女性对繁荣生活的偏好并非是扭曲的,但由于她做出适得其反的选择而遭到挫败;然而,在更具体的层次,她不愿过多地接受教育的偏好——对她而言这可能是通往繁荣生活的最佳途径——可以被认为是扭曲的,因为她持有虚假的信念。

[35] 参见 "Why the Third World Should Stress the Three R's", "Let's Defuse the Population Bomb-with Free Markets",文章再版于 Gary S. Becker and Guity NashatBecker, *The Economics of Life* (New York: McGraw Hill, 1996), 67-68, 287-289。前者为巴西和其他发展中国家增加在穷人教育和健康方面的公共支出提供辩护;后者呼应了当下人们所熟知的观点,即教育是抑制人口增长的关键。

[36] 在某种程度上,这是因为他说服自己相信,摆在桌面上的规范性理论仅有两种,即享乐主义和 G. E. 摩尔的理想精神状态理论,而他认为这两种理论都不太可信,参见 Harsanyi, 54。

[37] Harsanyi, 56,在此他对 J. J. C. 斯马特的规范功利主义理论提出异议。

[38] 同上。

[39] Harsanyi, 39-40. 他声称自己从功利主义那儿受到的影响是"最大的",但康德和斯密也受到相当大的重视。他说他"受益于"康德;他还提到 R. M. 黑尔的当代康德主义理论——黑尔对他的影响或许可以很好地解释哈萨尼倾向于将康德主义和功利主义视为同盟而非论敌的原因。

[40] Richard B. Brandt, *A Theory of the Good and the Right* (Oxford: Clarendon Press, 1979).

[41] 关于罗尔斯理论的讨论见第 234 - 245 页。

[42] 此处论证分为两阶段:首先,被疗治的欲望用于定义对人而言的善;接着,它用于定义道德上的正当。两阶段论证之间的关键联系在于布兰特的一个假设,即依据行动者的效用或善来评价道德是合理的。

[43] 同上,第 113 页。

[44] 参见 Agarwal, *A Field of One's Own*, 422-438,其中讨论了南亚女性日常抵制的证据,并且讨论了马来西亚方面的证据资料来源于

J. C. Scott，*Weapons of the Weak：Everyday Forms of Peasant Resistance*（New Haven：Yale University Press，1976）。

［45］Brandt，115-126.

［46］我颠倒了第二类错误和第三类错误的顺序，因为我发现布兰特起初鉴定的第三类错误是直截了当的，而第二类错误却相当成问题。

［47］Brandt，122-126.

［48］同上，第 123 页：当食物变得充足时，被剥夺食物的老鼠会大量囤积食物。

［49］R. B. Brandt，"The Morality and Rationality of Suicide，" in James Rachels，ed.，*Moral Problems*（N. Y.：Harper and Row，1975），363-387.

［50］Kenneth Arrow，*Social Choice and Individual Values*（New York：Wiley，1951；2nd ed. 1963）；对阿罗悖论及其产生的各种不可能性定理的进一步讨论，参见 Amartya Sen，"Social Choice Theory：A Re-Examination，" in Sen，CWM，158-200［此文的写作基于一篇文章，见 *Econometrica* 45（1977），58-89］；我追随森对 1963 版定理的讨论。关于帕累托自由悖论，参见 Amartya Sen，"The Impossibility of a Paretian Liberal，" *Journal of Political Economy* 78（1970），152-157，再版于 Sen，CWM，285-290；"Liberty，Unanimity and Rights，" *Economica* 43（1976），271-345，再版于 CWM，291-326；森对研究其悖论的大量文献的评论，参见 CWM，Introduction，25-28。

［51］例如，参见 *The Economics of Justice*（Cambridge，MA：Harvard University Press，1981），329-347，批评了最高法院关于隐私权的法学理论，把主要的一些案件称为一个"乱七八糟的世界"。自此之后，在隐私案件和对隐私权的承认方面波斯纳采取了一种非常不同的观点，参见 *Sex and Reason*（Cambridge，MA：Harvard University Press，1991）。

［52］引文皆出自 Richard A. Posner，*Overcoming Law*（Cambridge，MA：Harvard University Press，1995），23。

［53］与此相关的一种观点，参见 Thomas E. Hill，Jr.，"Servility

and Self-Respect"和"Self-Respect Reconsidered," in *Autonomy and Self-Respect*（Cambridge：Cambridge University Press，1991），4-24。

［54］Gerald Dworkin，"The Nature of Autonomy," in Dworkin，*The Theory and Practice of Autonomy*，3－20；Jon Elster，"Sour Grapes," in Sen and Williams，219-238，并收录于同名书籍中。后文的页码索引指的是文章中的页码。

［55］在此，我们应当注意，埃尔斯特似乎是在运用一个非认知性的欲望概念，在这个概念中，由于欲望不具有太多意向性内容，因此欲望和感知可以如此清晰地分离开来。如果他关于许多欲望和情感的看法是错误的（我认为他是错的），那么这种区分会变得更难以维系。

［56］然而，对比一下，见 Derek Parfit，*Reasons and Persons*（Oxford：Oxford University Press，1984），122，他把飞翔的例子当作理性欲望的一个范例："这是值得欲求的对象；我们能够有理由地妒忌鸟儿。"为了证明我在这里所说的观点，我无须否认妒忌鸟儿可能是理性的，放弃这种欲望不一定是件坏事。

［57］参见第 228－229 页："通过要求有做出其他选择的自由，我们可以从操作上排除至少一种非自主需求，即适应性偏好。如果我想要做 x，且有做 x 的自由和不做 x 的自由，那么我的需求不可能受到必然性的影响……因此，我们可以得出结论，在其他条件相同的情况下，一个人的自由是关于一个人（i）想要做的，（ii）可自由去做的，以及（iii）可自由地不去做的事情的数量和重要性的函数。"

［58］比较 Elster，228，埃尔斯特认为，一个人自主的程度可以通过他想要做但是无法自由去做的事情的数量得到衡量，因为那些无法实现的需求表明，他的偏好结构"在一般意义上不是由已形成的适应性偏好所塑造"。

［59］例如，参见"Gender Inequality and Theories of Justice," in WCD，259-273；"Rights and Capabilities," in RVD，307-324；森在其他许多文章中也讨论了这个现象。有关印度寡妇受剥夺状况的讨论，参见 Martha Chen，*Permanent Moving*：*Widowhood in Rural India*（Delhi and Philadelphia：Oxford University Press and University of Pennsylvania

Press，1999）。

［60］马格西·博格斯身高 5 英尺 4 英寸，是夏洛特黄蜂职业篮球队的一名出色球员，他的跳跃能力、速度以及灵敏性使他成为这支球队获胜的关键。

［61］Mill，SW，15－16.

［62］参见我的论文“Rage and Reason，” *The New Republic*，August 11 and 18，1997，36－42；*Sex and Social Justice*，Chapter 9。

［63］SW，86.

［64］John Stuart Mill，*On Liberty*（1859）（Indianapolis：Bobbs Merrill，1956），76，72.

［65］同上，第 71，75 页。

［66］John Rawls，PL，269.

［67］Sunstein，*The Partial Constitution*，Chapter 6 “Democracy，Aspirations，Preferences”；“Preferences and Politics，” *Philosophy and Public Affairs* 20（1991），3－34，修订版于 *Free Markets and Social Justice*（New York：Oxford University Press，1997），13－31。

［68］Sunstein，*Partial Constitution*，168. 桑斯坦引用了另一位对现存偏好做出类似批评的思想家约翰·杜威的观点，他认为“社会状况可能限制、扭曲甚至几近阻止个体性的发展”；杜威主张“积极创建有利的法律、政治和经济制度”（Sunstein，*Partial Constitution*，176，转引自 John Dewey，“The Future of Liberalism”）。

［69］Sunstein，*Partial Constitution*，177.

［70］参见 Sen，“Family and Food：Sex Bias in Poverty，” in RVD，346－365，at 363。

［71］参见 Hilary Putnam，“Pragmatism and Moral Objectivity，” in WCD，199－224。也参见 H. Putnam，*Pragmatism*：*An Open Question*（Oxford and Cambridge，MA：Blackwell，1995），57－75。

［72］参见注释 9；Scanlon，*What We Owe to Each Other*（Cambridge，MA：Harvard University Press，1999），41－49。

［73］Thomas Scanlon，“Preference and Urgency，” *The Journal of*

Philosophy 72 (1975), 655-669.

［74］把这篇文章与《生活质量》中的那篇文章放在一起看的一个问题在于，这两篇文章基本的概念范畴极为不同。在前者中，有效的对比存在于“主观”因素和“客观”因素之间；在后者中，这种对比反而存在于知情欲望进路与“实质性善”进路之间。

［75］“提供那些必要条件以允许个体发展他们自己的偏好和兴趣，并使得这些偏好和兴趣在决定社会政策的过程中得到体现，这可能具有很高的客观价值……然而，我认为客观主义立场的核心观点是……具有相关性的是对这些趣味之重要性的客观评价，而不仅仅是它们所代表的主观偏好的强度。”(658)

［76］关于我自己对情感、嗜欲及欲望的论述，参见 *Upheavals of Thought*：*A Theory of the Emotions* (Cambridge：Cambridge University Press)，即将出版。事实上，这种论述需要我前面提到的更丰富的道德心理学知识，并且需要在这三个概念之间做出区分。关于我会支持的一种欲望理论，参见 Warren Quinn，“Rationality and the Human Good”，“Putting Rationality in Its Place,” in Quinn，*Morality and Action* (Cambridge：Cambridge University Press，1993)，210-255。

［77］也参见“Putting Desire and Irrationality in Their Places”，这是1995年4月15日斯坎伦参加在加州大学洛杉矶分校召开的沃伦·奎因纪念大会时所提交的论文。在后面这篇论文中，斯坎伦同意奎因的观点：忽略内在于欲望的“评价”因素的主观主义欲望理论是“贫乏的”，并且做出结论，许多这类讨论所使用的“欲望”一词是不可靠的、模棱两可的；有一些欲望相对独立于实践理性，有一些欲望并非如此。“欲望满足”模式无视这些区分是很危险的。

［78］参见第一章第六节；CHR。

［79］基本自由与机会、人的尊严与平等全都包含在基本能力理论中。

［80］我们也回顾一下，这份清单与**综合能力**有关，而不只是与**内在能力**有关（见第一章），因此相关原则不仅会调整人们追寻某些意图和目标的内在能力，也会关心他们实际拥有的选择。关于这个问题的重要性，参见 Joseph Raz，*The Morality of Freedom* (Oxford：Clarendon Press，

1986)，373－375。

［81］Nehru，*Autobiography*，417.

［82］同上，第612页；见第1点。

［83］尤尔根·哈贝马斯近期关于人权的讨论使这个区分变得尤为清晰，他认为女性免受各种虐待的权利必须被证明为政治参与必要的前提条件；我自己的观点是，这过于间接、不可靠，并且打乱了事情的秩序。例如，可参见“On the Internal Relation between the Rule of Law and Democracy,” *European Journal of Philosophy* 3（1995)，12－20。哈贝马斯承认，这个回答对传统的公民权来说是最可信的，对其他的来说则没有这么可信；并且，他承认其他权利也“具有一种内在价值，或者至少它们不可还原为它们对民主意志形成的工具性价值”（17)。不过，我们并不清楚，如何在重要的方面坚持哈贝马斯的程序主义并最终捕捉到这个洞见。

［84］关于这种收敛，参见James Griffin，*Well-Being*：*Its Meaning*，*Measurement and Moral Importance*（Oxford：Clarendon，1986)，33。

［85］Hampton，“The Failure of Expected-Utility Theory.”

［86］Mill，SW，53. 他在这一陈述之前说道：“我相信，她们坚持在其他方面的无能只是为了在家庭生活中维持从属地位。”

［87］英译版收录于Bardhan，*Of Women*，*Outcastes*，84－96。

第三章　宗教的作用

167　王的律法还剩下什么呢？我们已从年老的人那儿得知，他们不会引领有法律头脑的女性进入他们的大殿。这一古老而永恒的律法在俱卢族中不见了……因为这个给俱卢族带来耻辱的无耻男人正在猥亵我，我再也忍受不了了。

——《摩诃婆罗多》，朵帕蒂（Draupadī）王后在杜尤达纳（Duryodhana）的随从企图脱光她的衣服猥亵她时所说的话[1]

尽管一切宗教的初衷都是净化男人和女人，透过祷告帮助他们过合乎道德的生活，但是我们发现，在某些情形中，盲目的传统、风俗和迷信所引发的通常不是宗教的宣泄效应，而是地方自治主义、宗教狂热、宗教激进主义与歧视的蔓延。

——希拉·纳瓦兹（Heera Nawaz），班加罗尔法学院法学专业学生，1993[2]

168　一、一个困境：宗教自由与性别平等

现代自由民主制度通常认为，宗教自由是一种极其重要的价值，保护这种价值是政府最重要的职责之一。这些民主制度通常也捍卫其他各种人类利益、自由与机会的核心重要性。其中包括迁徙自由、外出就业权、集会权、维护身体完整性的权利、受教育权以及拥有和继承财产的权利。然而，有时候宗教并不支持其他自由。实际上，它们有时会依据某个道德上无关的特征，如种族、种姓或性别而拒绝给予某些阶层的人们这类自由。这种否认在宗教没有行使太多法律权力的国家或许没有多大意义。但是在印度这样的国家，宗教在法律体系中占据很大一部分，它们是多种生活的

根本的决定性因素。

在这个意义上，自由国家陷入一个困境。干涉宗教言论自由是在一个私密的自我定义和基本自由领域给公民一记重击。然而，不干涉会容许对自我定义和自由的其他限制。现代民主制度发现自己在这一领域是四分五裂的，这并不令人惊讶——像印度这样的民主制度尤其如此，它不仅在《印度宪法》开列的基本权利清单中承诺了性别的平等和非歧视，同时承诺了宗教的自由和非歧视。[3]

请考虑以下三个事例，它们都涉及宗教自由的要求与女性对《印度宪 169
法》规定的其他重要权利的要求之间的冲突：

1. 1983 年，叙利亚基督教妇女玛丽·罗伊（Mary Roy）——一个富裕家庭的女儿走上法庭对《特拉凡哥尔基督教法案》提出质疑，依据该法案，女儿继承的份额只有儿子的四分之一，以 5 000 卢比为限。印度最高法院宣布，与此相关的 1925 年《印度继承法》取代《特拉凡哥尔基督教法案》，该法赋予女儿和儿子平等的继承权。[4]（通过这种狭义的技术性裁决，法院避免直面该法案是否违反对性别平等的宪法保障的问题。）法院还宣布这项改变可追溯到 1951 年，从而使许多基督教男性的财产陷入争议。这项判决引起了抗议。一位来自喀拉拉邦的基督教议员（一个许多富有的基督教地主生活的地区代表）在国会提出一项《议员个人法案》，企图阻止这项法律的追溯效力。与此同时，喀拉拉邦的基督教会强烈抗议最高法院干涉宗教自由。他们断言这个判决将“打开诉讼的闸门，破坏存在
于基督徒家庭中传统的和谐与善意”[5]。基督教会会议正式反对这项裁决， 170
并积极动员抗议活动。[6] 罗马天主教、雅各比派、南印度教会和卡纳尼亚基督教会的牧师都在讲坛上批判这项裁决。反对势力强大的一个原因可能是，依照惯例女儿继承的部分财产自动归教会所有；依据《印度继承法》，情况将发生变化。[7]

2. 1947 年，印度法律委员会在印度独立时提交了一份改革印度教属人法体系的建议清单。这些都以《印度教法典法案》的形式提交给了议会。在尼赫鲁的法律部长 B. R. 安贝德卡（B. R. Ambedkar）的支持下，该法案建议给予女性离婚权，取消男性的一夫多妻制，废除年轻女性的童婚，并给予女性更多接近平等的财产权。[8] 这项立法提案遭遇了一场（由

保守派梵学家或印度教宗教当局领导的）来自印度教议员的抗议风暴。争议集中在新法对新《宪法》所保障的宗教自由的公然违抗。梵学家穆库尔·贝里拉尔·巴尔加瓦（Mukul Behrilal Bhargava）认为，女性享有平等的财产权代表着伊斯兰教思想强行入侵印度教传统。（自 1937 年伊斯兰教法取代习惯法开始，印度的穆斯林女性就在一定程度上享有更平等的继承权。）[9] 另一些人则反对要求印度教徒实行一夫一妻制却不要求穆斯林这么做的事实。还有一些人反对国家发起的印度教法典改革：“印度教法律与印度教有着紧密的联系，没有一个印度教徒能够容忍一个非印度教徒
171 充当印度教法律的权威。”传统的印度教议员指责女性议员违反了印度教传统，他们声称：“这是现代女性专制……她们受迫害的日子一去不复返，现在轮到男性受迫害了。”

1951 年夏天，新《宪法》生效后不久，混乱的议会会议正式讨论了这项法案；保守派梵学家戈文德·马尔维亚（Govind Malviya）发表了两个小时的反对言论，他认为该法案：“原则上错误，细节上残暴，权宜之计上没有必要。”尽管安贝德卡予以强力支持，但这项法案似乎注定要失败，就连尼赫鲁也暂时撤回他的支持。结果，安贝德卡博士辞去了他的部长职务，并说道：“不触及阶级之间和性别之间的不平等，继续通过有关经济问题的立法是在拿我们的《宪法》开玩笑，是在粪堆上建造宫殿。”该法案失效了。它的规定最终在 1954 年、1955 年、1956 年获得通过。

在首次提案提出 50 年之后，这些规定继续引发争议。新法执行不力。例如，童婚在一些地区仍然很常见，并得到宗教和文化方面的有力捍卫。[10] 随着印度教宗教激进主义的兴起，有关侵犯宗教自由、歧视印度教而支持伊斯兰教的指控越来越多，尤其是在一夫多妻的问题上。大量男性印度教徒继续重婚；其他人为逃避一夫多妻制禁令而改信伊斯兰教。[11] 令事情变得更加复杂的是，印度教法院最近对合法婚姻采用了极其严格的定义，导致大量现存印度教婚姻一旦在法庭上受到质疑便会经不起审查，而被控在第二次婚姻中犯有重婚罪的男子将被无罪释放。[12]

172 3. 1978 年，中央邦一位名叫沙阿·巴诺（Shah Bano）的穆斯林老妇在结婚 44 年之后被她的丈夫——一位富有的律师赶出了家门。（起因似乎是沙阿·巴诺的孩子和丈夫的另一个妻子的孩子为继承问题发生争吵。）

按照伊斯兰教属人法的规定，他归还了她的婚姻财产（mehr），即她当初结婚时带来的 3 000 卢比（按照今天的汇率还不到 100 美元）。像许多面临缺乏充足赡养费的离婚案的穆斯林女性一样，她根据统一的《刑事诉讼法》第 125 条提起诉讼，要求定期支付赡养费，该法禁止"有充分经济来源"的男性容许包括前妻在内[13]（1973 年特别修正案规定）的各种近亲持续处于"穷困潦倒"的状态。长期以来，这项补救措施都被视作解决伊斯兰教属人法所给予的不充足赡养费的一个办法，许多女性在类似案件中胜诉。沙阿·巴诺案的不同之处在于，印度最高法院首席大法官在裁定她每月获得 180 卢比的赡养费时，在他冗长的意见[14]中评论道，伊斯兰教制度对女性来说很不公平，现在正是国家应当真正维护统一民法典的时 173
候，就像《宪法》早就规定的那样。首席大法官写道："毋庸置疑，这个穆斯林丈夫享受着随时可因好的、坏的或不好不坏的理由选择抛弃妻子的特权。确切地说，是毫无理由的。"尽管是印度教出身，首席大法官也负责解释各种伊斯兰教经文，并负责论证在为女性提供更充分的赡养方面，不存在任何伊斯兰文本障碍。

迎接这份意见的是一场公众抗议的风暴。尽管一些自由派穆斯林支持首席法官昌德拉丘德（Chandrachud），但他对伊斯兰教经文解释的狂热干预使他们的工作变得相当困难。伊斯兰神职人员和穆斯林属人法委员会组织了反对这项裁定的广泛的抗议活动，并声称这项裁定侵犯了他们的宗教自由。为了回应广泛的抗议，拉吉夫·甘地（Rajiv Gandhi）政府于 1986 年颁布了《穆斯林女性（离婚后保护）法》，这剥夺了仅有穆斯林女性才享有的《刑事诉讼法》保障的赡养权。女性群体设法以宗教歧视和性别平等为由宣布该法违宪，但最高法院（为迅速逃离宗教不宽容和过分激进主义的指控）拒绝受理她们的申诉。与此同时，印度教的激进分子抱怨说，1986 年法律歧视印度教徒却赋予穆斯林男性"特权"。[15]

这是与我们所说的困境相关的三个事例，它们与在美国和欧洲出现的 174
困境没有性质的差异，只有程度的差异，因为印度宗教控制了大部分法律体系。一方面是宗教自由的要求，另一方面是女性对各种基本权利的要求。在第一个例子中，女性取得明显的胜利——有趣的是，它所涉及的是一个在政治上无能的小宗教。在第二个例子中，女性取得一些进步，但是这些规定执行不力，当前的印度教宗教激进主义和保守主义风气使未来变得十分渺茫。在第三个例子中，女性遭受特别痛苦和明显的失败。至少在某些时候，宗教自由和性别平等似乎处于冲突对抗的关系之中。

二、世俗人文主义者与传统主义者

女性主义者对这一困境采取了多种不同立场。下面两种极端立场在国际争论中尤为突出。第一种立场我称之为**世俗人文主义的女性主义**立场，
175 它基本上认为这个困境不存在。[16] 有关女性平等与尊严的价值，以及更为一般的有关基本人权与能力的价值，其重要性大大超过任何宗教主张，以至于它们之间的任何冲突都不应当被看作一种严重的冲突，除非从实际的政治层面上讲。事实上，世俗女性主义者倾向于把宗教本身看作无可救药的父权主义，是各个时代女性压迫的强大同盟。她并不会对压制它而感到不快，也不认为它对人们的生活好处多多。[17]

许多世俗人文主义的女性主义者都是马克思主义者；如果她们追随马克思的宗教观，她们可能会在宗教的社会作用方面持否定的观点，甚至不可能高度尊重宗教自由。但是一些自由派的女性主义者也采取世俗人文主义者的思路。这些女性主义者——通常是整全主义的自由主义者而非政治
176 自由主义者——将承诺维护良心自由，但这只是在对基本人权和能力的世俗道德解释牢牢确立的界限之内：如康德就认为宗教“只在理性的界限之内”。这实际上是约翰·斯图尔特·密尔在《论自由》中的立场，在这里，密尔斥责加尔文主义是一种“阴险狡猾的……人生理论”，并造就了一种“苍白死板的人性”。他坚持认为，公共政策建立在这样一种观点之上是完全合理的：通过把顺从当作一种善来传授，加尔文主义破坏了“理想的人性状态”。因此，他主张把自由主义看作一种整全性的人生理论，而不是（如政治自由主义那般）简单地看作核心政治原则的基础。[18] 一些身处此种整全性自由主义传统的世俗人文主义者，像马克思主义者那样显示出对宗教的普遍敌意；伯特兰·罗素只是自由派知识分子广泛持有的观点的一个明显范例。其他人对宗教本身并不具有敌意，他们只是坚持宗教要符合

理性的世俗价值观；约瑟夫·拉兹和苏珊·奥金似乎隶属这个阵营。

第二种进路被我称为**传统主义的女性主义**，它基本上也认为这个困境不存在。各个宗教和传统社群的观点都是我们为女性的未来绘制蓝图最好的，兴许也是唯一的向导。一切不植根于某个特定社群的善观念的道德主张从一开始就是可疑的；但那些挑战传统宗教习俗根基的道德主张格外可疑，因为它们威胁到历代对女性和男性都至关重要，并构成其所追寻的生存意义之核心的价值根源。[19] 虽然这种立场经常会与单纯的传统主义和反女性主义趋同，但我认为在下述意义上它可能成为一种真正的女性主义，它的支持者承诺从什么对真正的女性而言具有深刻的重要性，并从维 177
护这些深刻价值使其免遭其他女性主义者攻击的角度来界定女性主义。

有一些传统主义的女性主义者是文化相对论者，他们认为，作为一个理论问题，为任何跨文化的道德规范做辩护都是不可能的。（我在第一章中批评了这种观点。）另一些人则更忧心规范性道德实在问题而非辩护问题：他们简单地认为，与国际人权准则相比，本土的价值来源更有可能造福于人民，更符合也更有益于人民的现实生活。就印度而言，传统主义的女性主义者通常与其他捍卫传统、反对世俗化和现代化的“本土主义者”达成共识，这些人认为印度国民认同的精髓在于印度教传统[20]，传统的女性角色是印度教徒身份认同的核心。（伊斯兰教也提出类似主张。）本土主义者往往通过坚持印度价值根本有别于西方价值来支持他们对人权准则的攻击。在第一章和第二章中，我已对这种立场展开广泛的批评。

世俗人文主义对女性主义者极具吸引力，这是因为从理论和实践上讲，世界主要宗教在其实际的历史形态中对女性无疑是不公正的。在当代政治中，宗教群体经常对女性生活产生有害影响，正如我们列举的三个印度案例所表明的那样。人们的确很容易说，好吧，让宗教存在，但是让它像清理其他东西一样清理自己的行为，使它自身的规范和行为合乎一套基本的国际道德标准，而不受国家的特殊保护。[21] 当宗教明显做错了时，178
这种立场似乎是合情理的。看起来，这就是首席法官昌德拉丘德在沙阿·巴诺案中所表明的立场，他当时呼吁国家停止对宗教法庭的保护。[22]

正如沙阿·巴诺案向我们表明的，世俗人文主义存在深刻的应用难题。它用一套明显外在的道德要求来接近宗教人士，并告诉他们这些规范比他们的宗教规范更好，这种做法很轻率，且常常适得其反。在印度，当印度教徒向印度教徒提出道德要求时，情况就已经相当糟糕了；但是当印度教徒向伊斯兰教徒提出相似的道德要求时，他们会把这看成一种侮辱和威胁，是不尊重少数文化及宗教传统自主性的表现，这在某种意义上是对的。今天，这些要求显然更具有威胁性，因为改革穆斯林属人法的要求被渴望将印度教描绘成对女性开明的宗教，将伊斯兰教描绘成落后的和压迫性宗教的印度教民族主义势力视为一种战斗口号。尽管建立统一法典的目标仍然得到许多女性主义者及其他进步思想家的支持，但实际上它如此显著地构成印度教宗教激进主义的部分目标，以至于我们很难把它与印度教至上和穆斯林公民降至二等公民的思想分割开来。

世俗人文主义者犯了一个相关应用上的错误，即未能在各个宗教传统中寻求与女性主义势力的结盟。宗教传统确实是压迫女性的强大来源；但它们也是保护人权、承诺正义并推进社会变革的强大来源。例如，它们是美国废奴主义和近期人权运动的主要来源，在印度，它们是甘地的反殖民主义和当代甘地式自营职业女性协会运动的主要来源。[23] 希拉·纳瓦兹
179 这些穆斯林女性主义者发现伊斯兰教的正义观念正是女性赋权的重要来源。通过宣称她不想与宗教牵扯上任何关系，甚或（在更温和的意义上）宣称宗教只有在符合某种整全性自由主义生活观的意义上才能得到尊重，世俗人文主义者注定会进行一项孤独而又无望的斗争，并且侵犯了许多原本可能成为其盟友的人。世俗主义的草根政治很难抓住人们的想象力，在印度语境中尤其如此。通过将宗教道德权威及其象征和隐喻的全部能量拱手让给父权主义，甚或（在更温和的意义上）通过坚持宗教在所有方面都是女性主义或自由主义的，世俗主义者进一步出让了她自己的政治目标。最终，她放弃了自己最擅长的论辩领域——性别平等，转而涉足颇有争议的形而上学问题。为什么她没必要这么做，还非要这么做呢？

然而，世俗人文主义所面临的不仅是应用和政治上的难题。以下三个论证在更深的层面对它提出了质疑。第一个是诉诸**宗教能力的内在价值**的论证。宗教信仰、成员资格以及宗教活动方面的自由隶属于核心人类能力。鉴于宗教能力的多重面向，我把它们纳入感知、想象和思考的能力以及依附的能力之中。这一举措反映了我的下述观点：宗教是追求这些一般

能力目标的一个极其重要的方式，但并不是唯一应受到保护的方式。[24]不过，我确实坚信，正因为宗教是对这些一般能力目标的一种详细说明，所以就政治目的而言它是最重要的保护对象。能够依照自己的方式寻求对人生终极意义的理解构成真正的人类生活的最重要的方面之一。历史上，借助宗教信仰和宗教活动来实现它是最常见的方式之一；因此干扰这些活动相当于禁止许多人追求终极善。宗教也紧密和富有成效地关联于其他人类能力，如艺术、伦理和理智方面的表达能力。无论在家庭还是在更大的社群中，它都是年轻人道德教育的中心。最后，它通常是文化传承的一个 180
重要工具，从而对其他形式人际关系和互动提供宝贵的支持。因此，打击宗教就是甘冒剔除人类道德、文化、艺术和精神生活的风险。即使在世俗国家内并通过世俗国家可以找到替代性的表达形式和活动形式，一个剥夺公民追求宗教权利的国家也使得他们在这些重要领域受到严重不公平的对待。

就政治目的而言，能力进路的目标是宗教能力或机会，而不是宗教功能发挥，这是为了让公民自己选择是否追求相关的人类功能，以及是否通过宗教活动或世俗活动去追求它们。因此，为了实现政治目的，我认为自由主义国家所采取的立场是，公民可以合理地追求宗教和非宗教的善观念——抑或不追求任何一种确定的观念。但是，我们坚持认为对所有公民而言，这些能力的宗教形式是必须捍卫的具体说明之一，这个事实本身就涉及承认宗教功能发挥在诸多情形中具有很高的内在价值：作为人类能力表现的宗教价值观是我们决心为之留出空间的合理观念之一。

由于宗教对人们来说非常重要，是人们获得身份认同的非常重要的来源，因此也存在一个诉诸**尊重人格**的强力论证，这个论证补充了这些内在价值的考虑。当我们告诉人们，他们不能以自己的方式确定人生的终极意义时，我们没有充分尊重他们的人格，即便我们确信自己是对的，并确信他们所采取的不是一种良好的方式。在这个意义上，世俗人文主义观念根本不是自由主义观念。在第一章中，正是这项考虑促使我支持**政治自由主义**而非**整全性的自由主义**；世俗人文主义观念就是一种整全性的自由主义。显而易见，没有哪个国家能够容许公民以他们所希望的任何一种方式去寻求人生的终极意义。但世俗人文主义常常在相反的方向犯错误，它对宗教采取轻视和不尊重的态度，甚至在未引起任何伤害问题时也是如此。即使这种立场是正确的，即使相当一部分宗教信念（甚或全部信念）都不过是落后的迷信，如果我们不允许公民同胞拥有这些质询和自我决定的渠
181 道，我们就没有尊重他们的自主性。正如罗马天主教思想家雅克·马里顿（Jacques Maritain）所言：

> 只有当一个人对真理或者他认为是真理的东西抱有坚定和绝对的信心时，当他同时承认他人有权否定这一真理的存在，有权反对他的观点并表达他们自己的观点时，真正的宽容才存在，这不是因为那些人与真理无缘，而是因为他们在以自己的方式追寻真理，同时因为他尊重他们的人性与人格尊严，尊重其理智与良知的源泉和活力，那些源泉和活力使他们具有获得其所热爱的真理的潜能，假如有一天他们碰巧发现它的话。[25]

我时常觉得，当我那些女性主义盟友对宗教不屑一顾，将它仅仅视为“大众鸦片”时，她们没有充分尊重女性（和男性）信徒“良知的源泉”。

最后一个论证是诉诸**宗教的内在多样性**的论证。忽视宗教的世俗人文主义者倾向于将宗教视为女性进步的敌人。在这样做时，他们向其传统主义对手做出了最令人遗憾的让步：他们一致认为宗教等同于某些反动势力，它们通常是高度父权制的。[26] 正如我所说，这是一个应用上的错误：
182 人文主义的女性主义者认为，在宗教传统内部进行改革（或回到更好的早期规范）的整个事业都是愚不可及地白费时间，通过表明这一点，她疏远了那些原本可能成为她最具影响力的盟友的人。有时，她甚至表现出对那些反对势力的存在一无所知。[27] 但她的错误也是一个关于什么是宗教传统的理论错误。在第一章，我批评了把文化视为同质的、忽视其内在多样性和冲突的错误。同样的观点至少可以在宗教传统上得到强调。没有任何宗教传统仅仅由权威和奴性构成。所有宗教传统都包含争论、多样化的信念和习俗以及多元化的声音——包括女性的声音，她们的声音并不总是能被清楚地听到。更进一步说，所有宗教传统都是动态的：因为它们涉及对终极意义的执着追寻，所以至少在某些方面它们会根据其成员对意义的理解变化而变化；又因为它们是社群组织的形式，所以它们会根据其成员对

何种社群是他们情愿身处其中的社群的判断而发生变化。[28] 犹太教、伊斯兰教或基督教的定义绝不是简单地从过去得来的：尽管各种传统在其活力的程度和性质上有所差异，但至少在某些方面它们是由其成员所希望的走向来界定的。

因此，如果没能蕴含这一事实——改革派与重建派教会称呼上帝为“你”而非“他”，并承认（三）父和（四）母共同存在——那么有关犹太教的任何论述都是对犹太教传统定义的错误描述。[29] 依据这个论证，当世俗人文主义的女性主义者称犹太教为内在的父权制时，她们错误理解了犹太教；同样错误的是，以色列的政治势力拒绝承认犹太教的非正统派分 183
支。[30] 任何认为罗马天主教传统原则上是反犹主义的说法，都忽视了当前教皇的言行所推动的教义方面的最新演变。犹太教徒也许有充分的历史理由怀疑江山易改、本性难移，但他们也不应该对正在发生的事情充耳不闻。类似的演变可能最终会发生在女性祭司的角色上，许多天主教徒支持这种变化。当然，大多数主要的新教教派已经做出了这类改变。[31] 任何有关印度教传统的这类说法同样都是错误的：罗摩是唯一的主神，或者印 184
度教原则上与《摩奴法典》所代表的厌女症传统不可分割，这种说法忽视了印度教中一直存在的巨大的地域、时间和意识形态的多样性——包括性别平等运动人士的深层次宗教承诺，如 18 世纪的拉姆莫亨·罗伊、20 世纪早期的拉宾德拉纳特·泰戈尔以及我们这个时代的伊拉·巴特，他们都认为自己代表摆脱了历史和文化扭曲的真正的印度教。[32] 任何认为伊斯兰教本质上不可救药地厌恶女性的说法，再次混淆了宗教激进主义势力（他们经常提出他们自己关于传统的相当综合性的解释）和整个伊斯兰教传统，并表现出对经文的高度无知（例如，不知女性是通过从不那么权威的解释回到《古兰经》而获得平等继承权，以及《古兰经》和《圣训》都认为男人和女人具有一个共同本质这一事实）。[33] 这种无知是对公民同胞的冒犯，单就这个理由而言，这种无知就令人反感——但犯错本身也是不 185
好的！

如果世俗人文主义存在这些实践和理论上的问题，传统主义的女性主义又会怎样呢？非常有趣的是，它遭遇极为相似的问题。从实践上说，我们很快会更清楚地看到，忽视内在于一个宗教传统中的批评和反对的声音，把它等同于它最具父权色彩的元素[34]，不承认各种传统具有的动态特征，这是极其分裂的做法。这些针对伊斯兰教和印度教的思考方式与印度当前糟糕的群体关系有牵连；传统本身的成员对传统狭隘和静态的表现至少和局外人无知的表现一样，是造成这种现象的原因。与此相似，关注女性角色的传统主义者也犯了应用上的政治错误——分裂，她们原本可以建立富有成效的同盟关系，因为各类女性主义者在物质福祉方面都分享一些共同的目标。

在理论领域也可以发现类似的问题。传统主义的女性主义者似乎与世俗人文主义者一样低估了女性宗教能力的内在价值，拒绝承认在一种传统最具父权色彩的元素之外[35]，人们还拥有追寻宗教意义的多种方式。当
186 以色列的极端正统派否认保守派和改革派犹太教徒在结婚、离婚和改信等领域享有宗教自由权时，他们低估了宗教能力的内在价值；传统主义的印度教、伊斯兰教和基督教当局以类似方式低估了不同类型的功能发挥在他们自身传统中的价值，并将他们自己的方式界定为唯一合法的方式。这个错误不仅是对内在价值的攻击，在很大程度上也是对公民同胞的攻击，他们在以自己的方式追寻善时理应得到尊重，即使当人们像宗教激进主义者通常所做的那样，坚信批判的方式是对正确方式的错误背离时也是如此。最后，显而易见，这些传统主义者经常对他们自己的传统进行大规模简化和改写，这些简化和改写因否认多样性和动态性而使得传统和历史歪曲变形，与世俗主义女性主义者的误读一模一样。

传统主义观点还存在另一个困难，这个困难似乎不曾出现在世俗人文主义观点中。此即，至少在一些政治形式的传统主义中，传统主义过分凌驾于其他人类能力之上，赋予（被刻意解释的）宗教广泛的自由来决定一个女人的生活质量，即便这不仅威胁到尊严和平等，也威胁到健康、生活物资和身体的完整性。[36] 世俗人文主义者至少受到一个令人尊敬的目标激发：全面保障女性的权利和能力，包括那些已列入男性议程的和那些涉
187 及女性不受性别歧视的自由的权利和能力。我已经论证，在这个过程中她忽视了一系列非常重要的关切与宗教能力和尊重人格之间的关联；但她这么做时常常没有完全认识到这一事实，而是着眼于促进女性平等的公民权。我认为，在女性问题上，传统主义的背后没有什么积极的动机可言。

几乎找不到任何严肃的论证能够证明，对女性的某种伤害或不平等本身就是宗教传统固有的精神价值或道德价值所要求的。没人会争辩说，玛丽·罗伊的不平等继承权是一个对基督徒敬拜至关重要的崇高目标；一夫多妻和童婚是印度教精神价值的本质；或者未能支付沙阿·巴诺每月的赡养费是伊斯兰教的一个驱动力。相反，甚至传统主义者的公开论证也常常暗示维护传统宗教法庭和传统宗教权威之权力的价值——在道德上，这一价值远比人类基本能力的价值更加令人可疑。而且，他们的论证常常自相矛盾地允许女性忍受在财产权、赡养费或其他方面的歧视，这只是因为她们碰巧是那个宗教的成员——就尊重那种传统内在的道德价值而言，这明显是种令人心生疑窦的方式。在某种程度上，我们必须划清界限，并否认这些进路堪称“女性主义”的称号；当它们甚至不会装出一副捍卫支持女性权益的传统规范的样子时，这个临界点自然就到来了。就严肃的道德论证而言，它通常是间接的，并声称传统权威或法庭的权力对维护传统的其他重要方面是必要的。[37] 但这些主张是经验性的，且应当加以检验。

三、两个定向原则

因此，任何对困境的充分论述都必须首先将它视为一个真实的两难困境，承认双方价值的重要性。我已经论证，它必须尊重宗教能力和男女信 188
众选择各自生活方式的内在价值（对政治自由主义的基本承诺），与此同时严肃对待各种人类能力的重要性，在传统宗教文化中，女性时常面临能力缺失的风险。最后，它必须理解和尊重各种宗教传统中那些多元化和多样化的声音，其中既有传统的声音，也有批评的声音，既有女性的声音，也有男性的声音。这意味着从一开始就警惕任何不承认宗教和女性权益之复杂性的言论。

现在，我的进路进一步遵循两个定向原则。第一个定向原则在我们开启这项研究时便一直紧随左右：那就是**每个人都被视为目的的原则**，在第一章中它被重新解释为**每个人的能力原则**。与所有的核心能力一样，宗教能力首先是个体的人的能力而非群体的能力。我们应该从根本上考虑的是个人的良心自由和信教自由。尽管宗教功能的发挥往往具有关系性和互动性（就像政治功能的发挥和家庭内部的功能发挥那样），尽管它常常蕴含共同的目标和目的，但其所涉及的能力对**每一个人**来说都具有重要性，而应当被允许获得这些能力的正是**每一个体的人**。政治和家庭中的情形也是如此：一种对群体本身而言的统一的善（organic good）若无法有益于其中每一个成员，它就是不可接受的。自由民主政体的公民通常认为，不只是一部分而是所有公民都应当享有政治权利和自由。宗教上类似的观点是，**所有人**（在**每一个人**的意义上）[38] 都应享有良心自由和信教自由（以及其他人类能力）。因此，对一个宗教群体而言，任何看似好的解决方案都必须接受检验，从而确定它是否真的促进了每一个群体成员的宗教能
189 力（及其他能力）。就可能占据人类生活核心的某种能力而言，使部分人的能力服从于全体的统一意志是对人的一种侵犯。

我并不是在强调，在个体将她自身视为独立的、有自我意志的宗教群体成员的意义上，所有的宗教功能发挥，若要被接受都必须是个人主义的。这种有关宗教功能发挥和宗教能力的论述显然会遗漏掉人们通过屈从于权威或等级制、抑或通过与集体意志保持一致来追寻善的多种方式。我所支持的那种对个人的关注，排除了比方说以否定个体印度教徒或犹太教徒良心自由的方式，来寻求印度教或犹太教的善的进路。例如，以色列在法律上不承认改革派和保守派的犹太教就违反了这项原则：因为，它说，为了犹太教的壮大，让我们在涉及结婚、改信和离婚的问题上禁止个体犹太教徒以他们自己的方式敬拜吧。我们或许会怀疑这是否确实有利于犹太教的壮大，但是它肯定与我的原则发生冲突。[39] 由于无法将祖先的财产从个人生来隶属的属人法体系中解脱出来，印度通常不允许个人自由地从一种宗教传统进入另一种宗教传统的制度也违反了我的原则。

在宗教事务方面，思考我所提出的那种对个体的人的关注的良好方式，是考虑一下美国的两个宪法原则——禁止确立国教和信教自由。禁止确立国教条款背后的动机是防止公民的良心自由和信教自由因政治和法律权力所支持的主流宗教群体施压而受到侵犯；信教自由条款背后的动机是防止信仰和敬拜遭到公共行动的阻碍或拖累。这些条款的来历是出了名的艰难和曲折。有时候，它们看起来彼此冲突；有时候，我们又很难区分这两个条款所暗示的观点。不过，在最抽象的层面，我们可以说，它们的

共同目标是建立一种政治制度，在此种制度下每个公民的良心自由都会得到保护、免受侵犯，尽管各种类型的集体都可能施加压力，不论它们是宗 190
教的还是世俗的。正如我们将会看到的，这个传统认识到了这一事实，即摧毁个体所属群体或传统将是否定个体宗教信仰自由的一种方式；因此，群体价值确实进入这个等式之中。[40] 但是，它们并不被视为目的自身，我们自然也不允许它们超越个人良心的价值。

我把第二个定向原则称为**道德约束原则**。在许多宪法观念中，宗教被给予高度的尊重和保护，在我的观念中它也将如此。尊重它的一个原因当然是宗教对于信徒的极端重要性，它是他们追求终极善的一种方式。但这种尊重的另一个重要原因涉及宗教在传播和培育为人处世的道德观上的重要作用。如希拉·纳瓦兹所言：主要宗教的核心都关乎为人处世之道，所有主要的传统都可以合理地看作革新或改进处世之道的努力。此外，补充说明这一点并不算太鲁莽，即所有主要宗教都体现了同情人类苦难的思想，以及无辜之人不该受难的思想。最后，所有主要宗教都体现了某种正义观。这并不是说宗教不关心其他诸多事物，如信仰、仪式、庆典、快乐和沉思；但至少它们关心的一部分事物与道德有关。

当我们在政治上尊重宗教时，这么做不单是因为宗教所发挥的道德作用；政治自由主义者也无须断言这种道德作用是国家利益的核心目标。说这样的话将意味着对宗教传统及其核心要素采取一种不可接受的家长制立场。然而，我们可以也确实认为，与核心政治观念所体现的共同的道德理解相去甚远的任何一种邪教或所谓的宗教都不应被冠以“宗教”的尊称。所以，美国法律始终拒绝承认撒旦教及其他相关群体的宗教地位。关于山达基教的争论具有类似的特点：只要国家认定这种组织确是一个阴暗 191
的骗局，他们就会拒绝承认它崇高的宗教地位。根据美国法律，整全性的伦理观或政治观不足以构成一种宗教；我将对下面这种情形表示我自己的担忧。但是，在两个征兵委员会案件中，非传统的、终究难与整全性伦理观区分开来的关于处世之道的系统性观点被授予宗教地位。[41] 对两个案件的处理已经明确表示，信仰神不是必需的：否则，佛教和道教显然不会像现在这样得到保护。因此，当我们保护宗教时，道德约束被应用到什么是宗教的定义上。

此外——这里吸引我的是——这种约束也应用于国家对公认的宗教的保护。即使在一个群体被明确认定为宗教时，我们有时也认为，当它超出某些道德标准，尤其是那些受到核心的宪法基本观念保护的道德标准时，它就丧失了要求国家尊重的权利。因此，当国家给予宗教特别的税收优惠时，美国的宪法始终否认种族隔离或等级制度的宗教表现是宗教本身
192 的合法特权。[42]《印度宪法》也做出类似举措，它提供了与美国的宪法类似的宗教保护，却将贱民制度认定为不合法；印度教仅在对公民平等价值的核心宪法解释所提供的道德约束下得到保护。反对萨蒂习俗的法律表达了类似理念。

为了与第一章所阐述的政治原则观念保持一致，我们按照以下方式从核心能力清单的角度来理解道德约束。当某种宗教活动在主要的能力领域对人们造成伤害时，我们不应当尊重它。对不信仰这种宗教的人造成伤害的宗教活动明显是有问题的（如，某一种姓的印度教徒拒绝让任何女性外出，因为他们自己的种姓规范禁止这样做）；但是，当它们严重破坏了某种核心能力——尤其当我们有理由质疑这种做法的自愿性时，对信奉同一
193 宗教的人造成伤害的宗教活动也将是有问题的。[43]（当我们有理由认为不赞同某种宗教活动的个体成员并不具有脱身的机会时，这些问题就尤为严重了。）因此，印度教徒不允许印度教女性外出工作也将接受批判性审查，尤其当我们觉得女性在这件事上受到胁迫和威胁时，以及当我们怀疑她们是否有机会按照自身意愿把自己定义为非印度教徒时。

从形式上以及核心政治观念上讲，**道德约束原则**并未涉及宗教本身内在的问题。政治自由主义制止了此种情形的发生：对外在于核心宪法原则的有关善的争议性问题，公共政治观念应当保持中立。但是，道德约束原则有一个非正式的社会推论，宗教成员可以在相互交谈中使用它，我们也可跨越宗教界限在非正式的社会审议过程中使用它。在谈论宗教人士和宗教群体的特权时，我们所面临的一个最大问题是决定什么时候会有一个合法的宗教问题摆在桌面上，以及什么时候这个问题反而是个文化或政治问题。宗教与政治和文化复杂纠缠在一起。即使当一种宗教建立在一套权威的文本基础上时，文化与政治也会进入文本阐释和传统习俗制度之中。犹太教徒对于什么是传统中真正的宗教性元素和什么是特定背景和历史塑

造的产物的界限存在意见分歧。基督教和伊斯兰教也有类似争议。在各种情形中，许多阐释者倾向于将至少一部分传统甚或文本看作历史或文化的产物、某一特定时期人类善观念的表达，但在我们这个时代，没有阐释就 194
没有约束力。[44] 就印度教而言，缺少圣典的权威使它更难以（即使不是完全不可能）找到一个区别于历史和文化层面的必要的宗教内核，这些层面都充满着不完美的人对政治权力的强烈渴望。

因此，当我们考虑削减以宗教名义发声的某些宗教人士极度渴望的一些活动时，确定他们是否**真正**在以宗教名义说话，是否正确理解了那种宗教的内核，或者是否只是为了政治权力才全力以赴，是很有益的。但是，这不仅很难被发现，有时可能并没有确定的答案有待被发现。在这类问题上，法官没有充分的资格去做出判断，一般来说，他们尊重宗教人士关于在他们的宗教中信教自由的合法要求是什么的说法是正确的。[45] 他们坚持对**道德约束原则**进行受严格限制的**政治运用**是恰当的。但是在更为非正式的公共对话中，表明立场有时是很重要的。基督徒是否有理由认为玛丽·罗伊索要继承权危害了基督徒的敬拜，或者这是否只是教会领袖保持税收收入的一种策略？尼赫鲁和安贝德卡的反对者对于印度教的本质有更高明的见解吗，或者他们只是想为宗教法庭提供支持吗？

这项原则的**社会版本**允许我们深入评论这些问题。它表明，当我们评估那些争议时，我们应该对表面看来残忍或不公平的所有元素保持怀疑——在核心能力领域中尤其如此。不过现在，除了说我们可能不会在国家层面尊重那些元素以外，我们也追问这个问题，即那种元素是否果真构 195
成宗教的核心。你说你的宗教是向善的，我们不妨争辩一下。但这显然是不好的，似乎令人怀疑它是否真能成为宗教的一部分，因为我们了解它的核心目的。

即使主要的宗教并未采纳这项社会原则，我依然会觉得它很宝贵。不过，它明显深深扎根于印度和西方宗教史中。当印度国王阿育王（一个公元前 3 世纪统治印度的佛教徒）看到以宗教名义进行的宗教不宽容行为时，他援引道德约束原则得出这样的结论，伤害其他宗教绝不是表达或颂扬自己宗教的一种方式：

> ……别人的宗派都因这种或那种原因值得尊重。人这样行为时就是高举他自己的宗派，同时又事奉别人的宗派。反之，他就伤害了他自己的宗派，也没能事奉别人的宗派。因为，如果一个人崇敬自己的宗派，同时又完全出于对自己宗派的眷恋而蔑视别人的宗派，企图以此为自己的宗派增光添彩，那么这种行为实际上对他自己的宗派造成了最严重的伤害。[46]

换言之，不论宗教人士如何评价他们的行为，我们都可以得出结论，他们错误地理解了宗教的要求：不宽容的行为伤害和损坏了一个人自己的宗教（印度教或佛教），而不是表达或颂扬了它。如果阿育王是一个政治自由主义国家的政界人士，他会被建议以更为克制的方式说话，即只是说当人们这样做时，他们便丧失了获得国家保护的权利。但是，他对这个较强的社会原则的非正式的社会运用非常有效。

美国总统亚伯拉罕·林肯在内战结束时发表的第二次就职演说中同样诉诸这项道德约束原则。谈到（前）奴隶主和废奴主义者都认为自己是基督徒，他们的理由也是基督教的理由时，他评论道：

> 他们都阅读同一本《圣经》，向同一个上帝祷告；每一方都祈求
> 196 祂帮助自己反对另一方。人竟敢请求公正的上帝帮助他们从别人辛勤的汗水中榨取面包，这似乎很奇怪；我们不要评判别人，以免被别人评判。[47]

与阿育王一样，林肯实际上是说：无论他们如何看待自身行为的宗教性质，只要这些行为是不公正的，我们就必须保持高度怀疑。上帝是公正的观点是有关上帝支持什么和不支持什么的更具体观点的根据和约束。把上帝看作奴隶制度真正的支持者的观点极不可信。[48] 同样，美国法院的说法更加是不可知论的，它只是说种族隔离主义者在税收问题上丧失了获得国家保护的权利；但是，当宗教被用来支持罪恶时，林肯对这项更强式社会原则的运用是有价值的。对一个基督教领袖来说，说奴隶制度是反基督教的，这似乎没有超越公共理性的界限。

道德约束论证是在女性生存的背景下自然产生的。一位从当地毛拉们那儿得知宗教禁止她与男人一起在地里干活的孟加拉国的年轻妻子说，如

果阿拉果真要求她们挨饿，那么“阿拉就是有罪的”。当然，她的意思是表达对毛拉式阐释的质疑。她对自己宗教的理解是，一个公正、全善的上帝不会只基于女人外出似乎在一些男人看来是不恰当的理由就容许女人挨饿。一个公正的上帝很可能会让她获得生计，并要求男人谦逊待她（正如《古兰经》在任何情况下所明确要求的那样）。[49] 既然从定义来看真主阿拉是没有罪的，那么任何暗示他有罪的言论必定都是错的。一般来说， 197
这是各种宗教中的女性主义者通常用来发起变革的论证方式：如果我们认同上帝是公正善良的，并且如果我们能证明某种行为是极端恶劣的，那么由此可以得出结论，这种行为并不是宗教的核心，且必定是一种人类错误，这种错误可以在保持宗教本身完整性的情况下得到修正。同样，首席法官说类似的话是不明智的；在他的司法角色中，尤其作为一个印度教徒，他本应该把自己限制在更受限的政治版原则中。但是，从社会层面以及她们自己的宗教内部来说，这些女性有力地利用了更强式社会原则。

就女性问题而言，这类论证常见于印度的印度教和伊斯兰教传统中。19 世纪，孟加拉改革家拉姆莫亨·罗伊和伊斯瓦昌德拉·维德亚萨加尔（Iswarchandra Vidyasagar）发起了反对萨蒂习俗、童婚和一夫多妻制的运动，他们的运动基于对印度教传统道德核心的回顾。洛克亚·萨克哈瓦特·侯赛因（Rokeya Sakhawat Hossain）这些改革家就伊斯兰教的谦逊观念给出类似的道德论证，通过指出闺禁制度在道德上令人反感的后果以及它对真正的道德行为的非必要性，他们从正统宗教内部提出了挑战。[50]《印度宪法》运用了更受限制的政治版原则，它似乎适用于多元民主政体中的宪法基本问题。它并未声明印度教是什么或不是什么，它只是认定贱民制度是非法的。但是，与这类宪法改革相关的道德约束论证在社会上很有价值。

为了援引道德约束的社会原则，我们无须否认这一点，即某种既定形式的不道德可能一度完全占据宗教信念与活动的核心。例如，否认这些是愚蠢的：在很多时候，女性的屈从地位是许多宗教的核心；种姓制度是印度教的一个核心特征；种族等级观念是耶稣基督后期圣徒教会的显著特征[51]，如此等等。我们正在说的是，使宗教在人类生活中具有特殊地位 198
（应受到政治和法律上的特殊对待）的因素与理想和抱负相关，即使当以往的核心理解因道德争议而发生变化时，它也依然存在，实际上，它就是指引变革的因素。在下一节中，我会集中讨论对这项原则的更狭义的政治运用。但我们稍后会看到，在宗教动荡的时代，这项非正式的社会原则在指引争论方面发挥了宝贵的作用。

四、作为国家重大利益的核心能力

让我重述一下。我们面临两个限制干涉宗教的约束条件：尊重宗教能力的内在价值和尊重宗教人士的公民身份。接下来，我们面临另一方面的约束，它至少促进了对宗教和宗教人士的某种审视：尊重其他核心的人类能力。然后，我们有两个定向原则：每个人的能力原则和从核心能力方面解读的道德约束原则。最后，我们明确了一个事实，即世俗人文主义者和传统主义者统统忽视了宗教本身内在的多样性和多元性。现在，我会描述我所支持的进路，论证它没有违背这些约束条件，且较好地遵循了定向原则的指引。然后，我会展示这种理论将如何处理这三个问题案件中的每一个。

这个提议被认为是一个好主意，但不一定是对任何特定宪法传统的最佳解读。它借鉴了美国的法律思想，并且很容易适应印度的宪法传统，在大多数案件中，印度的宪法传统主要借鉴了美国宪法判例对基本权利的解释。但显而易见的是，对某一特定宪法传统的解释意味着追问除了这是不是一个好主意之外的问题，即涉及判例、文本、历史和机构权限的问题。我并不试图在这里着手那项更大的研究任务。

我的进路仿效了 1993 年的《美国宗教自由恢复法》（RFRA）。这项
199 法案禁止美国或任何州的任何机构、部门或官员“对个体宗教活动造成沉重负担，即使这种负担是由某项普遍适用的规则造成的”，除非政府可以证明这个负担“（1）促进了政府的重大利益；并且（2）是促进政府重大利益的最低限制性手段”。

现在，我们需要获得一些有关这项法律的起源和现状的背景资料，以便了解它如何源自对保护宗教少数派的关切——我自己论证过程中的一个核心关切。多年来，在有关《第一修正案》的法学理论中一直存在一个

问题，即“普遍适用的”法律可以与宗教群体或宗教个体抗衡到什么程度，当那些个体宣称这项法律给他们的宗教活动造成了“沉重负担”时。在很长一段时间里，至少从理论上讲，法律情形或多或少是由《美国宗教自由恢复法》后来重新确立的：最高法院一贯认为，普适法只有在以尽可能少造成负担的方式促进国家重大利益时，才能对个体宗教活动施加沉重负担。1963 年的《舍伯特诉弗纳案》（*Sherbert v. Verner*）是一个主导性案件。[52] 南卡罗来纳州一位女性拒绝在周六工作，因为她的基督复临安息日会信仰禁止她这么做。被解雇之后，她还不被允许领取政府提供的失业救济金，原因是她拒绝了合适的工作。她声称国家侵犯了她的宗教信仰自由；美国最高法院对此表示同意。法院认为，给一项福利附加一个要求违背宗教义务的条件确实给她的宗教信仰自由造成了沉重负担；法院认为，福利法对周六庆祝安息日的工人的歧视性影响使这个问题变得更加复杂。在舍伯特案所确立的这种政治制度下，其他普适法也被发现侵犯了宗教信仰自由：这方面的知名案件是涉及阿曼门诺派儿童的公共义务教育的《威斯康星州诉约德案》（*Wisconsin v. Yoder*），稍后我会讨论这起案件。[53]

然而，1990 年，最高法院在《就业处诉史密斯案》（*Employment* 200
Division v. Smith）中做出的裁决改变了方向。[54] 值得注意的是，这起案件涉及一个不受欢迎的宗教少数派和毒品使用合法化的威胁性话题。[55] 该案与俄勒冈州美国原住民部落有关，这些部落声称在特定仪式中使用佩奥特碱对他们的宗教而言至为重要，从而要求获得俄勒冈州毒品法的豁免（不是一般意义上的，而是就这项仪式来说）。[56] 他们的宗教主张的真诚性是无可争议的，佩奥特碱仪式在其宗教中的核心地位也是无可争议的。[57] 在斯卡利亚（Scalia）法官发表的一份长篇意见书中，法院认为信 201
教自由条款并不维护原告，因为“我们从来不认为，个人的宗教信仰使他有理由不遵守禁止采取国家自由管制的行为的其他有效法律”。法院明确拒绝了“政府重大利益”要求，理由是它使得立法人员的工作难度太大。[58] 然而，反对者强调不支持宗教少数派的危险[59]，并激起立法者确保“尽可能广泛地宽容相互冲突的观点”的兴趣。奥·康纳法官也持这种反对意见，他得出结论：“重大利益测验反映了《第一修正案》的使命，

即在一个多元主义社会中尽最大可能地维护宗教自由。对法院来说，把这个使命看作一种‘奢侈’就是诋毁《权利法案》的宗旨。”这对我的进路来说至关重要，因为我更支持《美国宗教自由恢复法》所提供的充分保护而非史密斯案所开创的政治制度，其核心理由恰恰是为了保护宗教少数派。

这项判决引起公愤。[60] 1993 年《美国宗教自由恢复法》在参众两院以压倒性两党多数通过，并由克林顿总统签署成为法律。[61] 1997 年 6 月，它被宣布违宪，理由与《第十四修正案》所赋予的国会权力范围相关。[62]
202 它所蕴含的原则继续得到大力支持，其中似乎包括绝大多数美国人民的支持。尚未解决的问题是，如何将这种支持转化为法律，特别是如何解决由立法部门和司法部门之间的冲突所引起的机构权限这一棘手问题。由于我相信每个国家都必须依据自己的传统和宪法自行解决那些特殊问题，因此关于那方面问题，我在这里没有给出任何建议。

我以《美国宗教自由恢复法》为基础的提议分为两部分：第一，在处理宗教困境时，《美国宗教自由恢复法》的原则应被采纳为指导原则。只有当国家及其代理人展示一项重大利益时，才可以对宗教施加一项沉重的负担。**然而**，第二，保护公民的核心能力应始终被理解为国家重大利益的基础：这就是我们解释道德约束原则、对“国家重大利益”这一模糊不明的概念赋予内容的方式。[63] 从法律上说，我已经表明核心能力就像一份可能在宪法保障中得到体现的基本权利清单。其中许多能力已经在印度的宪法和世界其他国家的宪法中得到充分体现；有些能力体现在我们所讨论的大多数国家认可的人权文书中；还有一些能力体现在法律判例中，通过这些判例印度的宪法已将对身体完整性的考虑纳入其法学理论中。因此，
203 我的提议意味着从多方面看可以在现行法律下合法实施的一套道德准则。

依据这项原则，应该从另一角度来看待史密斯案。在这起案件中，并不像争论中所显示的那样存在任何确切的政府重大利益，考虑核心能力也不会帮助我们做出比实际论证更强有力的论证。人们可能会指向印度在胡里节（印度教徒的春节）期间合法使用大麻这一类似案例：这么说似乎是对的，这里不存在任何禁止这项节日用途的政府重大利益，禁止这么做会给印度教造成沉重的负担。（事实上，比起美国原住民的仪式，胡里节明

显会引起严重得多的公共秩序问题，委婉地说：因为当大多数人神志恍惚时，这可能并已经导致骚乱和抢劫。尽管如此，我认为印度政府容许这个例外并集中精力控制骚乱是对的。）这项原则将支持豁免的其他领域包括在军队中佩戴圆顶小帽[64]，在监狱中佩戴宗教首饰[65]，以及合理满足囚犯的宗教饮食需求。[66] 另一方面，像包伯·琼斯这类案件[67] 结果就是这样：政府消除侮辱和污蔑他人的种族歧视的利益将被视为相关于核心能力说明的一项重大利益。稍后，在我讨论了印度多起性别歧视案后，我会更多地谈谈一种宗教在参与其内部形式的性别歧视方面拥有多大的自由；但包伯·琼斯案已经给了我们一种可供借鉴的范式：政府不应支持基于性别理由的侮辱和玷污个人的活动，尤其在很不确定参与那些活动的个人是否自愿的情况下。[68] 在第一章中我已经论证了那些类型的歧视是造成能力 204
障碍的直接原因，因为它们损害了自尊和不受侮辱的社会基础。

我一点儿也没忽视对每种能力标准予以恰当说明的困难，但我认为，当我们尝试对基本权利和自由给出最佳说明，并指明它们其中一种在何时遭受沉重的负担时，任何一种宪法传统都会面临这个困难。渐进的方式是更精准地划定界限的最佳方式，它依靠案例来扩大我们对自己想说的话的理解。正如我所表明的，我仍然不知道立法机关和司法机关在这种演变中的恰当作用是什么；这类制度问题的解决取决于每个国家民主传统性质的背景特征。

根据我开列的指导方针，这种由两部分构成的进路似乎表现良好。通过对国家实行征税标准以防国家行动给宗教信仰自由造成沉重负担，它尊重了信教公民和宗教能力的内在价值。它也尊重了其他的人类能力要求，在说明宗教自由的潜在限制时赋予它们某种核心地位。通过把问题界定为政府何时可以合法地给公民的宗教信仰自由施加负担，它尊重了每个人的能力原则；对宗教领袖和宗教法庭权威的干涉与这类负担的关系如何，这仍有待观察。最后，它遵守了道德约束原则，它说当一种宗教的确侵犯了人类的某种核心能力时（不论是宗教能力还是非宗教能力），我们将不再像往常那样给予这种宗教应有的尊重。

对我的进路最有力的反对意见将会来自斯卡利亚法官和史密斯案意见书。斯卡利亚断言，当我们允许宗教成为违反其他有效的普适法的理由 205

时，我们给予了宗教过度的自由，即使并不存在一项“国家重大利益”，情况也是如此。中立的（对所有宗教人士和非宗教人士都同样适用）、有理性基础的公法理应得到所有公民的遵从，无论他们的宗教信念是什么。另外，斯卡利亚指出，我们将面临大量要求法律豁免的主张，法官将没有能力以一种符合公共一致性和秩序的方式解决这些问题。就斯卡利亚的论证纯粹建立在机构权限问题上（譬如，他不反对个别州立法机关授予豁免权）而言，我没有一般性的反对意见；因为我说过，组织机构分工的问题必须随着每个独立的宪法传统的演变而得到解决。就这个论证建立在对任意裁断的更一般性的关切之上，并建立在普适法不应容许例外这个一般性观点之上而言，我相信它对宗教尤其是宗教少数派的保护是不充分的。但是，他的论证引起了重要的关切，这是该领域中的任何提议都必须面对的。我认为，通过对“政府重大利益”给予明确解释，我以能力为基础对什么构成一项“国家重大利益”的解释在某种程度上降低了他所担心的风险。然而，如果我们可以证明，即使是我对宗教作用的一般性解释也仍会使性别平等语境中的许多宗教行动不被接受，那么毋庸置疑，我们还将证明这些行动是更严苛的斯卡利亚测验无法接受的。

现在，我们面临一个重要问题：这一进路要求基本能力方面的平等吗，抑或只要求基本门槛能力方面的平等？换句话说，涉及基本能力的性别歧视是否会引发国家某种重大利益要求？抑或只有使女性陷入贫困或极端能力障碍的歧视才会引发国家某种重大利益要求？我们不妨通过换个角度看问题来理解这一点。通常来说，当国家不平等地对待某个宗教群体的成员时，人们会认为它对宗教造成了沉重的负担。《舍伯特诉弗纳案》的原告丧失了一项国家可能根本未曾提供的福利；但原告持有的理由是，只要政府确实提供了这类福利，使某个侵犯一些人的宗教自由的活动成为获
206 得它们的条件，就是在给宗教信仰自由施加沉重的负担。据说，强迫她在她的宗教活动和没收福利之间做选择相当于对周六做礼拜的人处以罚款——无论罚款金额有多小，无论个人支付能力有多强，这种做法都是不可接受的。不平等对待本身就是一种侵犯；出于 X 的宗教信仰原因让 X 越过重重关卡，而 Y 不被强制越过关卡，这实际上给那种宗教活动造成了负担。（它或许也涉及禁止确立国教条款问题，尽管那不是舍伯特案的

争论方式。）我想我们应该说，其他能力也是如此。在某个核心的人类功能发挥领域，将女性单独挑选出来予以区别对待，这本身就是不可接受的，即便女性并未因此被推入功能发挥的底线水平，它也产生了一项消除那种歧视的国家重大利益。在这里，我们有《印度宪法》的支持，因为与美国的宪法不同，它明确规定不得出于性别理由而歧视他人，并把这项规定列入公民基本权利之中。此外，就种族而言，任何污蔑和侮辱他人的歧视实际上都是能力障碍的原因：因此，即使在其他能力领域之外，也几乎不会有允许歧视的可能，但是，我在下文中会论证，有一些宗教内部选择仍应得到保护。

五、非宗教、确立国教与平衡

最后，我以《美国宗教自由恢复法》为基础的进路面临三个非常棘手的问题。第一，宗教应当被单独挑选出来予以特殊保护吗？或者同样的保护应当适用于其他所有表达性活动或追寻终极真理的活动吗？在建构和评议我的核心能力清单时，我已经表明，宗教是人们运用思想和想象来追求对生命中最重要事物的理解的一种方式；它也是人们追求共同体和归属感的一种方式。但是，也存在其他方式，其中一些涉及整全性的伦理观点，一些涉及不那么系统性的个人追求，一些涉及诗歌、音乐，还有一些涉及艺术。对宗教信仰体系与非宗教的信仰体系和活动进行原则性、系统性区分似乎很困难。使宗教值得尊重的特征通常出现在非宗教的信仰体系和活 207
动中。而且，即使有人争辩说（我不会支持这种论点），人们更喜欢宗教并不是因为它在人们追求意义和共同体的过程中发挥了作用，而是因为它涉及对权威的超验来源的忠诚[69]，这依然不会产生传统意义上的宗教和传统意义上的非宗教之间的原则性划分：不是所有宗教都是有神论的，佛教和道教只是其中两例。在一些支持对史密斯案的裁决的人看来，公平对待非宗教的信仰体系是它引人注目的一个特质。[70] 许多人认为，容纳宗教却拒绝以类似方式容纳梭罗哲学[71] 似乎是武断的、不公平的。

美国的宪法通过禁止确立国教和信教自由两项原则，以十分复杂、有时还很模糊的方式处理了这个问题。在信教自由的要求方面，宗教被给予特别的尊重。但是，任何凌驾于非宗教之上的宗教特权都可能潜在地引发禁止确立国教条款问题，而关于确立国教的问题，宗教在某些方面比非宗教更受限制。因此，公众表现出对梭罗的敬重不会导致任何问题；对摩西或耶稣表现出这种敬重会潜在地引发确立国教的问题。政府支持环保是恰当的，政府支持基督教则不恰当。在某种程度上，这两个条款是相互平衡的；所以，最近有人争辩说，任何得到普适法豁免的信教自由都“违背了禁止确立国教条款”，并“意味着支持和背书”[72]。然而，如果我们仅只
208 关注信教自由，当一种宗教能力得到支持，而另一种极为相似的人类能力受到阻碍时，我们应当感到不安。鉴于我会建议在确立国教的问题上保持中立，这对我的进路构成一个特别严重的问题。

我们面临两个独特的问题，一个理论/道德问题和一个实践问题。在理论方面，似乎很少有人赞成赋予宗教凌驾于非宗教的信仰和活动之上的特权。以人类能力概念为基础的政治自由主义的政治观念不应当在公民可能合理持有的整全性善观念中偏袒任何一方；我的进路通过使宗教成为追求各种人类能力的可允许的方式，而不是使它自身成为一项单独的能力反映了这一点，尽管这种能力因对所有公民来说皆应受到保护而被单独挑选出来列入清单。

然而，在实践方面，平等对待宗教观念和非宗教观念存在巨大的困难。宗教通常是有组织的，包含一些为公众所接受的教义或活动。不是每个信徒都可以随意陈述某项法律违反了他的宗教；无论那种调查可能是多么困难，无论司法人员的工作可能存在多大的问题，这种调查都必须且经常开展。在约德案中，法院证明了工作在阿曼门诺派有关社群的理解中的重要性；在史密斯案中，法院认可了佩奥特碱仪式在美国原住民宗教仪式中的重要性。就非宗教而言，这类调查变得异常费力，并常常得不到确切的答案。如果该信仰体系有着整全性的文本基础（如梭罗哲学这样的），事情也许还没那么糟糕；但是在其他许多完全合法的情况下，评估这一诉求的工作将会异常困难，超出了任何法院或立法机构的权限。倘若 X 说，他个人对生命意义的追求要求他神志恍惚地倾听马勒（Mahler）的音乐，他可能完全是真诚的，并且可能与那些在宗教语境中使用毒品的人一样拥有充分的道德理由；但是，确定这种做法对他寻求生命意义的重要性实际

上是不可能的，以此方式授予豁免权很快会使得毒品法、强制服役法及其他许多普适法成为笑柄。

对一些人来说，这些困难提供了一个更青睐史密斯案的有力理由。由于不支持宗教少数派及其成员所导致的紧迫危险，我仍然倾向于给予宗教 209
更大程度的尊重，有鉴于此，我应当提出何种建议来解决这些问题呢？我认为可以试探性地提出以下方法来处理它们。首先，我们界定宗教可能获得豁免的明确范围；但我们允许对宗教有一些宽泛的定义，使它包含非有神论的信仰体系，如令西格（Seeger）获得应征豁免的那个体系。[73] 然而，确定行使良心自由就像宗教那样拥有系统的和非任意的特征，依然至关重要；因此，我所说的马勒迷依旧会被排除在外，不论他的做法是多么真诚。

由非宗教信仰导致的不利影响至少在一定程度上可以通过对表达性言行的强力保护来得到弥补。所以，虽然马勒迷不会从毒品法中得到豁免，但他至少可以依赖对他的下述权利的保护——倾听自己喜欢的音乐、阅读自己喜欢的书籍等等。通过承认艺术及哲学言论中所包含的表达性利益可能非常类似于宗教，且都涉及人们对意义和解释的追求，我们在一定程度上解释了它们为什么不应成为言论自由法学理论的边缘问题。[74] 不过，这些细节使我们远离主题，因为我们提及的所有印度案件都涉及无可 210
争议的宗教要求获得性别平等方面的普适法的豁免。

但我们面临的第二个难题直接与印度情形相关。此即确立国教的问题。迄今为止，我仅从信教自由的概念方面阐述了我的进路；我已经论证了，宗教领域的核心关切是对宗教能力的关切，与公民其他能力形成对照。但我也说过，在美国的情形中，信教自由条款与禁止确立国教条款的**结合**给我们提供了一个考虑什么是保护宗教能力的良好方式：禁止确立国教条款背后的动机是防止公民的良心和活动因某个有政治和法律势力撑腰的主流宗教群体施压而受到侵犯；信教自由条款背后的动机是防止信仰和敬拜受到公共行动的阻碍或拖累。那么，为什么到目前为止，我一直对确立国教的问题保持沉默呢？这个问题的答案来自我对禁止确立国教条款在美国的功能的解释：它的功能是保护公民的能力。换言之，我所理解的不确立国教实际上是支持信教自由和公民其他能力的另一种方式。在我看来，这一进路表明，此种保护最好是通过不确立国教的制度来实现，还是通过充分维护公民平等和信教自由的有限的确立国教的制度来实现，这应该是一个偶然的语境问题。在美国，鉴于对宗教少数派不宽容的这段特殊历史，美国人支持一种强有力的不确立国教的制度似乎是明智的；在该社会背景下，只有这种制度才能真正保障全体公民平等的宗教自由。但是，在斯堪的纳维亚国家，似乎可信的是，作为国教的路德宗教会实际上比某种纯世俗化的制度更有效地保护了宗教多元主义：例如，他们坚定捍卫教育方面的宗教多元主义以及少数派偏爱的其他方式。这对印度来说绝对是至关重要的，因为印度现存的世俗主义制度包含着在有限而多元的意义上确立国教：某些宗教有权保持它们自身的民法体系，其他宗教（那些规模过小或过于年轻而无法形成一套成文的属人法体系的宗教）则采用世俗体
211 系。在下一节中，我会在相当有限的意义上支持这种制度；考虑到印度伊斯兰教的发展历程，看起来显而易见的是，任何废除伊斯兰教法律体系的做法都会构成对信教自由的严重威胁，并声明穆斯林不是完全平等的公民，即使完全不确立国教，实际上也会以印度教为国教。

人们可能争辩说，任何一种确立国教的做法都会令少数派陷入有伤尊严的境地：在公共广场有人宣称，即使其他信徒的权利得到适当保护，有些信徒也比他们更有特权。这是一个不容忽视的严重问题。但我倾向于认为，这个论点也必须根据具体情况进行评估。考虑到英国反犹排外的历史，对英国来说它很可能是真的。但是在印度，恰恰是不确立国教才会声明穆斯林不是完全的平等公民，他们缺乏一段相互尊重和公民和谐的时期，而在可预见的将来这可能无法实现。与此同时，我认为，在印度，完全没被确立为国教的宗教（犹太教、佛教）似乎并未因它们的非国教地位而陷入严重的困境：在许多方面，它们比其他宗教过得更轻松，因为它们直接进入世俗体系，避免了许多涉及法律冲突的难题。

简言之，倘若不确立国教背后的重要问题确实是有关公民的信教自由和完全平等的问题，那么可以合理假设，尽管不确立国教通常是推进那些目标的最佳方式，但也许情况并非总是如此。

最后，一个深层次的方法论问题出现了。我已经说过，能力清单是一份由许多不可还原的独特项目构成的清单，其中每一项都被公众看作必不

可少的。我们不可能通过给公民提供更多其他能力来弥补某项能力的缺失。当超出国家控制的情形迫使它做出此种取舍时，我们应当承认一个悲剧性事件已然发生了。相形之下，在这里，我更倾向于某种涉及不同能力的平衡测验，但我并不认为这种选择必然是悲剧性的。这与我在第一章中对清单的论述是否不一致呢？

我认为并不存在不一致的情况。我所提到的案件均涉及门槛能力以上的平衡。我相信，稍后将描述的案件也是如此。对其他能力所代表的重大利益的关注（例如，要求平等的财产权、迁徙权甚或义务教育权）并未导 212
致公民的宗教能力降至门槛标准之下。这不是说永远不可能有这样的情况——但即使在《威斯康星州诉约德案》中，也没有人坚持认为，宗教的生存需要一种完全不可接受的教育方式（如不接受中等教育），这可能会触发一项有关国家重大利益的压倒性要求。我在后续第八节中承认，在某些情况下运用我的进路可能会有悲剧的成分；但是，认为保护其他能力涉及对某种宗教生活方式的过度损害，这通常是不正确的。之所以如此，一定程度上是因为宗教传统具有动态性，它们拥有一种演变方式以应对新形势的挑战。

与任何一种平衡测验一样，我的测验要求在适用于特殊情况时做出判断。“国家重大利益”和“沉重负担”这类概念当然可以被赋予比美国宪法通常赋予它们的更明确的内涵——通过运用能力清单，我已经设法使它们变得更明确。尽管如此，一个不可还原的判断因素依然存在。因此，对那些追随罗尔斯的想法，希望有一些不涉及任何“直觉主义”因素的纯粹程序化的解决方式的人来说，这一进路或许会显得有缺陷——即使在这里，平衡只发生在政治选择后期，在基本宪法价值确定之后。我只能说，这的确是一个值得深思的问题；但我可以对罗尔斯主义者说，在任何一份有关政治善的要素的多元化清单中，平衡看起来可能都是不可避免的。罗尔斯自己的基本善清单比我的能力清单更薄一点，但是与我的清单一样，它可能仍会在立法阶段产生冲突——例如，在这个阶段，敬拜的自由似乎与完全平等意义上的机会平等相冲突。因此，我不认为罗尔斯对直觉主义的理论攻击确实成功消除了这个问题；在我看来，我自己的进路并未过分依赖直觉——或者，我更愿意使用“判断”一词。

六、能力进路在三个案件中的运用

我的能力进路如何处理这三个案件呢？我们首先要问的是，它如何适
213 用于由宗教运作的各个属人法体系这整个问题。在美国和印度之间存在一个重要的不对称，因为美国从未允许宗教自行立法。相形之下，自英国统治时期以来，印度便允许宗教控制大量民法领域。这些“属人法”体系所覆盖的领域包括家庭法（婚姻同意、夫妻权利、离婚、收养等等）、物权法以及与私人契约相关的领域（首先是继承法领域）。与之相比，属人法并不包含商法或刑法，因为英国人很早便发现这些是他们需要加以控制并保持统一的领域。所以，他们对属人法体系的保留具有某种妥协的意味；但它也反映了对文化多元主义真正的承认。[75]

这些法律体系本身有多种起源。伊斯兰教法是在 13 世纪莫卧儿帝国统治下的印度建立起来的。（莫卧儿让印度教徒接受他们自己的习惯法的管制，除非涉及刑事案件。）在英国统治时期伊斯兰教法被修改，最引人注目的莫过于 1937 年通过的《伊斯兰教法案》，该法案用伊斯兰教法取代了普遍流行于各地的习惯法。相较而言，整个编纂之前各种非正式和区域性的印度教法律体系的事业都是由英国人完成的，印度教法律以当时英国法律思想家所采用的模式为基础，带有许多英国法律的痕迹（包括教会法）。1864 年，印度拜火教徒赢得了由他们自己独立的属人法体系管制的权利。基督徒开始受到多种不同的基督教属人法体系的管制，这反映了印度基督徒的民族起源的异质性。（譬如，直到现在果阿邦的天主教基督徒仍受《葡萄牙民法典》的管制。）犹太教徒从未拥有过一套编纂完整的属人法体系；在继承问题上，他们受到 1865 年《印度继承法》的管制，而目前他们受到独立后的继任者的统治。[76]

214 印度独立时，有一些人支持统一民法典，但废除伊斯兰教属人法被证明是个过于敏感的话题，因为最重要的莫过于向穆斯林保证，印度是个真正的多元主义国家，而非印度教国家。印度世俗主义的理想向来是国家在宗教之间保持中立，而不是政教分离；因此，从原则上说，似乎有可能将对世俗主义的承诺与当时对各自宗教法律体系的维护结合起来。结果，印

度的宪法将统一民法典的目标纳入了无法执行的国家政策指令中，并将它视为国家未来“会尽力维护”的东西——意思是，当事情冷却下来，人们已经做好准备，下一步就会采取行动。印度从未采取这下一步行动，比起50年前，如今这个目标显得更加遥远了。[77]

这个体系的运作方式错综复杂且很不平衡；要让两名法律专家就体系的描述达成一致甚至都不是件容易的事。[78] 但是，为了给出一个合理的一般性描述，一个孩子刚出生就必须被归入某个宗教群体。那通常是父母双方或其中之一所归属的宗教群体，并且通常会有某个宗教被选择，尽管有可能完全不涉及宗教。作为某个宗教的成员被登记入册的儿童从此受到那种属人法体系的管制。自1954年《特殊婚姻法》（它因侵犯各类宗教领袖的权力而遭到他们的极力反对）通过以来，夫妻可以选择世俗婚姻和世俗离婚（尽管世俗法律与改革后的印度教法律十分相似）。人们通常认为这意味着，他们也将受到世俗继承法的管制，然而，1975年相关法律迫于印度教领袖的压力被修订，于是两个选择世俗婚姻的印度教徒仍将受到 215
印度教继承法的管制。宗教信仰的转变通常导致法律体系的转变，尽管在一些案件中，为了缔结一夫多妻制婚约而改信伊斯兰教的印度教徒依然受到印度教法院的重婚指控，并且目前仍不清楚他们最终受到何种法律体系的管制。[79] 改信印度教的情况极其罕见，这很大程度上是因为很难确定改信者的种姓是什么。[80] 使体系之间的流动变得异常困难的是通常涉及复杂的家庭联合体对世袭财产的安排（在印度教体系中称为“共同继承”），其中个人拥有继承权，如若家庭中的某个人决定转换到另一个体系，这种继承权是不能转让的。这阻碍了改信、世俗婚姻、世俗离婚以及新生儿世俗身份的声明。

我这种双管齐下的进路应当如何在一般意义上应对这种体系呢？一方面，这种世俗主义对宗教传统格外大度，赋予它们一种非欧洲或非北美民主体制下的自由。特别是考虑到穆斯林有理由担心，在一个以印度教为主的国家，他们会受到轻视和不公平对待——实际上是考虑到在宪法建立期间，一些印度教地区对穆斯林的明显敌意——基于宗教自由的理由，这一进路可能比建立统一民法典更为可取。另一方面，它有很大的困难，这一点现在很明显。其一，在一个由如此多令人迷惑不解的法典和法典的变体所管制的国家中，实现任何一种可预测性都具有绝对的实际困难。其二，对我的进路来说更重要的是，在论述基本的人类能力时，宗教之间（以及宗教和非宗教之间）可能存在不平等。在那种情况下，似乎不可避免的是，公民终将因宗教的理由而受到这种或那种不平等的对待——因身为一
216 个印度教徒或穆斯林而在遗产纠纷、离婚案件或其他方面受到更好的对待——并且由于害怕侵犯某个宗教的特权，国家政府将避免纠正这种情况。由此产生了一个巨大的信教自由方面的困境：比方说，一个人因其印度教徒出身而非穆斯林出身而引发一项沉重的负担，但国家无法解决它的原因是，这些宗教认为那种解决方式本身就会施加一项沉重负担。

其三，这种体系使人们从一个体系转向另一个体系，或者更倾向于非宗教而不是宗教变得非常艰难。这本身就是一个巨大的信教自由问题。一个人全部的生活都被宗教所笼罩，以至于在良心自由本身无法解决宗教成员身份问题的意义上，其信教自由完全受到损害。一个不喜欢伊斯兰教离婚法的穆斯林妻子无论如何也得遵守它，一个希望在世俗体系下继承遗产的印度教儿童也是如此。

其四，就我们的目的而言最重要的是，在这个多元分散的体系中，其他基本能力方面的不平等将会更加难以得到纠正，其中最突出的就是性别之间的不平等。一次性改变所有体系实际上是不可能的。但是，正如我们已经看到的，如果一种宗教率先改变，它的众多成员必定声称，由于他们被要求支付更多赡养费，或者不被允许实行一夫多妻制，他们正在遭受歧视，其他群体正在被赋予“特殊权利”。换句话说，通过使较少享有特权的群体符合平等准则，消除那些所谓的特殊权利的努力被看作把（例如）印度教标准强加给穆斯林的险恶企图。有趣的是，印度拜火教体系还有所不同，它依照性别平等的要求多次修订了自己的继承法，自 1991 年以来它已经拥有了一项完全意义上的性别平等的法律。在印度教和伊斯兰教体系内部也发生了区域改革。[81] 但是，在当前这种印度教和伊斯兰教互不信任的氛围中，不可能通过这种内部改革来实现整个国家范围内的完全平
217 等。相反，激烈的逐底竞争经常出现，每个群体都设法通过抵制一切改革来展示自身力量。这种法律制度使得女性能力平等很难实现。

另一方面，只要解决了下面这些问题，我的进路不存在任何妨碍各个

属人法体系的因素：只要（a）在核心能力领域，每一种核心能力都得到性别平等方面的保障，并且这种保障得到执行；（b）对于希望把自己定义为非宗教人士或希望改信的个人，有着充分的规定；以及（c）不断努力确保宗教体系之间的平等，这样个人不会因其宗教成员身份的改变而在基本事务上有所损失。解决这些问题自然很难。但是，在今日印度，最富成效的方法或许是保留各自的法典，通过一系列警戒性的立法和司法限制，尽最大可能地解决它们。[82] 一种必定会遭到强烈抵制的替代方案是，按照统一的法典将所有物权法世俗化，把家庭法的规定和所涉及的附带条件留给各自的体系。这将大大减轻希望离开某个宗教体系的个人的负担，从而也将通过促进宗教体系成员利益，激励它们留住自己的成员。

解决这些问题的一项有价值的策略将是在宗教法典范围内就性别平等规范开展更多的公共对话。目前，最好的办法可能是依靠印度业已批准的国际人权文书，以及《印度宪法》中的这项规定，即印度接受其批准的所有国际条约内容的约束。在性骚扰领域，最高法院已经命令议会遵照《消除对女性的一切形式歧视公约》（CEDAW）所概述的原则提出适当的立法方案。[83] 类似地，这些宗教法律体系可能被约请提交他们的改革计划，以表明他们如何使其法律体系符合印度的宪法和国际条约规范。（能力进路本身可以被运用在这一点上。）棘手的问题是应由谁来约请：考虑 218
到其宗教成见，约请方不应当是现在的国家政府；考虑到沙阿·巴诺案的来龙去脉，约请方也不应当是最高法院。也许有此关切的非政府组织和女性团体联合支持多元主义的政党，可以成功促成这种对话。

现在，我们来谈谈具体案件。

玛丽·罗伊案的情况很简单。基督教会的声明并不是一个有关个人宗教能力的声明。尽管法官及其他政界人士没有充分的能力判断什么是宗教的核心，什么不是，但他们可以自信地说，虽然从宗教组织的观点看，能获得大量税收是非常可取的，但这种能力本身并不是一种宗教能力。无论指明基督教的核心内容有多么困难，我们应当都能同意，制度化的教会充实自身的能力并不在那一核心之内。没有一个公民的基督教信仰会因新的遗产安排引起教会收入的下降而受到影响。即使收入下降意味着一些地方性教会将会关闭，我们也应当说，教会获得这笔收入的权利一开始就很成问题。如果基督教会被剥夺了其他教会所享有的一项税收福利，那就确实存在信教自由的问题，就像美国拒绝授予一所存在种族歧视的宗教院校以免税资格一样。[84] 但这里的情形有所不同：基督教遗产安排只是在与世俗法、印度教法和伊斯兰教法中已然盛行的体系保持一致。实际上，更沉重的负担恰恰相反：在最高法院做出判决之前，基督教女性因为她们身为基督徒而正在遭受罚款——与《舍伯特诉弗纳案》中被美国最高法院视为对信教自由的典型侵犯的情形很相似，尽管在那起案件中，“罚款”是由宗教本身向被囚禁的成员施加的。

另外，女性控制财产的能力是一项核心能力，这种能力本身就会提供
219 一项重大的国家利益，哪怕还存在另一种看似合法的要求。玛丽·罗伊自己非常贫困，因此她的个人案件明显涉及门槛能力问题。不平等的财产权可被证明是印度大部分地区女性普遍贫穷和困苦的普适原因——印度教和伊斯兰教实行属人法改革前的情形当然如此，由于管制“共同继承”和家庭共有土地的规则僵化，此种情形今天依然存在于那些体系中。[85] 不过，我已经论证，即使当个体的财产控制能力无论如何都高于门槛标准时，基于性别理由的基本能力方面的歧视本身也是能力障碍的一个原因。因此，宣布继承法不仅在适用于可能陷入贫困境地的女性时违宪，而且在一般意义上违宪，这是正确的。有些遗憾的是，最高法院是在狭义的技术层面上判决此案的，它关心哪一条法规适用于这起案件，而不是直接处理性别平等问题。尽管如此，对基督教女性而言，这个结果仍然是好的。

印度教属人法改革带来了更为棘手的问题。印度教是一套多样化的传统习俗，没有容易识别的核心。但毫无疑问的是，一些改革提案触及非常核心的问题：彻底废除种姓制度，否定一夫多妻制婚姻，禁止与女童缔结婚约，女性在与男性平等的基础上享有离婚权[86]，以及不论是否结婚或是否取得任何男性的允准，女性都拥有外出就业和充分参与政治生活的权利。（甚至女儿的财产权也被认为处于宗教的核心领域，因为，据说女性拥有更多经济自主将会颠覆印度教的家庭结构。）尽管这一点得到多次和准确的强调，即一个公认的印度教法律体系已经规定了一夫一妻制并给予女性离婚的权利——所以，人们可以说，在某些领域中政府只是用这个体
220 系取代了更为流行的体系[87] ——但改革提案激起了许多印度教领袖的抗

议，这并不令人吃惊。他们既反对改革提案本身，也反对这一事实，即它们是强加给印度教徒而非其他人的。[88]

与玛丽·罗伊案不同，我们应当承认在这些情形中，至少有一些情形涉及国家给信教自由施加了沉重的负担。（废除一夫多妻制和种姓制度，以及紧接着将给付嫁妆认定为非法的法律就是最明显的例子，因为在所有这些情形中，成人都被禁止执行那些他们想要执行的宗教行为。童婚在是否涉及沉重负担的问题上是令人生疑的，因为儿童的年纪太小，无法做出有意义的同意表示，并且我们不应当承认让年幼的女儿出嫁是父母拥有的合法的宗教特权。赋予女性离婚权明显没有施加沉重负担，因为从来没有人将信教自由理解成赋予一个人将自身宗教意志强加给另一个人的权利。）而且，这种沉重的负担不仅影响到宗教组织与宗教当局的能力，也影响到个体的能力。由于这种负担是有选择性而不是中立地强加的，且以其他传统不受限的方式来限制印度教传统，因此它越发令人反感。此外，我们可以清楚地看到人类核心能力受到质疑，就像它们在同时代废除种姓制度时所遭遇的那样。控制财产，控制个人身体完整性的权利（当面临与嫁妆问题相关的暴力威胁时），迁徙权、集会权和政治参与权，平等的婚姻同意权和离婚权，所有这些明显在改革提案中给国家提供了一项重大利益。考虑到与不平等的控制个人身体完整性、不平等的经济权以及不平等的尊严之间的历史关联，一夫多妻制似乎也是如此；但我认为，这个问题引发一些特殊的问题，稍后我会单独予以讨论。就种姓制度而言，下列基本能力再次受到质疑：平等的政治权利，自由择业的权利，对教育、财产及最终的平等尊严和自尊的权利。就像《印度斯坦时报》所评论的那样："在社会层面，《印度教法典议案》是体现自由、平等和友爱的政治理念的新《宪法》的竞争对手。"[89] 221

我的进路表明，在不那么核心的问题上，国家应给予印度教徒按照他们的传统行事的广泛自由。（例如，我已经说过，胡里节期间吸食大麻就是这样一类问题。）但是，在这些涉及公民基本尊严和平等的问题上，安贝德卡（他自己就是一个在册种姓的成员）说得对，国家不能坐等印度教自愿进行内部改革："无论印度教社会可能采取其他什么措施，它永远都不会放弃自己的社会结构——针对首陀罗和女性的奴隶制。正是出于这个原因，法律必须伸出援手，如此社会才可能进步。”[90] 这项判决不应该是并且不是轻率做出的，因为它涉及非常重要的宗教问题。（安贝德卡没有简单地采取一种世俗人文主义立场，因为他依旧支持宪法对宗教的充分保护，为了维护穆斯林平等的公民地位，这种保护明显有必要。）而且，尽管人们可以理解这种政治压力和对少数派权利的合法关切所导致的改革执行的不平衡，但从原则上来说，这些改革不应当以歧视的方式执行。另外，若不执行改革，政府就可能卷入出于宗教原因的其他形式的歧视当中：歧视低种姓人，他们可能因身为印度教徒而拥有不平等的权利；歧视印度教女性，即使在那个时候，至少在法典覆盖的一些领域中，她们的待遇也不如拜火教、基督教和伊斯兰教女性。事实上，这些改革是在道德约束原则的限制之内对宗教能力的内在价值予以支持的——一种涉及伤害的宗教主张不应具有同等分量。

在此，我们应当考虑传统内在的多样性以及道德约束的社会原则。当为了追求一项国家重大利益而对一种传统的核心采取反对措施时，记住这一点将大有裨益：传统本身就蕴含强有力的声音，要求以宗教自身的名义
222 进行这些改革，并根据某种道德认知的约束来解释宗教。因此，圣雄甘地将印度教的本质界定为“以非暴力方式追寻真理”，并运用该言论发起对种姓等级制度的著名攻击。诸如拉姆莫亨·罗伊和拉宾德拉纳特·泰戈尔之类的其他改革家也对多种宗教等级制的习俗提出质疑，包括与女性相关的童婚习俗和闺禁习俗。与甘地一样，他们争辩说，这些习俗不是印度教的核心部分，而是不完美的历史观念的表达。在改革进行时，也有人指出，改革和修正的做法本身有传统先例可循，在有关改革措施的意见双方中都有知名的印度教徒。这种内部争议有助于说明，国家追求平等的利益所强加给这种传统的负担无须看作是一项致命负担；实际上，在一些宗教地区，人们或许认为它根本不是什么负担。所以说，这项社会原则有利于支持正式的政治原则。

印度教法律在后续发展的过程中继续以能力思路推荐的那种方式处理宗教两难。这方面的案例是，在改革后的 1955 年《印度教婚姻法》中关于“恢复夫妻权利”的法律救济的争论。新法规在保留这种法律救济时没能保护女性的身体完整性：离开婚姻家庭的妇女可以被强行遣送回去。

这种法律救济来自英国教会法（实际上，英国于1970年废除了它），长期以来，它一直是一些印度教体系的特征；但新法规实际上使这种救济措施在统一意义上更加可用。因此，一个遭受家庭暴力的女人可能被强行送回她的苦难之所；一个不想再和她的伴侣生育孩子的女人可能被迫生育孩子。尽管女性可以缴纳罚款以避免被强行遣返，但逃离婚姻虐待的女性一般来说都无法满足这一要求。1983年，在《T. 萨丽塔诉 T. 文卡塔·苏拜阿案》（*T. Sareetha v. T. Venkata Subbaiah*）中，安得拉邦高级法院的乔达里（Choudary）法官宣布此种法律救济违宪，理由是它侵犯了女性自主控制其身体完整性和生育能力的利益：

> 恢复夫妻权利的法令构成对个人隐私权最恶劣的侵犯。它否认女性可以自由选择她的身体是否、何时以及如何成为另一个人的生育工 223
> 具。在什么时候以及由谁来感知其身体各个部位的问题上，［它］剥夺了女性对选择的控制权。女性对自己最私密的决定失去了控制权。[91]

在补充论证中，乔达里法官指出，这项法律也违背了宪法有关平等的规定。虽然这种法律救济在形式上是中立的，但考虑到“我们的社会现实”，它“实际上只是丈夫出于自身利益对妻子施加的一种压迫”。

针对宗教问题，这位法官谨慎地指出，印度教传统不存在任何强行遣返配偶的规定：这项法律通过依法强制执行宗教认为是道德责任的东西而僭越了传统。他坚持认为这种救济措施实际上来源于英国。但毫无疑问，他最关心的始终是保护女性对其身体的权利这一国家利益的重大性，并且这种利益被认为已经超越了印度教维持印度教法律的一个（迄今为止的）传统特征的利益。最高法院不同意这个观点，驳回了下级法院的意见，并认为这种法律救济“服务于一项社会目的，有助于防止婚姻破裂”。在相关裁决中，最高法院认为印度教女性有义务与她的丈夫共同居住在婚姻家庭中。

显而易见，我的进路支持乔达里法官的宪法推理，它表明《印度宪法》包含着推行这一进路所必需的一切要素。（孟加拉国最高法院以同样方式审理了一起类似案件，因此孟加拉国法律已经取消了这种救济措施。）[92]

沙阿·巴诺案提出了一些困难的问题，因为它关系到宗教少数派的权利，这个问题从一开始就激发了我的进路。虽然很明显，一种公认的印度教必然会在印度教属人法的重组中幸存下来，但我们仍有正当的理由担
224 心，如果伊斯兰教属人法体系的权力被严重削弱，印度的伊斯兰教将受到重创。首席法官昌德拉丘德的论点很可能是正确的：《刑事诉讼法》有关赡养的规定决不会与传统的伊斯兰教法律相抵触；但是他承诺说明伊斯兰教法律构成的事实本身就令人震惊，唤醒了印度教统治的幽灵。他有权援引道德约束原则，拒绝在基本赡养问题上遵守伊斯兰教法律；但他企图使用强式社会版道德约束论证，宣布伊斯兰教的核心是什么和不是什么的做法具有煽动性且极为不明智，尤其在一起涉及宪法基本原则和司法基本问题的案件中。穆斯林政府部长 Z. R. 安萨里（Z. R. Ansari）的反应很典型，他在议会发表演讲，谴责法院越权，擅自解读伊斯兰圣经："如果你让坦波里（*tamboli*，烟草小贩）从事特里（*teli*，油贩子）的工作，事情一定会出错。"穆斯林乌里马（*ulema*）谴责这个判决是对伊斯兰教法权威的攻击。神职人员的此种反应（伴随大规模街头示威）为一场难以控制的政治辩论创造了条件。道德约束论证也被穆斯林女性主义者所采用；如果把这种非正式的社会论证角色留给她们，让官方政策只负责解释核心政治原则，可能会更好。

在理论层面，离婚后的赡养问题无疑是一个影响核心能力的严重问题。当我们考虑可以根据《刑事诉讼法》提出上诉的一组赡养费案件时，这一点就更加明显了。为获得赡养费，女性原告必须证明：没有这笔赡养费她就无法养活自己，她遭受过虐待和忽视以至于无法与她的丈夫共同生活，她并不是自愿离开他的，以及她的丈夫确实有足够的收入。在这类案件中，法院拒绝下达支付赡养费的命令造成了最为严重和紧急的能力障碍。后续几起驳回赡养费要求的案件表明，《穆斯林女性法》给穆斯林女性带来了负担。迈特拉伊·穆科帕德亚（Maitrayee Mukhopadhyay）对1986年之后的西孟加拉邦的研究表明，女性面临严重不利的情形，甚至
225 被迫依靠亲属维持微薄的生活。（这些女性常常都是文盲，没有接受过职业培训；她们往往年事已高——沙阿·巴诺被丈夫赶出家门时已经74岁

了。）更糟糕的是，这些女性的贫困对其子女的教育造成了严重的实际影响，因为本该上学的孩子被安排去工作以赡养他们的母亲。[93]

除了侵犯能力以外，穆斯林女性还可以指出与信教自由和基于宗教理由的歧视相关的严重问题。信教自由的问题来源于这一事实，即尽管她们可能不会对自己的穆斯林身份感到特别兴奋，也可能没兴趣成为或继续充当穆斯林，但只是出于她们的家庭成员身份，她们就得划归到伊斯兰教法律体系之下。一旦在某个特定体系内部出现了结婚和离婚的事件，赡养问题就必须根据那个体系来处理。正因如此，沙阿·巴诺被有效剥夺了将自己定义为世俗主义者、印度教徒或者她可能想要成为的人的机会。

这直接导致了出于宗教理由的歧视问题。根据《刑事诉讼法》的规定，只有穆斯林女性不能得到赡养费。正如穆斯林学者佐雅·哈桑（Zoya Hasan）所言："毫无理由怀疑，剥夺穆斯林女性的权利——信仰其他宗教的女性所享有的权利——违背了国家不得以宗教理由歧视任何公民的宪法规定。"[94] 穆斯林女性活动家沙贾汉（又名阿帕）（Shahjahan；Apa）于1986年该法案通过的当天，在议会大厦前的演讲中更直白地表述了这一观点：

> 如果你为穆斯林女性单独制定法律，是想说我们不是这个国家的公民，那么你何不明明白白地告诉我们，我们应当另建一个国家——不是印度斯坦或巴基斯坦，而是奥拉特斯坦（Auratstan）①（女性的国度）。

伊斯兰教领袖似乎过分忧心于《刑事诉讼法》对领袖权力的影响，以至于完全忘记了关于严重的宗教问题方面。实际上，他们的确没把穆斯林女性当作公民来看待。他们既违背了个人能力原则，忽视穆斯林女性的信 226
教自由和不受歧视的要求，也违背了道德约束原则，为巩固自身权力而伤害了一个群体。正如我所提到的，许多女性团体多次向最高法院请愿并抗议这项法案，称其违背了反对宗教歧视的宪法规定[95]，然而，最高法院

① 奥拉特斯坦（Auratstan），Aurat 意指穆斯林遮盖羞体的习俗。——译者注

在沙阿·巴诺案判决后受够了公众的谩骂，至今未对这些请愿做出任何回应。

简而言之，宗教问题本身并不只是指向一个方向；事实上，更具分量的信教自由主张似乎处在穆斯林女性一边，并且能力问题完全处在她们一边。因此，这个结果无论对女性还是宗教来说都非常不幸。

这起案件呈现为这个结果，是因为拉吉夫·甘地政府一直无视印度伊斯兰教传统的多样性，一味听取强势的保守派神职人员的意见。在整个争论过程中，许多伊斯兰教思想家反对倒退的《穆斯林女性法》，其中包括政治家、知识分子和穆斯林女性组织。他们给出了令人信服的道德约束论证，声称同情的道德关切是伊斯兰教的核心，它甚至在宗教方面强制规定向贫困女性提供更充分的生活保障。由此，他们极具说服力地证明了，在宪法的核心原则与伊斯兰教的核心传统之间不存在真正的鸿沟。可是，政府完全无视他们的观点，认为只有一小群宗法神职人员具有真正代表这个社群的合法性——即使有一位穆斯林部长因抗议政府忽视穆斯林的性别平等观念而辞职。(我们有充分的理由相信，拉吉夫·甘地之所以这么做，是因为他和主要的伊斯兰教保守派达成了一项协议，即在妇女赡养问题上向他们让步，以换取他们在重新开放有争议的阿约提亚圣地问题上向印度教徒让步。)[96] 正如一位主要的自由派穆斯林知识分子所总结的那样：

> 这个社群内在的自由和进步观念遭到忽视，由乌里马来确定穆斯
> 227 林的首要关切和利益却获得允准。不可否认，穆斯林神学家的目标是捍卫伊斯兰教法，抵制他们认为会导致神命法改变的立法。但是政府应该更清楚这一点。乌里马的解释既非终极性的，也非不可改变的；政府之所以选择忽视其他思潮和解释，一定程度上是因为政府本身也有一个基本的假设，即穆斯林是一个宗教社群，神学家是其唯一的代言人，宗教法律与社群认同之间明显存在一个对等关系。[97]

实际上，政府犯了本章一开始提到的我的传统主义对手的错误，即把一种宗教传统等同为其最具父权主义的和政治上根深蒂固的声音。他本可以更好地承认伊斯兰教内部提出的道德约束论证，这种论证以宗教自身的名义支持女性地位的改善。

尽管这个错误可能是由对宗教多元主义的严肃关切所引发，但实际上已经使多元主义变得更加糟糕，因为现在，印度教宗教激进主义者将《穆斯林女性法》视为印度教在道德上优越于伊斯兰教的一个标志。印度教民族主义对话中描述的典型的穆斯林男性是一个一夫多妻的女性压迫者，也极有可能是一个强奸犯，而印度教男性被描述为温和而开明的，不能把女性仅仅当作性对象来对待。这些刻板印象助长了对穆斯林的歧视，包括法律上的歧视。一位匿名的地方法官在接受采访时说："在一个穆斯林走上我们法庭的那一刻，我们便已经有偏见了……他们拥有三四次婚姻这一点令我们十分反感。"阿利波尔刑事法庭分区的司法官对采访他的（印度教）女性公开说了这样的话，并期望得到认可："对他们来说，婚姻什么都不是。他们结婚，生一堆小孩，接着便离开他们的妻子……穆斯林女性的处境还不如家犬。"[98] 对于一个其基本教义在某些关键方面非常支持性别平等、并宣布男性与女性在本性和能力方面都是平等的宗教而言，这不可能是一个理想的结果。因此，伊斯兰教神职人员的行动不仅不公正而且适得 228
其反。

在我提到的三个案件中，我的进路以不同方式支持普适法、反对宗教习俗。我已经说过情况并非总是如此；但人们可能会问，就涉及女性不平等的习俗来说，什么时候才不会出现这种情况呢？这个问题很难回答，因为根据属人法，绝大多数传统女性不平等领域都涉及核心能力。但是，在某些宗教习俗领域，至少只要个人改信其他宗教的自由也被牢固确立，政府很可能没有强迫改革的重大利益。这些领域明显会包含有关宗教职能的分配。我已在别处论证过，性别平等的公共规范不应当强迫罗马天主教会雇佣女牧师，尽管它很可能应当强迫他们在与男性平等的基础上雇佣女性门卫。[99] 然而，只要女性不愿成为天主教徒，她们就有完全的自由不去这么做，唯当此时，情况才是如此——鉴于我所描述的体系，印度的情况有所不同。假设这种自由是有保障的，那么所有宗教中类似的宗教习俗都可能受到我的原则保护。例如，正统派犹太教徒将被允许保留性别隔离的礼拜场所——但政府政策必定会削弱此种豁免的理由，这些政策拒绝承认非正统派犹太教徒的平等地位，从而剥夺了女性有效的选择权。有关着装和妆饰的性别分明的规范会得到类似的保护，尽管这些规范与一些普适法相抵触。例如，基于这种原则，法国政府将被要求允许女孩佩戴穆斯林头巾上学，即便人们一般认为佩戴头巾是性别等级制的一个象征。学校可以且应该教授男女作为公民的平等权利，使女孩在这个问题上有独立的选择，如果她们想要取下头巾，学校应该给予支持。但他们不应禁止这种习俗。

有一组棘手的案件涉及由宗教组织控制的教育机构。种族歧视使包
229 伯·琼斯大学丧失它的免税资格，但是要求圣母大学校长必须是一位牧师（因而是男性），这个事实并未使得这所大学丧失它的免税资格。就像包伯·琼斯案一样，在这个案件中，政府的判断可能是恰当的，国家实现性别平等的重大利益要求撤销这一豁免。现代的许多争论都具有这样的特点，即把种族歧视看作宗教传统的一种不可接受的表达，同时把性别歧视看作一贯如此的情形；关于行政和教育职能而不是宗教的核心，我们应该断定，授予免税资格是联邦政府对性别不平等的一种不可接受的认可。印度的高校大部分都是公立的，因而在性别平等方面直接受制于公共规范；但它有许多基督教学校，其中一些学校在这个要求下可能是审查的恰当目标。

依据我的原则，最棘手的一种情形将是一夫多妻制，它通常被视为与性别歧视的历史密不可分，但在某些宗教传统中却处于核心地位。穆斯林、印度教徒或摩门教徒应当基于这个理由获得普适法的豁免吗？我认为，这个问题不能抽象地回答。在抽象的一夫一妻制中，没有什么东西构成对女性的压迫，特别是如果这种做法适用于两性的话。譬如，自11世纪以来，喀拉拉邦的女性可以缔结多次婚姻，这种自由是那个地区的女性享有较高地位的主要来源。[100] 人们反对一夫多妻制的理由是，它常常只适用于男性，且通常关联于某种法律的和传统的制度，在这种制度下，女性拥有不平等的财产权、迁徙权、集会权和自我决定权。但是此种情况也是存在的，即反对一夫多妻制的理由通常是一些非常糟糕的理由，关系到对拥有不同习俗的群体的恐惧和无知。因此，我认为，只要女性在法律上的平等和她们随心所愿地脱离这个社群的自由得到牢固确立和保障，以及只要这项法律为那些出于某种真正的宗教原因而自愿缔结一夫多妻制婚姻的女性提供了类似机会，摩门教徒的一夫多妻制就应该被允许。

印度如今的局势与印度教和伊斯兰教冲突的某些方面是分不开的。伊 230
斯兰教一夫多妻制最初被认为是一种令人羡慕的自由，在某种程度上至今仍被如此看待，而印度教徒则努力为他们自己保留这种自由。最近，它越来越被印度教右翼定义为一种压迫女性的习俗，因而使印度教徒有机会看不起穆斯林。[101] 从实践上说，考虑到穆斯林少数派在独立时的脆弱性（也考虑到一夫多妻制对伊斯兰教习俗的重要性在一定程度上更甚于对印度教习俗的重要性），我认为取消印度教徒的一夫多妻制并为穆斯林保留它是正确的，尽管这样做涉及不平等的问题。鉴于这个背景下的一夫多妻制可能无法与性别等级制分离开来，随着时间的推移，全面禁止是有好处的——毕竟，只有极少数穆斯林践行一夫多妻制[102]，这种习俗并非宗教的要求，在宗教上对穆斯林的重要性也远远不及对摩门教徒的重要性——但它符合尊重和支持穆斯林社群的整个氛围。毋庸置疑，这种氛围如今已不复存在。因此，在努力促进穆斯林观念的自由，鼓励属人法体系进行内部改革的同时，一夫多妻制很可能应当保留下来。

七、孩子与父母

迄今为止，我所关心的是能力进路将如何保护成年女性作为完全平等的公民的能力。然而，抚养孩子是同等重要甚至更为复杂的问题。一方面，国家对保护儿童能力拥有一种特别强烈的关切：因为他们是未来的公民；他们不是自愿加入家庭单位的成员。但是另一方面，考虑到国家维系家庭稳定的关切，它至少应当承认其干涉儿童生活的权力是有限制的。父母热切希望在他们自己的宗教和他们一向归属其中的传统中养育孩子。国家应该承认这种利益，并且必须在一定程度上将儿童和成年女性区别看待——这不仅因为他们的父母至少对他们拥有某些正当权利，而且因为考
虑到父母的权力和孩子在经济上的依赖性，要确认孩子自己的选择是很困 231
难的。尽管儿童能力这个更大的问题将是下一章的主题，但我们现在需要在宗教教育的背景下探讨这个问题。

在父母对孩子的宗教教育和国家对其未来公民的利益之间产生了许多冲突。在一些最令人感兴趣的案件中，许多都涉及义务教育和童工问

题。印度颁布了强制义务教育法，这些法律通常适用于14周岁以下的儿童，但国家当前既无法执行这些法律，也无法执行反对童工的法律（见引言）；宪法传统尚未在这个领域规定明确的界限。所以，我会再次转向美国宪法来讨论三个案件，它们至少有助于我们大致了解能力进路所提供的建议。

在《皮尔斯诉姐妹会案》（*Pierce v. Society of Sisters*）[103] 中，最高法院废除了俄勒冈州的一项法律，该法要求父母把他们的孩子送到公立学校就读，并禁止他们选择宗教学校。最高法院认为，在“选择有信誉的教师和学校”引导孩子教育方面，父母拥有一项基本的自由权益。这项法律被认为不合理地干涉了那项自由权益：国家不能“强迫孩子只接受公立教师的教育，从而使其标准化”[104]。最高法院在限制给予父母的自由方面很谨慎：

> 没有人在这些方面提出任何质疑：国家有权合理地管制所有学校，对它们以及它们的教师和学生进行检查、监督和考核；有权要求所有适龄儿童都接受学校教育，教师都具备良好的道德素质和爱国主义品质，必须教授对成为好公民来说明显必不可少的知识，并且不教授任何对公共福利明显有害的东西。

尽管如此，法院的意见基本确认了父母为他们的孩子选择宗教学校教育的权利。

232 我的进路强烈支持这种解决方案，包括承认国家有权要求教授为培养公民身份所必需的知识。（我对国家可以要求教师“爱国”，以及可以排除某些“对公共福利有害的”学习领域的观念存疑，但这些并不是我在这里要关注的问题。）国家在恰当教育其未来公民方面的重大利益可以通过这种恰当管制得到满足，并且无法证明像俄勒冈州法律那般干涉父母的自由是合理的。许多国家需要认真考虑何种学习对培养公民身份来说至关重要。我认为，以色列在这一点上犯了一些严重的错误，它不仅为那些不教授历史或时事的极端正统派学校提供认证，甚至予以资助。约翰·罗尔斯提出所有学生都应学习公民事务和现行公共宪政秩序方面的基础知识的要求似乎是最低限度的要求，与美国一样，在印度这种教育将意味着教导学生，在公共宪政秩序下，女性是拥有同等权利和责任的完全平等的公民。[105] 这种有关公共政治观念的教导与任何宗教持续传授其自身整全性观念也是完全一致的。鉴于这种宗教已经同意支持某种宪法，它将不得不考虑如何使这种有关基本正义的公共政治事务方面的“重叠共识”与它所传授的其他内容保持一致。[106] 在这些约束下，宗教学校教育应当成为一个被保护的（尽管我认为不是获得公共资助的）选项。

义务教育有时似乎会干涉宗教的要求。在这些情况下，我所支持的平衡法会发挥效用，因为我们必须询问信教自由是否被施加了一项沉重负担，以及倘若如此，国家是否在相关教育方面拥有一项重大利益。在《威斯康星州诉约德案》[107] 中，因循旧秩序的阿曼门诺派教徒寻求威斯康星州义务教育法的豁免，该法原本要求他们把 16 周岁以内的孩子送去公立 233
或私立学校就读。他们拒绝将年满 14 周岁的孩子送去上学，理由是其宗教传统的延续要求他们在那个时间点使孩子从世俗世界中抽离出来，向他们传授农耕和家务方面的技能，将“热爱体力劳动和自力更生的态度”传授给他们。最高法院承认，相关法律对他们的信教自由施加了一项沉重负担；他们还认为，国家无法证明，在对这群特殊的孩子开展最后两年的义务教育方面，它拥有某种重大利益。一般说来，国家在确保“公民有效且理智地参与我们开放的政治体系…… [并] 成为自力更生、自给自足的社会参与者”方面确实拥有一项“重大利益”。但他们说，有证据表明阿曼门诺派教徒是相当高效和自力更生的一群公民，他们不会“通过其教育缺陷给社会造成负担”。

对我的进路来说，这着实是起棘手的案件；实际上，它精确地显示了这一进路所描画的界限所在。一方面，国家的确在培养未来公民的能力方面拥有一项重大利益；另一方面，这特殊的两年是不是决定能力培养的关键，这一点并不十分清楚，并且要求他们接受这两年义务教育明显给信教自由施加了一项沉重的负担。另一个复杂的问题是，在法院的意见中，此案所拥有的一个严肃的性别平等面向遭到无视，在诸多讨论中它也鲜有被提及。阿曼门诺派男童所学习的农耕和木工技能在社群以外的世界中非常畅销，而女童所学习的家务技能没那么容易为市场所接受，倘若她们选择离开这个社群的话。所以，国家有关教育的利益和它实现公民平等的利益是关联在一起的，毕竟，这可能支持这样一种观点：这项利益是一项重大利益。[108]

在一定程度上，由于这起案件的性别平等面向有待挖掘，并涉及许多有争议的经验问题，因此它着实是起棘手的案件，在此案中，我提议中的
234 两个部分以最困难的方式相互平衡。当然，它显示出对宗教最大限度的保护，因为它确实容许宗教从许多人所认为的公民能力形成的一个重要部分中被免除。

最后，我们来谈谈童工问题。《普林斯诉马萨诸塞州案》（*Prince v. Massachusetts*）[109] 涉及马萨诸塞州一项童工法，该法适用于一名 9 岁女孩，她的姑母也即监护人依据宗教的要求带着她一起在街头分发耶和华见证会的小册子。尽管那孩子自己明显想要陪伴她的姑母，并相信如果不这么做的话，她注定“在世界末日遭到永久的毁灭”确是事实，但法院坚持认为国家保护儿童福利的重大利益超越了监护人和孩子信教自由的权利：

> 在这些自由和行使国家权力之间做出妥协往往是很微妙的……一边是对良心自由和信教自由的明显诚挚的要求。与此同时，父母也要求在自己的家庭和养育孩子方面拥有权威……与这些神圣的、在民主社会中具有基础性的私人利益相对的是社会保护儿童福利的利益……所有这些都意味着，民主社会的维系有赖于青年人全面成长为完全成熟的公民。它可以确保这种利益免于遭受各种各样的限制和危险的阻碍。最适于采取这类行动的恶行包括，雇用儿童（尤其是在公共场所雇用儿童）所造成的严重后果，以及其他受到各种街道影响的活动可能造成的伤害。

国家利益占了上风——尽管法院谨慎地表示，这不应当被看作国家进一步干涉宗教教育的一个正当理由。

我认为这是另外一起棘手的案件，但法院的判决很可能是错误的。这个孩子在上学；所谓的“劳动”既没有威胁她的身体也没有耗尽她的体力。实际上，仅以路人支付五美分购买小册子为由，很难说它究竟算不算
235 是“劳动”。[110] 似乎有可能的是，耶和华见证会正在遭受不公平的对待，原因是这种宗教不受大众欢迎，并且他们当街布道。就像大多数接受宗教

教育的美国孩子一样，我曾花费很多时间在教堂义卖会和集市上售卖东西，从来没有招来警察，我认识的孩子也没有遇到过这种情况。这会不会是因为警察不想打扰那些待在设备齐全的教区大厅里的富裕的圣公会教徒呢？然而，在教区的糕饼义卖会上售卖饼干甚至连英国国教的核心都算不上，而售卖瞭望塔却是贝蒂·普林斯宗教的核心。（实际上，警察甚至没去打扰那些在校园集市上售卖东西的孩子，尽管《第一修正案》并未禁止他们这么做。）在我看来，申诉人谈到宗教歧视是正确的，如果得到正确的理解，这起案件并不包含任何制止它将构成一项国家重大利益的恶行。然而，印度的情形与该案相去甚远——在印度，童工无处不在，这种现象深深地融入经济生活之中，无法根除与现有资源的关系——以至于细数涉及如此微妙平衡的案件，几乎是对印度儿童所遭受的严重能力障碍的嘲弄。

简言之，由于父母在让孩子接受宗教教育方面拥有合法利益，因此我的平衡测验对儿童显示出来的结果有些不一样。这些利益至少表现出对国家教育利益的限制。但是，国家这种利益是平衡的，且一般而言构成一项重大利益，它赋予国家广泛的权力，以确保一切形式的学校教育都是为孩子获得平等的公民身份做准备。

八、能力与缺失

若依循我的研究进路，我们会缺失什么吗？这些提议是否包含悲剧面向？道德约束原则向我们表明，当我们告诉人们，他们不能以不道德和有害的方式凌驾于他人之上时，我们不会失去任何有价值的东西。通过把核心能力用作我们的向导，在不对他人造成严重伤害的情况下，我们有相当大的自由去维护传统。但人们依然应当承认，一些有价值的生活方式在某种选择的氛围中将变得难以维系。尽管强调能力决不排斥去过一种传统的等级制生活的选择，实际上有意保护那种机会；尽管我们小心翼翼地创造 236
使那些生活形式得以延续并获得支持的空间；以及尽管我们强调，宗教往往是一套多样且不断变化的习俗，因此不会因支持能力的要求而受到严重损害——尽管以上这些都是事实，我们仍然应该承认，纯粹强调选择和能力至少会让我们付出某种代价。有一些生活方式是人们深表满意的，很可能不涉及严重的侮辱或能力不平等，但只是由于社会压力和可选的替代性选项的存在，它们便可能在某种选择制度中消失。在不强制佩戴面纱的制度下，佩戴面纱是可选的，强制不愿戴面纱的女性佩戴面纱的制度似乎是完全错误的。但是，当我们接受这一点，这样做的动机至少是可以理解的：在一个快速发展的资本主义社会，希望继续佩戴面纱的女性很难做到这一点，因为她们的丈夫可能供职于跨国公司，许多公司员工都会认为佩戴面纱的做法很原始。

人类学家哈纳·帕帕内克（Hannah Papanek）从一位名叫哈米达·卡拉的印度穆斯林老妇那里听说了这样一个故事。[111] 这个故事有助于我们发现一种选择制度的潜在悲剧性何在，也有助于我们理解人类的聪明才智和动态的宗教习俗如何可能克服悲剧。

哈米达·卡拉自幼成长于印度北部一个颇有教养的家庭中，在父亲的监督下她接受了良好的教育，并渴望穿上罩袍（burqua）以示成熟。13岁时，她与一位年长许多的公务员鳏夫订了婚，以“现代的”观点来看这桩婚事是值得称道的。哈米达以此为条件同意了这桩婚事：如果她的丈夫要求她不再遵守闺禁习俗，她将回归她的原生家庭。她15岁开始与他同居，他把她带到加尔各答这个远离其原生家庭的地方。作为一名公务员，他与英国人、印度教徒和穆斯林一起共事，其社会生活则围绕一群通常一
237 起参加宴会和茶话会的夫妇展开。她的丈夫开始抱怨她与陌生男性隔绝的做法，这妨碍了他自己的社会生活和职业发展。尽管有一些同事安排女性坐在单独包间里参加晚宴，但仍有许多同事拒绝这么做。终于，有一位宴会主人开了一次玩笑。

那天晚上，女人们就座的桌子每隔一个位置都留有空位。突然，一群男人走进来坐在空余的位置上。哈米达极为痛苦地回忆起这件事：

> 我无法告诉你我经历了什么。黑暗笼罩着我，我看不见任何东西。我眼里含着泪水……我不记得自己吃了什么……我所有的努力，我坚持闺禁习俗的努力都白费了。我觉得我没有信仰，我有罪。我当着那么多男人的面离开，他们全都是我丈夫的朋友。他们看见了我。

我的闺禁被打破了，那可是我的信仰。

她的丈夫坚称自己对那个计划不知情，并向她表达了深深的歉意。然而，她意识到，如果与他生活在一起，她的生活不得不发生变化。她写信给父亲以征求他的意见。父亲告诉她，如果她的婚姻可能受到威胁，她就必须放弃闺禁的做法，并且还说，她极端的闺禁方式并不代表古老的伊斯兰教传统；即使放弃这种做法，她也可以表现得沉稳而端庄。在自行阅读圣典之后，她得出结论，在严格的闺禁制度之外还有一种虔诚的穆斯林生活方式。她制定出她自己有关端正着装和举止的准则——着长袖衬衫、眉眼低垂、不化妆或佩戴首饰——且余生都在践行这些准则，与此同时她走出家门学习如何处理日常的商务和社会事宜。她的丈夫支持她的做法并尊重她的宗教信仰。

哈米达展示了这种变化的一些积极方面。通过外出散步，她的身体变得更加灵活和强壮。她学会了管理账目，这种技能在她丈夫因心脏病发作去世时派上了用场。当一个保守派领袖向她寻求帮助，请她支持巴基斯坦一场恢复强制佩戴面纱的政治运动时，她拒绝了，并得出这样的结论，“真正的闺禁就是端庄得体”。她觉得，她已经可以成功地定义将其宗教的核心戒律包含在内的穆斯林身份是什么——但是，她承认自己确实付出了代价。“放弃闺禁对我来说是一次巨大的牺牲。”哈米达身处的情形是非常 238
有利的，出于她的个人魄力和她丈夫的尊重，她能够创建一种可行的宗教替代方式，倘若此种情形也包含代价，那么我们很容易想象到，其他没有发现任何可行的替代方式的女性也可能经历了这种牺牲。虽然西方女性主义者很难想象这样一种生活，其中身体运动、实际控制以及各种关系纽带都不具有核心地位，但我们能够看到，哈米达过去的生活包含真正的宗教价值，即便在回忆中，那种生活也并未使她产生羞辱或无法接受的屈居人下的感受。她的确认为，女性应当多注意锻炼，必要时应学习管理一些事务：在这些方面她指责了以往的制度。帕帕内克补充说，有证据表明，闺禁中的女性在无法直接与经理和雇主打交道时，经常遭到中间人的欺骗。[112] 但她似乎认为，旧制度本身并非不可接受，并且可能已经适应了这些变化。

我认为，这个事例表明，有关宗教自由的能力进路确实蕴含潜在的悲剧性。不过，它同时表明，虔诚的宗教徒在使宗教的道德解释适应不断变化的现实方面是多么足智多谋。哈米达·卡拉强烈反对强制性的闺禁制度是尤为重要的。她最终断言她和她的丈夫“从彼此身上学到了很多东西”。事实上，她对保守派领袖的回应——帕帕内克说，她极高兴地表明了自己的态度——表明了，她认为女性无须遵守闺禁习俗便能很好地解决端庄问题，只要男性愿意配合。她表明态度说，“让成千上万的女人即刻走出来，而不只是少数几个”，“然后，你就会看到男人们很快习惯了碰见女人，而且毫不在意”。她还对那位领袖说，她在走出闺禁的同时保持了自身端庄，这才是真正要紧的事。

通过宗教，人们寻求超越。但宗教群体和宗教习俗都是人文现象。人
239 文宗教意味着，它的众多习俗是可错的，并且需要根据国家应予保护的重要的人类利益不断接受审查。此外，宗教本身就是一项重要的人类利益，这既是因为它自身如此，也是因为它表现了对人类选择权的一次重要行使。出于这些原因，当宗教与性别平等发生冲突时，任何解决这些困境的方式都必定是复杂的，它取决于法官及其他政治人士洞察和平衡多重因素的能力。然而，他们不应该做的一件事是，在政治威胁面前放弃对平等正义的承诺。

1985 年 11 月 2 日，沙阿·巴诺在四名男性的见证下在一封致所有穆斯林的公开信上按压拇指签名，信中说伊斯兰教领袖依据《古兰经》和《圣训》向她解释了有关离婚和赡养的规定。运用那种她自己根本不可能选择甚或无法理解的法律语言，她宣布放弃对赡养费的诉求，并要求印度政府撤回最高法院的裁决。她还说：“《印度宪法》第 44 条有一项为所有人制定统一民法典的指示，这完全背离了《古兰经》和《圣训》。”她要求政府放弃统一民法典的目标，并决意“今后不再企图干涉”伊斯兰教法庭的运作。她这样总结道：“最后，我感谢印多尔的毛拉纳·哈比卜·亚尔·坎（Maulana Habib Yar Khan）和哈吉·阿卜杜尔·加法尔·萨希卜，他们为我指明了正确的道路、帮助我追随真理，从而在此生和来世拯救了我。”[113]

我们很难避免得出这样一种结论，即就政治目的而言，一个虔诚而身无分文的女人的信仰正在遭人利用。用林肯的话来说，一个公正的上帝竟

然要求一个穷苦的老妇人放弃对最低生活保障的诉求，这似乎太奇怪了。尊重宗教自由并不意味着赋予少数宗教领袖无限的自由，从而任由人类苦难不断延续、禁止个人宗教自由并随意摆布法律。在那类情形下，我们说 240
为了“社会进步”法律确须“施以援手”，这不是对宗教自由的攻击，反而是对其基本原则的深度维护。

注释

［1］ *The Mahābhārata*，II. 62，trans. J. A. B. van Buitenen，vol. 2（Chicago：University of Chicago Press，1975），148. 朵帕蒂和许多实物一起被她嗜赌成性的丈夫尤帝斯提拉（Yudhistira）当成了赌注，这部分情节中一个未决问题是，他是否有权把她当成赌注。［德塔阿斯塔（Dhrtarāstra）国王在儿子杜尤达纳的要求下很不情愿地批准了这场骰子游戏。］身为比赛双方的叔父，聪明的维杜拉（Vidura）断言，尤帝斯提拉在下注时头脑便不再清醒了。潘度（Pāndu）和德塔阿斯塔年长的叔父彼斯玛（Bhīsma）（因而是参与比赛的两群人的大叔父）坚持认为，妻子是属于丈夫的（60）；但是，没有财产的人不能以别人的财产做赌注，尤帝斯提拉已经失去他所有的财产，而朵帕蒂是属于潘达瓦五兄弟的。所以，他说不存在明确的法律解决方案。不出所料，朵帕蒂不满意这个答复，她排行第二的丈夫彼玛（Bhīma）也表示强烈抗议，并指出在赌博过程中，即便是妓女也不会被当成货物（61）。他认为尤帝斯提拉根本没有权利将朵帕蒂当成赌注，这并不出于对他自身财产权益的考虑，而是出于他对朵帕蒂遭遇的同情。他威胁说要攻击他的兄弟，直到阿诸纳（Arjuna）制止了他。然而，妻子是财产的观点并未得到明确的否定。

［2］引自 Nawaz，“Towards Uniformity”（对统一民法典的捍卫），in Indira Jaising，ed.，*Justice for Women：Personal Laws，Women's Rights and Law Reform*（Mapusa，Goa：The Other India Press，1996）。

［3］第 14 条保障法律对所有人的平等保护；第 15 条禁止基于宗教、种族、种姓、性别或出生地等理由的歧视；第 16 条在就业问题上保障全体公民一律平等，并禁止基于宗教、种族、种姓、性别、血统、出生地和居所等理由的就业歧视；第 17 条废除贱民制度：“禁止以任何形式实行这

种制度”；第 19 条保障全体公民的言论自由权和表达自由权、集会权、结社权、迁徙自由权、择居权和择业权；第 21 条（构成涉及婚内强奸和恢复夫妻权利案件的隐私权法理基础）规定：未经正当法律程序，“不得剥夺公民的生命或人身自由”；第 25 条规定，所有公民都“平等地享有良心自由的权利，以及宗教信仰、宗教活动和宗教宣传方面的自由权利”，但是有一个明确的限制条件，即这不会阻碍政府废除种姓制度，并“向各个阶层和地区的印度教徒开放具有公共性质的印度宗教组织”；第 26 条规定，在服从公共秩序、道德及健康的前提下，各教派有管理他们自身事务和获得财产的权利；第 28 条保障就读宗教学校的自由，并规定国家全额资助的机构不得提供宗教教育，公立学校不得强制学生执行宗教仪式。最后，第 13 条宣布所有与这些基本权利相冲突的“现行法律”都是无效的，并禁止政府制定任何新的剥夺或限制基本权利的法律。（然而，随之而来的一项司法判决宣布，“现行法律不包含宗教属人法制度”。参见 *State of Bombay v. Narasu Appa Mali*，1952。）有关宪法的讨论，参见我的文章 “Religion and Women's Human Rights,” in *Religion and Contemporary Liberalism*，ed. Paul Weithman（Notre Dame：University of Notre Dame Press，1997），93－137，修订版见我的 *Sex and Social Justice*（New York：Oxford University Press，1999）。

［4］*Mrs. Mary Roy v. State of Kerala and Others*，AIR 1986 SC 1011. ［玛丽·罗伊是布克奖得主小说家阿鲁达蒂·罗伊（Arundhati Roy）的母亲。］有关这起案件的讨论，参见 Bina Agarwal，*A Field of One's Own：Gender and Land Rights in South Asia*（Cambridge：Cambridge University Press，1994），224－226；Archana Parashar，*Women and Family Law Reform in India：Uniform Civil Code and Gender Equality*（Delhi：Sage，1992），190－192。对属人法制度的一般描述，见下述讨论。

［5］《议员个人法案》的起草者库里安（P. J. Kurien）的一次公开演说。

［6］参见 *Indian Express*，June 20，1986。

［7］参见 E. D. Devadasan，*Christian Law in India*（Delhi：DSI Publications，1974）。

［8］对这些争议的讨论以及许多相关文献，参见 Shahida Lateef，

"Defining Women through Legislation," in Zoya Hasan, ed., *Forging Identities: Gender, Communities, and the State in India* (Boulder: Westview, 1994), 38-58。这个问题在1929年的《禁止童婚法案》中已得到处理，这是印度女性运动第一次在立法上取得巨大的胜利。现在，它被列入新共和国一揽子更全面的改革方案中。

[9]《伊斯兰教法案》于1937年通过，该法案禁止沿袭将所有财产留给男性继承者的风俗，使穆斯林社群从遵守习惯法回到遵守伊斯兰教法的规定（然而，在伊斯兰教法的规定中，女性并不拥有完全平等的份额）。这项法案因关注性别平等而得到真纳（Jinnah）的支持：他说："女性的经济地位是承认她与男性平等并在完全意义上分享男性生活的基础。"尽管如此，该法案明确免除农业税，因而许多不平等仍未得到解决。参见Parashar，145-150；Agarwal，*A Field of One's Own*，98-99，227-237；Agarwal，"Women and Legal Rights in Agricultural Land," *Economic and Political Weekly*，March 25，1995。

[10] 参见"Children Are Still Married off in Indian State," Agence-France Press，May 26，1997，其中描写了拉贾斯坦邦一些女孩的集体婚礼，她们当中年龄最小的只有7岁，这些婚礼受到社区情感的压倒性支持。也参见John F. Burns，"Though Illegal，Child Marriage Is Popular in Part of India," *New York Times*，May 1998，pp. A1，8。警察表示，如果无人投诉，他们不能逮捕任何人。童婚并不必然意味着圆房，它通常会推迟到青春期以后。然而，童养媳会离开她的原生家庭，被转移到夫家权力的控制之下；她的学业通常就此终止。

[11] 参见Indira Jaising，"Towards an Egalitarian Civil Code," in Jaising，ed.，*Justice*，24。文中描述了孟买上层社会一场改信和再婚的活动，然而，6个月后，最高法院宣布新婚姻无效，并表示丈夫有可能因犯重婚罪而被起诉。

[12] 法院要求必须完成传统的婆罗门宗教仪式的所有流程。在一些案件中，为了表示对妇女屈从地位的反对，许多夫妇省略了一个或多个流程。有一些夫妇使用了有地区特色的形式，或者干脆在登记官面前结婚；所有这类案件中的婚姻都被宣布无效。对这些案件的讨论，见Saumya，

"Bigamous Marriages by Hindu Men: Myths and Realities," in Jaising, *Justice*, 27-33。有时，第一次婚姻被证明是无效的，有时第二次婚姻被证明是无效的。婚姻无效的风险使第一任妻子打消起诉的念头，也使收集重婚证据的工作变得越发困难。

[13] 1973年，承认前妻包含在第125条所规定的关系中，本身就存在争议。当下议院讨论修正案时，穆斯林联盟成员表示反对，并声称这违反了宗教自由。一开始，政府否认其中存在任何宗教问题：修正案的目的仅仅是人道主义的。可是后来，政府改变了自身立场，又增加一项修正案，将离婚的穆斯林女性排除在新修正案的权力范围之外。尽管如此，穆斯林女性继续向法院提出申诉，最高法院在两项重要的判决中明确宣布她们有权这样做：这项法律意在帮助贫困女性，案文必须根据这个社会目的来加以解释。参见 *Bai Tahira v. Ali Hussain*，1979（2）Supreme Court Reporter，75，and AIR 1980 Supreme Court 1930。可见，最高法院与伊斯兰教领导层之间的冲突由来已久。

[14] 意见开头如下：

"这项诉讼不涉及任何宪法上具有重要性的问题，但是这并不是说它不涉及任何具有重要性的问题。在普通民法和刑法下产生的一些问题对在传统意义上受到不公正对待的社会广大阶层具有深远的意义。女性就是这样一个阶层。律法颁布者摩奴说：女性不应该独立（*Na stree swatantra-marhati*）。据说：'伊斯兰教的致命问题是女性的堕落'。[脚注参考了英国人爱德华·莱恩（Edward Lane）对《古兰经》的评论。] 这句话被认作先知所言（但愿是错的）：'女人是由一根弯曲的肋骨做成的，如果你想把它掰直了，它就会断；因此善待你的妻子。'"

"这项诉讼由一个离婚的穆斯林妇女根据《刑事诉讼法》第125条申请获得赡养费而提起，它直截了当地提出一个穆斯林女性和一般女性共同关心的问题，同时也是那些渴望创造一个男女平等的社会、哄骗自己相信人类已经在这个方向取得显著进步的人共同关心的问题。"

单从这些话语中，我们就可感受到进步勇气与政治迟钝（指英国的一位伊斯兰教批评家）的奇特结合，它是贯穿意见始终的一个特征。

[15] *Mohammed Ahmed Khan v. Shah Bano Begum & Others* SCR

(1985). 这一著名案件在多处被讨论过。核心文献，见 Asghar Ali Engineer, ed., *The Shah Bano Controversy* (Delhi: Ajanta Publishers, 1987)。参见 Veena Das, *Critical Events* (Delhi: Oxford University Press, 1992), Chapter 4; Kavita R. Khory, "The Shah Bano Case: Some Political Implications," in Robert Baird, ed., *Religion and Law in Independent India* (Delhi: Manohar, 1993), 121－137; Amartya Sen, "Secularism and Its Discontents," in *Unravelling the Nation*, ed. Kaushik Basu and Sanjay Subrahmanyam, 1995; Parashar, 173－189 (不同寻常地综合论述伊斯兰教社群内部的不同态度); Zoya Hasan, "Minority Identity, State Policy and the Political Process," in Hasan, ed., *Forging*, 59－73; Danial Latifi, "After Shah Bano," in Jaising, ed., *Justice*, 213－215, and "Women, Family Law, and Social Changes," 216－222 (批评反对最高法院裁决的穆斯林)。有关印度法律制度及其历史的一般问题，也参见 John H. Mansfield, "The Personal Laws or a Uniform Civil Code?" in Baird, ed., *Religion and Law*; *Tahir Mahmood*, *Muslim Personal Law, Role of the State in the Indian Subcontinent* (Nagpur, second edition 1983)。

[16] 在女性主义者那里，世俗人文主义的女性主义是一种十分常见的立场；在美国哲学领域，它可能是最常见的立场。但是，今天的世俗哲学家很少像伯特兰·罗素那样明确地攻击宗教。相反，他们倾向于无视它，因此哲学领域的世俗人文主义者鲜有论述宗教。许多重要的女性主义政治哲学著作也完全不讨论宗教两个明显的例子：Alison Jaggar, *Feminist Politics and Human Nature* (Totowa, N.J.: Rowman and Littlefield, 1988); Catharine Mac Kinnon, *Toward a Feminist Theory of the State* (Cambridge, MA: Harvard University Press, 1989)。最近两本最出色的女性主义社会政治思想选集都没有涉及宗教，尽管它们讨论的许多主题偶然会与女性主义相关，如环境主义和素食主义：Alison Jaggar, *Living With Contradictions: Controversies in Feminist Social Ethics* (Boulder: Westview, 1994); Diana Meyer, *Feminist Social Thought: A Reader* (New York: Routledge, 1997)。在法律领域，女性主义者更

频繁地处理宗教问题，因为宗教是她们的部分素材，因此，我心目中世俗人文主义立场的一个显著代表就是：Mary Becker，“The Politics of Women's Wrongs and the Bill of 'Rights'：A Bicentennial Perspective，” *The University of Chicago Law Review* 59（1992），453－517。我之所以会把这篇出色的文章作为我要批评的立场的核心范例，一定程度上是出于我对它的敬意。它不是一个完美的范例，因为它在结论中提出的对当前政策的改革还不如它的论证所表现的那样激进——这在很大程度上（但不完全）出于实际的政治理由。

与玛丽·贝克尔（Mary Becker）观点存在紧密联系的一种观点在苏珊·奥金（Susan Okin）的文章中得到阐发，见“Is Multiculturalism Bad for Women?”，此文初版于 *The Boston Review*，October/November 1997，25－28，现收录于 *Is Multiculturalism Bad for Women*?，ed. J. Cohen，M. Howard，and M. Nussbaum（Princeton：Princeton University Press，1999），7－26；我的回应文章也收录于同一本文集中，“A Plea for Difficulty，” 105－114。奥金的立场比贝克尔的立场更微妙，由于她关注那些真正严重侵犯到女性能力的例子，因此我们实际的结论并没有太大的不同。

［17］贝克尔的确指出，“所有人都需要获得政府以外的权威来源”（486），她认为，这是不要过多压制宗教的一个理由。但是，她有关宗教的其他所有一般论述都是极其负面的：“宗教使女性永远处于从属地位，宗教自由阻碍了改革”（459）；“宗教……不仅加固了女性在宗教社群等级制度中的从属地位，也加固了她们在更广义的文化中的从属地位”（460）；“美国所有主流的宗教传统都用一个男性神创世的故事取代了女性生殖能力创造的奇迹”（461）；“宗教鼓励女性安于现状而不是通过强调平等来动摇它”。奥金的立场更加微妙，她将各种主要宗教的“进步的改革版本”与“更正统或更宗教激进主义的版本”进行对比，但是，甚至在这一点上也存在很多问题。改革派的犹太教徒通常把犹太教的核心理解为一套永恒的道德观念，这些观念在《圣经》和法律文本中没有得到完美的呈现，因此他们并不承认他们的版本不如自称“正统”的人所持有的版本那样“正统”。他们认为，“改革”并不意味着主张某种从原始犹太教“改革”而来的宗教，而是意味着在朝着全面实现犹太教的方向前进的过程中对有缺陷

的历史习俗的改革。当然，罗马天主教徒和主流的新教徒并不承认“宗教激进主义”版本更原始或更真实，或者他们自己的立场是从某种原始真实的立场“改革”而来。

[18] 约瑟夫·拉兹阐述的整全性自由主义似乎得出相似的结论：将宗教自由限定在公众对自主的普遍的整全性观点所设置的范围之内，见 Joseph Raz，*The Morality of Freedom*（Oxford：Clarendon Press，1986）。与密尔不一样，拉兹仅仅简略地谈到了宗教（251-252），并且这只是为了提倡宗教自由。奥金谈到了她对这个问题的看法，见 Okin，*Is Multiculturalism Bad for Women*?，129-130。

[19] 持这种立场的：Stephen A. and Frédérique Marglin，eds.，*Dominating Knowledge*：*Development*，*Culture*，*and Resistance*（Oxford：Clarendon Press，1988），特别见 Marglins and A. Nandy；在美国学术界持这种立场的：Christina Sommers，*Who Stole Feminism*?（New York：Simon and Schuster，1994）；Elizabeth Fox-Genovese，“*Feminism Is Not the Story of My Life*”（New York：Doubleday，1996）。

[20] 譬如玛格林夫妇（the Marglins）和阿希斯·南迪（Ashis Nandy）。这群人因对儿童庙宇卖淫的怀旧态度而闻名，见 F. Marglin，*Wives of the God-King*：*The Rituals of the Devadasis of Puri*（Delhi：Oxford University Press，1985），也因对萨蒂习俗的积极价值含糊其词而闻名，见阿希斯·南迪于 1988 年 2 月发表于 *Mainstream* 上的关于鲁普·坎沃尔萨蒂习俗的文章，此文再版于 M. R. Anand，ed.，*Sati*（Delhi：B. R. Publishing Corporation，1989）。有关神庙舞女的不同观点，见 Gail Omvedt，“*Devadasi* Custom and the Fight Against It，”*Manushi* 4（Nov. -Dec. 1983），16-19。对南迪有关萨蒂习俗的态度的批评，见 Sanjukta Gupta and Richard Gombrich，“Another View of Widow-Burning and Womanliness in Indian Public Culture，”*Journal of Commonwealth and Comparative Politics* 22（1984），262-274；Imrana Qadeer and Zoya Hasan，“Deadly Politics of the State and Its Apologists，”*Economic and Political Weekly* 22（1987），1946-1949。对严禁颂扬萨蒂习俗的法律的进一步讨论，见我的文章“Religion and Women's Human

Rights”（详见前面注释 3）。

［21］J. C. 迈尔基（Judith C. Miles）在下文中的观点，见“Beyond *Bob Jones*: Toward the Elimination of Governmental Subsidy of Discrimination by Religious Institutions,” *Harvard Women's Law Journal* 8 (1985)，31－58。迈尔斯基于性别平等的理由主张终止对宗教组织的一切税收优惠及其他相关优惠政策（邮费等），而不只是对那些存在歧视行为的组织机构而言。贝克尔同情此种进路，但终究未表示赞成：她只会禁止对那些阻止女性担任领导职务的宗教提供免税和邮政补贴。

［22］然而，这位首席法官并不完全是一个世俗人文主义者：虽然他主张废除宗教法庭，但他并不主张取消对宗教的特殊宪法保障。

［23］例如，参见 Kalima Rose，*Where Women are Leaders*，83－84。在这里，朵帕蒂向克利须那神祈祷的故事被用来描述伊拉·巴特生活中的一段插曲。巴特在访谈中告诉我，她父亲去世时，一位显赫的婆罗门裁定她的家族（这对她的种姓来说是不寻常的一步）满足她主持宗教葬礼的愿望，这种仪式一般是由男性来主持的。

［24］我稍后会评论这个观点对捍卫我的平衡测验所造成的困难，见第四节。

［25］Maritain，“Truth and Human Fellowship,” in *On the Uses of Philosophy: Three Essays* (Princeton: Princeton University Press, 1961), 24.

［26］贝克尔指出，“犹太教婚姻法和离婚法都没有平等对待女性和男性”（464），“就集体祷告的目的而言……［一个女人］不具有任何重要性”（464）——她忽视了这一事实，这两个特征自 19 世纪早期开始便遭遇挑战，绝大多数美国教会都拒斥这种做法。与此类似，贝克尔把男人感谢上帝没让他身为女人的祷告归因于整个犹太教（464）：这一点同样在 19 世纪早期便遭到拒斥，如今已不多见。此外，她声称，“在犹太教信念中，女性被认为是服侍人的，没有人意识到她们是具有重要的精神生活的造物”（464）——这里涉及对传统的一个误解，这种传统在美国拥有四个主要分支，其中三个分支在礼仪、政治以及精神事务等各方面都平等地对待女性；第四个分支（正统派）自然也会否定这种刻画，并坚持认为女性

具有非常重要的精神生活，只是采取了不同于男性的方式。（贝克尔的陈述有时很难理解，因为她在“正统派”女性做了什么的论点和有关“犹太教”和“犹太教信念”的论点之间随意切换，未做区分。）贝克尔声称，“基督教对苦难的重视鼓励女性忍受虐待”（465），并且基督教在女性性爱方面的观点一贯是消极的（466-467），这同样是片面的。奥金强调内在多样性，但她认为更具平等主义色彩的是犹太教传统的“改革”版，而不是它的真实形式，这个论点极具争议（且在我看来是错误的）。

[27] 见前一条注释中对贝克尔的评论。奥金一般不那么好辩，但她直接断言基督教、犹太教和伊斯兰教传统中的神都是男性，这个论点将再次遭到这些传统的大批信徒的拒斥（而不只是最明显的自由派的拒斥）。他们坚持认为，将一个超验的存在理解为完全超越性别的存在是正确的，神作为男性的神话人格化并不是宗教观念的核心。

[28] 即使就相对独立于主流文化的小社群而言也是如此，它们通常被怀旧式地描绘成同质与和谐的地带。对这样一种宗教传统中的内在多样性与冲突的精彩论述，参见 Fred Kniss，*Disquiet in the Land*：*Cultural Conflict in American Mennonite Communities*（New Brunswick：Rutgers University Press，1997）。

[29] 参见我的文章“Judaism and the Love of Reason,” in *Among Sophia's Daughters*：*Reflections on Philosophy*，*Feminism*，*and Faith*，eds. Marya Bower and Ruth Groenhout（Indiana University Press），即将出版。

[30] 我们可能回应说，正统犹太教徒不会将非正统的信徒视为真正的犹太教徒，所以称他们的观点有误时，我只是站在论辩一方的立场上说话。在此，我可以做出两种回应。第一，不论是把其他分支看作类似于基督教这样的独立宗教，还是承认其犹太教地位，**在某种意义上**，拒绝承认犹太教演变的历史事实就是不诚实的。以色列的情形令人反感之处在于，两条路都没有被选中，因此基督徒比起改革派和保守派的犹太教徒拥有更多权利。第二，所谓正统派犹太教徒不会也不能承认改革派和保守派犹太教徒的身份，这一点并不是真的。很少会有正统派犹太教徒甚或正统派拉比持这种判断。我是在一位正统派拉比的影响下改信的，他知道我的修行

并不正统。他提出一些我为何应该考虑正统派修行的理由，但他也恭敬地听取我的反对意见；最终，我们就一组核心承诺取得一致，同时保留彼此在其他方面的异议。他主持了改信仪式，并坚决向我未婚夫的祖母说，这次改信确实使我成了一个犹太教徒。这是一个共同立场。尊重其他犹太教徒的犹太性与个人坚持认为正统派的做法才是成为一个犹太教徒唯一且完全正确的方式，这两者完全是相容的：事实上，美国的共同立场类似一种政治共识，即拥有不同整全性观念的成员被认为是在罗尔斯政治自由主义中形成的。因此，如芝加哥大学希勒尔分校校长大卫·罗森堡（David Rosenberg）就是一位正统派拉比；身为拉比，他认为他的犹太教修行方式是最好的；然而，正如他明确表示的那样，身为希勒尔分校校长，他承诺要将各类犹太个体和群体都当作犹太教徒来予以承认、尊重并与之共事，包括犹太同性恋学生及其他许多人。他强调这种政治立场的重要性，认为它显然不只是一种权宜之计。有关犹太教传统对女性主义的宝贵论述，参见 Judith Plaskow，*Standing Again at Sinai*：*Judaism from a Feminist Perspective*（San Francisco：Harper San Francisco，1990）；Rachel Adler，*Engendering Judaism*：*An Inclusive Theology and Ethics*（Philadelphia and Jerusalem：The Jewish Publication Society，1998）。

[31] 对基督教女性主义的一种清晰、平衡和合理的处理，参见 Lisa Cahill，*Sex*，*Gender*，*and Christian Ethics*（Cambridge：Cambridge University Press，1996）。

最近，芝加哥主教弗兰克·特雷西·格里斯沃尔德（Frank Tracy Griswold）当选美利坚合众国圣公会主教一职就是动态演变观的一个绝佳例证。格里斯沃尔德（远在女性在教会中任职的局面尚未流行之时，格里斯沃尔德便是女性地位的有力捍卫者，那时的他是布林莫尔救世主教堂年轻的助理牧师，而我还是个参加教会的小女孩）长期以来都在为支持女性担任神职而努力，同时也更谨慎地表达了对任命公开同性恋牧师的支持。他的非裔美国人对手在这两个议题上都持有更保守的立场。格里斯沃尔德赢得了选举：选民确定这就是他们希望教会进一步发展的方向。他的对手们一般称他为“异教徒”——参见“The Bishop Moves Up a Rank，”*Chicago Tribune*，December 30，1997，section 5，pp. 1，10；但历史很可能判定他们的观点是局外人的观点（就像当前的罗马天主教徒拒绝梵蒂冈二世引入的弥撒语言本土化及其他改革一样）。

［32］在这一点上，历史性谬误更为明显，因为印度教不存在异端邪说的观念，它向来是一套组织松散的、呈现多种地域差异的宗教活动。印度教的法律制度也是如此——直到英国人决定在全国范围内将它系统化才改变此种状况！当代印度教宗教激进主义是新近出现的一种社会建构，它既不代表整体的印度教，也不表明帕特·罗伯逊（Pat Robertson）的观点代表整体的基督教。

［33］对伊斯兰教在解释和改革方面的立场给予总体性阐释（批评奥金对伊斯兰教的态度）的一篇富有价值的文章，见 Azizah Al-Hibri，“Is Western Patriarchal Feminism Bad for Third World/Minority Women?” in *Is Multiculturalism Bad for Women*?，41-46。关于平等本质的思想在穆斯林女性运动中的作用的论述，参见 Barbara Metcalf，“Reading and Writing about Muslim Women in British India，” in Hasan，ed.，*Forging*，1-21。关于“综合传统”的建构虽表明它们自身拥有悠久历史却无法准确代表一个具有各种复杂性的传统的论述，参见 Hannah Papanek，“Afterword：Caging the Lion，a Fable for Our Time，” in Rokeya Sakhwat Hossain，*Sultana's Dream*，ed. Roushan Jahan（New York：The Feminist Press at the City University of New York，1988），58-85，在第61页中，作者讨论了有关闺禁制度的各种伊斯兰教习俗。关于女强人对什叶派伊斯兰教在印度的形成过程中的创造性作用的讨论，参见 Juan R. I. Cole，“Shi'ite Noblewomen and Religious Innovation in Awadh，” in Violette Graf，ed.，*Lucknow*：*Memories of a City*（Delhi：Oxford University Press，1997），83-90。科尔表明，女性在将自己的生育角色融入宗教领袖理念方面非常成功，以至于男性领袖不得不采用女性性别模式来创造新的仪式。下面是来自19世纪20年代的一个例子——富有创造力的女性宗教领袖巴德沙阿·贝古姆（Badshah Begum）的儿子说道：“在伊玛目诞生的那一天，他会表现得像一个分娩中的妇女，假装自己在忍受分娩的阵痛……被拣选的侍从准备好妇女分娩要享用的菜肴，并把它们呈献给国王。”

［34］当然，这些可能不尽相同。在包含犹太教、印度教、伊斯兰教和基督教在内的许多宗教中，有证据表明早期宗教活动的父权色彩比晚期宗教活动要少许多：朵帕蒂享有的地位是《摩奴法典》所不知的，底波拉（Deborah）所扮演的先知角色也是直到最近才为犹太妇女所知，而且早期基督教社群似乎比后使徒保罗时期的社群更加体现平等主义。类似地，许多穆斯林女性主义者相信，许多（即使不是绝大部分）压迫女性的父权色彩的元素是经由解释性传统引入，在《古兰经》和《圣训》中并不具备坚实的基础。

［35］同样，我们不应当说“最古老的”甚或“最正统的”，因为这会引起各种有关传统究竟是怎样的疑问。例如，印度人民党（BJP）所支持的印度教版本是相当新的。而且，许多自由派宗教思想家否认最古老的宗教阶层是最重要的或最基本的。

［36］所以，F. 玛格林似乎很少关心选择做神庙舞女的年轻女孩所承受的限制，也不关心她们的物质生活条件。她的著作颇为怀旧式地关注舞蹈传统、象征主义和仪式感，而并未讨论身体完整性和健康这类问题。玛格林说，她是因自己练习古典印度舞蹈的经历而走向对神庙舞女的研究；她始终倾向于将神庙舞女的生活看作一种审美活动，并倾向于抨击受西方价值观启发而展开的对此种卖淫形式的批评。然而，这种习俗遭到印度本土女性运动的强烈抗议：譬如，联邦政府的马希拉·萨马赫亚项目记录并支持贫困的农村妇女抵抗这种把女儿卖给寺庙充当妓女的压力，在某种程度上，这是通过为那些被认为面临卖淫风险的女孩提供免费寄宿教育来实现的［对马希拉·萨马赫亚项目安得拉邦办事处的耶德拉·帕德玛瓦蒂（Yedla Padmavathi）进行的个人访谈］；全国各地有许多类似项目。我于1997年3月访问过安得拉邦一个极其贫困的农村沙漠地区，在那里，我要求那些不识字的女性画出她们的愿望，她们画了一个打扮成神庙舞女的小女孩，并在画作上打了一个巨大的红色的“X”。

［37］这是《威斯康星州诉约德案》（*Winsconsin v. Yoder*）中盛行的论证方式，参见第七节。其中论证说，要求未满16周岁儿童接受学校教育会因为破坏社群本身的未来而损害成人成员的自由。

［38］亚里士多德在《政治学》（1261b16－27）中已然对集体意义上

的“所有人”和分配意义上的“所有人”进行了区分，他说，在柏拉图的理想国中情况很有可能是这样的：整体意义上的城邦“所有人”将会在同一意义上使用“我的”和“非我的”这两个词，但这并不意味着“他们中的每一个人”都会用这些词来表述同样一些对象。

［39］相似的情形是，印度基于伊斯兰教不允许领养的理由而拒绝让领养合法化，详情参见我的文章“Religion and Women's Human Rights”。

［40］稍后将讨论的《威斯康星州诉约德案》。

［41］*U. S. vs. Seeger and Thomas v. Review Board*，在注释 72 中将予以讨论。

［42］见 *Bob Jones University v. United States* 461 U. S. 574，103 S. Ct. 2017（1983），其中法院支持美国国税局拒绝给予一家具有宗教背景、在招生政策方面存在种族歧视的机构免税资格。尽管与任何特殊教派都没有关联，这所学校公开的办学目的却是“开办一所学习机构……对基督教和《圣经》中揭示的伦理思想予以特别关注”（2922）。该机构重点关注的是防止跨种族约会。直到 1973 年，该机构彻底拒绝招收黑种人学生；1971 年到 1975 年，它仅招收“在种族内部通婚”的黑种人学生，一些长期的大学工作人员除外。从 1975 年开始，未婚黑种人学生被准予入学，但校规禁止跨种族的约会和婚姻，并表示违反规定者将予以退学处理。法院辩称，消除教育中的种族歧视是政府最根本和最重要的利益，它远远超过了拒绝给予税收优惠对起诉人行使宗教信仰自由所造成的任何负担。“起诉人声称的利益无法与政府重大利益相容，也没有更弱的限制性手段可用来实现政府利益。”该意见的结论是，在既定国税标准的意义上，一个存在种族歧视的机构不是一个“慈善机构”。该意见并没有否认拒绝给予免税资格给宗教行为造成了负担（因而它并未在我所说的意义上真正体现道德核心原则），但它确实认为国家消除种族歧视的重大利益证明此种负担是合理的。McConnell，“Free Exercise Revisionism and the Smith Decision,” *University of Chicago Law Review* 57（1990），1109－1153，作者指出，这是一起政府理应通融的案件：如果伤害是针对非同一宗教人士，那么它只能是机构的冒犯性言论所致，而这种言论受到《第一修正案》的言论自由条款的保护。这个禁令的“直接影响”“完全内在于这个

宗教群体”。评估这个论点的一个困难就是，这里没有任何特定的“宗教群体”，因为这所学校不从属于任何教派；另一个困难是由这个事实造成的，即许多受影响的当事人都是未成年人，他们可能并未选择就读包伯·琼斯大学，倘若不喜欢校方这种做法，他们也不可能轻易使自己摆脱这种境地。（据推测，黑种人父母之所以选择这所学校，是出于各种经济原因和地理原因，最突出的原因则是他们自己就是这所学校的雇员；他们的孩子在是否愿意继续学业的问题上可能没有太多发言权。）麦康内尔认为，倘若授予免税资格，这些做法可能对局外人造成伤害，这种伤害将呈现为受到《第一修正案》言论自由条款保护的言论形式。这是极其可疑的。有问题的并不是该机构的言论——显然，从来不存在任何问题使他们表现出来的行为变成违法的——而是政府给予该机构优惠地位的这个行为。对联邦政府而言，通过免税来支持一家歧视性机构会使联邦政府陷入支持或至少赞同种族歧视的问题之中。

[43] 因此，即便萨蒂习俗完全内在于一种宗教传统，它也总会遭到质疑，因为它的自愿性一般来说是可疑的。根据第一章所采纳的原则，甚至完全协商一致的情形也可能被认定为非法，因为除特殊情况以外，国家有理由防止公民丧失生命和（某些方面的）健康。同样有问题的是拒绝让女性外出工作，在此种情形中，女性并不是选择遵守谦逊端庄的规范，而是由于经济上的依赖、恐吓等原因而被迫这么做。麦康内尔（McConnell）就宗教活动对同一宗教人士的伤害和对其他人士的伤害的区分做了一番很有意思的阐述，他竭力主张政府利益范围不应延伸到保护宗教群体成员“免受其宗教选择的后果”（“Free Exercise Revisionism and the Smith Decision,” 1145）。因此，他为一个教派不受最低工资法/最长工作时间法的约束进行辩护，以迫使宗教成员为神的荣耀无偿工作（*Alamo Foundation v. Secretary of Labor*，471 U.S. 290，1985）。认为这种做法不会伤害到该宗教以外人士的观点必定遭受质疑，关于这一点，参见William P. Marshall，“In Defense of Smith and Free Exercise Revisionism,” The University of Chicago Law Review 58（1991），308－328，在第314页，作者论证了基金会降低劳动成本导致商业竞争对手处于不公平的不利地位。但我们也应当追问一下这种做法的自愿性问题：包括依附性

成员和女性成员在内的基金会成员是否被迫无偿劳动？他们脱离基金会的可能性有多大？我倾向于认为，剥削弱者的潜力如此巨大以至于不应当授予这种豁免权。我稍后再讨论麦康内尔认为政府理应通融宗教内部活动的另一个核心案例——包伯·琼斯案。我会再一次否定他的结论。

［44］关于伊斯兰教，参见 Abdullahi An-Na'im，*Toward an Islamic Reformation*：*Civil Liberties*，*Human Rights and International Law*（Syracuse：Syracuse University Press，1990），作者区分了《古兰经》的两个时期；艾尔-希布里（Azizah Al-Hibri）区分了《古兰经》和后期阐释学派，她坚持认为《古兰经》必须是未经批判的。有关闺禁制度的《古兰经》来源——在其中，一句少被提及的相邻经文要求男性遵守相应的纯洁和谦逊的规范，一篇颇具价值的文章是 Huma Ahmed-Gosh，"Preserving Identity：A Case Study of Palitpur，" in Hasan，*Forging*，169－187；相关经文稍后会在注释 49 中得到引用。

［45］这方面实例以及必须进行裁决的实例，参见 K. Greenawalt，"Five Questions about Religion Judges Are Afraid to Ask，" in *Law and Religion*：*Obligations of Citizenship and Demands of Faith*，ed. Nancy Rosenblum（Princeton：Princeton University Press，1999），即将出版。也参见 Michael McConnell，"Free Exercise Revisionism"。

［46］第十二道法令。

［47］林肯所说的话，见 *The Viking Portable Lincoln*（New York：Viking，1992），321。

［48］我认为，"我们不要评判别人，以免被别人评判"这句话是在表达仁慈而不是在开脱。林肯的意思不是，不要说这是错的，而是，在这个时候不要采取惩罚和报复的态度，这样太容易激怒人。这种解读被演说的著名结语所证实（"不要对人心怀恶意，仁慈地对待所有人"），这句话宣布放弃恶意，同时坚守正义。林肯认为，"坚守正义"不应当把我们引向报复性态度，这种态度会破坏我们团结起来"弥合国家创伤"的能力。

［49］《古兰经》24.31 经常被用来为女性蒙面的习俗做辩护。"并对信女们说，她们应当低下头来，注意自己的端庄得体；她们不应当展现她们的美丽和妆饰，除非通常必须出现。"但这是紧随 24.30 之后说的："对

信男们说，他们应当低下头来，注意自己的谦虚稳重；这将使他们更加纯洁。并且真主对他们的所作所为了如指掌。”参见前面注释 44 引用的 Ahmed-Gosh 的文章。

［50］参见 Rokehya，*Sultana's Dream and Selections from The Secluded Ones*，ed. Roushan Jahan（New York：Feminist Press of the City University of New York，1988）。尤其在 *The Secluded Ones* 中，作者集中讨论了闺禁制度的道德危害，并指出传统将女性不应当被男性看到的规范推到极致，对女性健康乃至生命造成了损害。

［51］教会存在一个“持续启示”的教义——神的旨意是在历史进程中逐渐向我们显明的——1978 年 6 月 9 日这个教义被用来证明允许有非洲血统的男性担任牧师的合理性。

［52］374 U. S. 398（1963）.

［53］然而，史密斯案判决的反对者和批评者一致认为，“法院其实很少支持要求信教自由的人，尽管有些要求是非常强有力的”（McConnell，“Free Exercise Revisionism and the Smith Decision，” 1110），他们发现情况常常是这样的，要么没有造成对信教自由权的负担，要么存在重大的政府利益（参见 McConnell，1110，1127－1128；Marshall，“In Defense of Smith and Free Exercise Revisionism，” 310－311）。实际上，在实践中这个检验比通常理解的“重大利益”要弱，只有在不同寻常的情况下它才会允许政府凌驾于某项宗教要求之上；尽管采用了某种加强审查的办法，但有关标准从来没有得到清楚的说明。同样明显的是，来自那些与主流文化的宗教传统有密切关系的宗教的索赔人，比来自那些看起来很奇怪的宗教的索赔人待遇要好得多。正如威廉·马歇尔（William Marshall）所言：“因此，舍伯特夫人声称她周六不许上班，这很可能被认为是合法的；霍奇斯（Hodges）先生声称他出庭时必须打扮成鸡的样子，这不可能被认为是合法的”［311，citing *State v. Hodges*，695 SW2d 171（Tenn. 1985），在此案中，被控藐视法庭的被告人坚持认为，在法庭上打扮成一只鸡的样子是“他的精神着装和他的宗教信仰”］。关于《美国宗教自由恢复法》颁布以前在宗教保护方面的不足，也参见 C. Eisgruber and L. Sager，“Why the Religious Freedom Restoration Act Is Unconstitutional," *N.Y.U. Law Review* 69 (1994), 437－452。

［54］110 S. Ct. 1595 (1990).

［55］这有助于解释有些令人惊讶的其他法院政治阵营，虽然大法官斯卡利亚（Scalia）及其他经常同情宗教的保守派人士支持与既定判例（尽管不是习俗，如已经讨论过的那样）的截然区分以缩小宗教自由的领域，但三位自由主义者——大法官马歇尔、布伦南（Brennan）和布莱克门（Blackmun）——支持更传统的宗教自由主义路线。［中立派奥·康纳（O'Connor）赞同反对者的意见，对理论上严重背离有关信教自由的传统法学的做法表示遗憾，尽管她同意对这个具体案件的判决。］然而，机构权限和自由裁量的限制问题是斯卡利亚法学理论的一个突出主题，如果我们把焦点放在这个问题上，他的论点就不那么令人惊讶了。

［56］对这项诉讼的具体描述，参见 McConnell，"Free Exercise Revisionism and the Smith Decision," 1111－1114。原告是一家戒毒康复诊所的美国原住民雇员，他们因在美国原住民教会的圣礼仪式上食用佩奥特碱而被解雇，随后申请失业救济金。俄勒冈最高法院多次裁定，在圣礼上使用佩奥特碱的违法行为与确定失业救济金无关：根据《第一修正案》，如果该行为出于宗教动机，它就不能被视为工作上的"行为不端"。因此，最高法院首先就面临法律的合宪性问题，这多少有点令人吃惊。

［57］此外，23 个州在其毒品法中特别豁免了对佩奥特碱的宗教使用；联邦政府不仅免除了佩奥特碱的关税，还为它的生产和进口发放许可证，并且俄勒冈州没有执行它自己的法律。

［58］斯卡利亚写道，这种要求将制造"一项无视普适法的私人权利"，从而造成"某种宪法异常"。三位自由主义大法官持不同意见，他们认为尚不存在令人信服的理由背离既定的《第一修正案》法学理论。多数意见中对判例的讨论完全没有说服力，并受到来自各方的猛烈批评。麦康内尔称它是"令人不安的、近乎使人震惊的"（第 1120 页，详细分析见第 1120－1127 页）；马歇尔说，多数人"对判例的运用近乎虚构"（第 309 页）。

［59］多数意见承认这个危险：它谈道"把那些未得到广泛参与的宗教活动置于相对不利的地位"。

［60］相关文献记录，参见 McConnell，"Institutions and Interpretation:

A Critique of *City of Boerne v. Flores*," *Harvard Law Review* 111 (1997), 153-195，尤其见第 159 页。

［61］在《美国宗教自由恢复法》通过之前，关于它究竟是深思熟虑的，抑或只是利益群体钩心斗角的结果的争论，存在着相当多的分析；我省略了这个问题，因为它与我的建议无关。

［62］*City of Boerne v. Flores*, 117 S. Ct. 2157 (1997). 投票结果是 6∶3，肯尼迪法官记录了多数人的意见。这起案件涉及一个天主教会与历史地标保护法之间的冲突，这个天主教会希望扩建教堂让全体会众同时举行弥撒，而历史地标保护法则禁止对该建筑物进行改建，因为它的立面位于一个历史街区。(教会计划从后墙开始进行扩建，保留完整的古老西班牙式风格的结构，但市政府拒绝批准任何需要拆除教堂建筑一部分的扩建计划，无论它是否位于历史街区之内。) 1997 年 8 月，教会和市政府达成一致意见，教会可以在原建筑物的后面修建一座可容纳 850 人的新圣殿，新圣殿部分隐藏在原建筑物之后，其绝大部分面积的修复和保存由教会出资完成；这样，教会实现了它的首要目标，尽管付出了更大的代价。

［63］我不是说核心能力以外的任何东西都无法提供如此重大的利益，我认为它会随着每一种法律传统的演变而得到解决。在美国，《美国宗教自由恢复法》消亡之前，对这些利益的描述一直在演变。例如，参见 *Mack v. O'Leary* (80 F. 3d 1175)，1996，该案对"沉重负担"提供了一个宽泛的定义，但是它坚持认为维护联邦监狱的秩序是国家的一项重大利益；并参见 *Sasnett v. Sullivan* (91 F. 3d 1018)，1996，该案认为，任何国家重大利益都无法证明在监狱中限制佩戴宗教首饰是正当的，这违反了《美国宗教自由恢复法》。

［64］对比 *Goldman v. Weinberger*, 475 US 503 (1986)。

［65］参见注释 58。

［66］参见 *Hunafa v. Murphy*, 907 F 2d 67 (7th Cir. 1990)，该案支持一名印度教囚犯获得未受猪肉污染的食物的权利，该名囚犯因调查政府利益而还押候审；法院指出，史密斯案中予以干预的判决意见可能会在还押候审时提出，并可能改变审判的结果。对其他相关的前史密斯案件的讨论，参见 McConnell, "Free Exercise Revisionism and the Smith Decision," 1142 n. 143。

［67］对这起案件的讨论以及麦康内尔就政府通融给出的理由，参见注释 42。

［68］参见 Becker, "Women's Wrongs," 484－486。文章指出，在种族案件中，一种包伯·琼斯式处理宗教的方式（否认国家利益）很可能在宪法上具有强制性（不仅仅是可允许的），在性别案件中这种处理方式也可能被认为具有强制性。贝克尔赞同禁止免税、提供邮政补助以及政府与拒绝女性担任领导职务的宗教组织订立契约。她不会赞同完全取消那些补助，或者要求国家对宗教实行监管以消除性别歧视。我支持贝克尔有关教育机构的观点，但不支持她有关宗教职能分配的观点，这一点稍后会明示。

［69］这是麦康内尔的论点，见"Free Exercise Revisionism and the Smith Decision"。

［70］参见 Marshall, "In Defense of Smith and Free Exercise Revisionism"。马歇尔并不捍卫史密斯案中的论证，而仅只捍卫其中的结论。

［71］*Thomas v. Review Board*, 450 U. S. 707, 713 (1981).

［72］Marshall, 320. 麦康内尔虽不接受那个特殊的论点，却也关注这两个条款的平衡效应，他争辩说，在信教自由的语境中支持宗教并不见得不公平，因为在确立国教的语境中宗教是不被支持的，参见他的"A Response to Professor Marshall," *The University of Chicago Law Review* 58 (1991), 329－332。麦康内尔在一些领域中寻求缓解宗教在禁止确立国教条款下的不平等待遇的方法，参见他的下述案情摘要：*Rosenberger v. Rector and Visitors of the University of Virginia*, 115 S. Ct. 2510 (1995)。

［73］*United States v. Seeger*, 380 US 163 (1965). 法院明确区分了"宗教训练及信仰"和"实质意义上的政治学、社会学或哲学观点"。所提议的测验方式是，"一种真诚而有意义的信仰在其持有者生活中所占据的地位，是否等同于一个明显有资格得到豁免的人对神的正统信仰在其生活中所占据的地位"。确定西格的信仰的确具有那种地位之后，法院提请注意西格"对善和美德本身的信仰与忠诚，以及纯粹伦理信条中的宗教信念"。人们的注意力被引向他的信仰的系统性（以及西格自己对柏拉图、

亚里士多德和斯宾诺莎的尊重）；他的非有神论的伦理信条与印度教、佛教和保罗·蒂利希基督教神学的相似性。法院的判决是，如果一个信仰体系通过了所提议的测验，那么在已经不构成良心抗拒的合法理由意义上，它不“只是一种个人的道德准则”。也参见 *Thomas v. Review Board*, 450 U. S. 707（1981）：“法院不应当因为信徒承认他正在与他的观点‘抗争’，或者因为他没能像一个更老练的人可能会做的那样清晰而准确地表述他的信仰，便对宗教信仰进行切割。”

［74］我在很大程度上赞同的一种关于“表达性利益”和言论自由法学理论的观点，见 Joshua Cohen，“Freedom of Expression,” *Philosophy and Public Affairs* 22（1993），207-263。

［75］阿卡纳·帕拉萨尔（Archana Parashar）对这段历史及法律体系的后续变化进行了全面论述。也参见 Barbara D. Metcalf，“Reading and Writing about Muslim Women in British India,” in Hasan，ed.，1-21；Kirti Singh，“The Constitution and Muslim Personal Law,” in Hasan，96-107；Maitrayee Mukhopadhyay，“Between Community and State：The Question of Women's Rights and Personal Laws,” 108-129；Indira Jaising，ed.，*Justice*。

［76］印度曾拥有大量犹太人口，特别是在科钦王国和特拉凡哥尔王国中；那些犹太人中的绝大部分现在已经移民以色列，如今耶路撒冷的以色列博物馆中展示了一个完整的科钦犹太教堂。参见 Orpa Slapak，ed.，*The Jews of India*（Jerusalem：Israel Museum Publications，1995）。

［77］在沙阿·巴诺案和印度教宗教激进主义兴起前的一段时期，存在一种支持统一民法典的强有力的伊斯兰教制度论证，参见 Mohammed A. Qureshi，*Marriage and Matrimonial Remedies：A Uniform Civil Code for India*（Delhi：Concept Publishing Company，1978）。

［78］贾伊辛（Jaising）编写的《正义》（*Justice*）对许多当代法律体系提供了最佳解释，包括全面具体的阐述和许多有关法律挑战的讨论。此书的作者都是律师协会的成员，这是班加罗尔法学院附属的一个公益团体；负责人贾伊辛是印度最高法院的高级律师，曾为全国各地出现的一些重要的性别平等案件提供辩护。

［79］参见 Jaising，ed.，*Justice*，24－26。

［80］弃信印度教的人会失去所有的种姓，这在法律上有很大的相关性，因为平权行动计划是为“在册种姓”设立的。参见 Marc Galanter，*Law and Society in Modern India*（Oxford：Oxford University Press，1989），part 4，其中讨论了与从印度教皈依佛教的人仍试图要求获得这些福利有关的法律案件。全面介绍平权行动计划的文献，参见 Galanter，*Competing Equalities*：*Law and the Backward Castes in India*（Delhi：Oxford University Press，1984，paperback edition 1991）。

［81］喀拉拉邦于 1976 年废除了家庭共同继承。卡纳塔克邦、泰米尔纳德邦、安得拉邦和马哈拉施特拉邦都修订了《印度教继承法》，把女儿视作共同继承人，使她们与儿子一样享有家庭共同继承。在南印度大部分地区，1937 年颁布的《伊斯兰教法案》已得到修订，农业用地被纳入其管制范围。（这些数据来自比纳·阿加瓦。）

［82］伊斯兰教提出保留各自体系的一个合理理由是，世俗法院办事拖沓且极为低效，参见 Danial Latifi，“Women，Family Law and Social Changes，” in Jaising，ed.，*Justice*，216－222。

［83］参见我的文章“The Modesty of Mrs. Bajaj”。

［84］参见前文提到的《包伯·琼斯诉美国案》。

［85］参见 Agarwal，*A Field of One's Own*。

［86］倘若退出一个宗教体系是完全可能的，我不明白为什么这个宗教体系要想被接受就必须容许离婚；但如果它允许男人离婚，它就必须也允许女人离婚：参见之前的讨论。

［87］参见“全体印度女性大会”的出版刊物，1944－1945；相关讨论见 Shahida Lateef，“Defining Women through Legislation，” in Hasan，49；并参见 Parashar，Chapter 3。

［88］另一个问题是“印度教徒”的定义极其宽泛，它包含耆那教徒、佛教徒和锡克教徒，但这些词也没能提供太多信息；这些少数派似乎觉得受到了源自严厉改革的歧视，其他少数派如穆斯林、基督徒、拜火教徒和犹太教徒则没有受到此种对待。

［89］1951 年 9 月第 22 期。

［90］*The Statesman*，1951年9月第21期。

［91］AIR（1983）A. P. 356. 我在 *Sex and Social Justice* 的引言和第三章中进一步讨论了萨丽塔（Sareetha）案件。萨丽塔离开她的丈夫后成了一位著名的电影演员，并且丈夫明显具有经济上的动机。根据法律规定，女性可以通过缴纳罚款来避免被强行遣返，所以萨丽塔的身体没有受到威胁，但她最终输掉了这场官司。贫困的女性面对实际的权利恢复，仍然无能为力。

［92］*Nelly Zaman v. Ghiyasuddin*，34 D. L. R. 221（1982）. 参见"Religion and Women's Human Rights"一文的讨论和对意见的引用，此文的修订版收录于 *Sex and Social Justice*，Chapter 3。

［93］案例研究参见 Mukhopadhyay in Hasan。

［94］Hasan in Hasan，ed.，62.

［95］例如，参见 *Susheela Gopalan and Others v. Union of India*，Writ Petition No. 1055 of 1986。

［96］参见哈桑文章中展示的证据，见 Hasan，*Forging*。

［97］Hasan，68. 也参见 Danial Latifi，"After Shah Bano，" in Jaising，ed.，*Justice*，213－215，and "Women，Family Law and Social Changes，" 216-222，这些文章批评了保守派伊斯兰教法律学者的推理。

［98］迈特拉伊·穆科帕德亚进行的两次采访都收录于"Between Community and State：The Question of Women's Rights and Personal Laws，" in Hasan，ed.，108-129。穆科帕德亚注意到，尽管一夫多妻对印度教徒来说是违法的，但印度教男性的一夫多妻率（5.8%）与伊斯兰教男性的一夫多妻率（5.7%）相差无几。

［99］参见"Religion and Women's Human Rights"。

［100］参见引言部分。

［101］有关案例，请参见前面的讨论。

［102］参见注释98。

［103］268 U. S. 510（1925）.

［104］最高法院的论证有些不甚清楚；它以《第十四修正案》的正当程序条款为依据废除这项法律，而不是以《第一修正案》的信教自由条款

为依据。但是，它的基本原则在后来的《第一修正案》中被援引。

[105] John Rawls，PL，199.

[106] 例如，一种宗教因而可能教导说，这种政治观念认为男女平等，是因为他们在某种更深层的形而上意义上是平等的；或者它可能教导说，虽然在某种形而上意义上，男女终究是不平等的，但出于某些政治目的，我们一致同意将他们看作是平等的。在主要宗教中，是否有哪种宗教实际上认为男女"不平等"，这一点并不清楚，但许多宗教否认女性拥有男性所享有的某些特权和机会。

[107] 406 U. S. 205 (1972).

[108] 与此相关的论证，参见 Richard Arneson and Ian Shapiro，"Democratic Autonomy and Religious Freedom：A Critique of Wisconsin v. Yoder，" in Ian Shapiro，*Democracy's Place*（Ithaca：Cornell University Press，1996），137－174，文章认为，要求接受最后两年的公立学校教育对发展公民的能力尤其是质疑权威的能力至关重要。

[109] 321 U. S. 158 (1944).

[110] 最高法院指出，这个问题已经根据州法院的劳工定义对萨拉·普林斯做出了裁决，他们不再有权重新考虑。

[111] 帕帕内克提到的这个故事见 Papanek，"Afterword，" in Rokeya Hossain，*Sultana's Dream*，72－76。帕帕内克与哈米达·卡拉相识甚久，20世纪70年代末期，哈米达·卡拉花了许多天的时间诉说她的生活故事。

[112] 帕帕内克描述了穆斯林家庭佣工让其孩子作为中间人与销售产品的中间人打交道，见 Papanek，77。也参见 Cornelia Sorabji，*India Calling*（London：Nisbet and Co.，1934），书中描述了索拉布吉（Sorabji）作为印度第一位女律师（以及第一位被允许在牛津大学攻读法学学位的女性）援助闺禁中的女人的斗争，这些女人都受到男性亲属的欺骗，并被禁止与律师见面，因为所有律师都是男性。作者遭遇到的多次生命威胁证明了这个问题的严重性。

[113] "Shah Bano's Open Letter to Muslims，" in *Inquilab*，November 3，1985，英译者 A. Karim Shaikh。再版见 Engineer，ed.，211－212。沙阿·巴诺于1992年在印多尔去世，享年89岁。

第四章　爱、关怀与尊严

241 吉里巴拉（Giribala）在 14 岁时开始和她的丈夫奥昌德（Aulchand）居住在一起。她的母亲把她用得上的锅碗瓢盆打包。看着她打包的奥昌德说："也放些大米和小扁豆进去。我在一位白领家中找到一份工作。我一回去就必须到岗报到……"

吉里巴拉拿起那包大米、小扁豆和食用油，离开了她的村庄，在他身后几步走着。他走在前面，时不时地叫她走快些，下午眼见要过完了。

——马哈思维塔·德维（Mahasweta Devi），《吉里巴拉》，1982[1]

被告人贾汗吉尔·阿拉姆（Md. Jahangir Alam）婚后变成一个无情、残忍和贪婪的人。被上诉人萨里玛·卡通（Salema Khatun）和被上诉人索莱曼（Md. Solaiman）分别是被告人贾汗吉尔·阿拉姆的母亲和弟弟。被上诉人坦达·米亚（Thanda Mia）和被上诉人阿卜杜尔·曼南（Abdul Mannan）分别是被告人贾汗吉尔·阿拉姆的父亲和舅父。被上诉人哈希姆（Md. Hashim）是被告人贾汗吉尔·阿拉姆的一位密友。所有被指控者相互勾结，开始在精神上和身体上折磨婚后的原告费多西·贝古姆（Ferdousi Begum），目的在于从原告费多西·贝古姆的监护人那里榨取钱财（作为嫁妆）……最终，被告人贾汗吉尔·阿拉姆于 1985 年 9 月 30 日要求他的妻子费多西·贝古姆从她的兄弟那里带来一台 20 英寸彩色电视机、收音机、手表和现金，共计 2.5 万塔卡……原告费多西·贝古姆表示她不能向她的兄弟提出那种要求。在这段时间，所有被指控者……都变得异常愤怒，开始用棍棒等物殴打费多西·贝古姆。有一段时间，被告人贾汗吉尔·阿拉姆掐住她的喉咙企图让她窒息而亡。被告人贾汗吉尔·阿拉
242 姆也曾多次踢打她，抓住她的头发把她拉到地板上，压住她并把她拖到屋子外面。接着，所有被指控者抢走她身上的金饰，让她裹着一块布站在庭

院中，在那里，由于遭受一整天被指控者非人的殴打和折磨，她丧失了知觉。由于遭到所有被指控者的殴打，她的右耳失聪。她的两条腿都受了重伤，以至于行走困难……X 射线检查显示脊髓创伤性塌陷且骨头脱位。

——《萨里玛·卡通诉邦政府案》(F. H. M. 哈比布尔·拉曼·J.)，1986[2]

不要让更多女人出生在一个男人毫无怜悯之心，毫无信仰、正义感和善恶观念的社会，一个将单纯的习俗视为主要活动和最高宗教的社会。

——伊斯瓦昌德拉·维德亚萨加尔（1820—1891）

一、爱与暴力并存的家庭

女性是爱与关怀的给予者。在几乎所有的文化中，女性的传统角色包含抚养孩子，照顾家庭、丈夫和家人。这些角色关乎一些重要的伦理美德，如利他主义关切、回应他者需求以及为成全他人利益而甘愿牺牲自己的利益。它们也关乎一些独特的道德能力，如感知特殊情境和他者需求的能力，以及明智地思考如何满足这些需求的能力。这些美德和能力需要在任何可行的普遍主义女性主义中占得一席之地。女性主义者一直批评男性的普遍主义理论公然忽视这些重要价值，并常常争辩说，基于自由主义的尊严和平等观念的普遍主义进路无法充分容纳它们。她们担心自由主义的 243
正义理论会使爱与关怀的港湾变成孤立的、相互冷漠的原子化个人的集合，为了个人发展每个人都在与别人博弈。

话说回来，很难否认家庭即使不是女性受压迫的唯一重要场所，也是其中一个重要场所。爱与关怀的确存在于家庭之中。家庭暴力、婚内强奸、儿童性虐待、女孩营养不良、医疗不平等、教育机会不平等以及无数对尊严和平等人格的更无形侵犯同样存在于家庭之中。对瓦桑蒂而言，家是一个酗酒之徒进行身体虐待的地方；甚至她的兄弟们对她的真诚帮助也使她觉得不可靠。贾亚玛的丈夫把家里一半收入用来吃吃喝喝，逼迫在砖窑厂辛苦工作一天后的贾亚玛干完所有家务活。此外，由于他的行为举止，她没法选择教育她的孩子；在她年迈时，那些孩子也不曾支持她，尽管他们获得的一切都归功于她的勤奋和体力。

在很多情形中，女性在家中遭受的伤害表现为一种特殊形式：这个女人不是被看作一个目的自身、一个自身能动性和价值的来源，而是被看作一个满足他人需求的附属品或工具、一个单纯的生育机器、厨师、清洁工、性出口和看护。我在引语中提到的几个案例明显呈现出这种倾向。对她的丈夫而言，吉里巴拉是一个家仆，而不是一个人。[3] 她的角色是背着小扁豆紧跟其后。对贾汗吉尔·阿拉姆的家人而言，费多西·贝古姆只不过是他们从她兄弟那里榨取钱财的一个工具；在他们看来，她的身体福祉不比一台 20 英寸的彩色电视机、一台收音机、一块手表和一小笔现金值钱。

可见，家庭可能意味着爱，也可能意味着忽视、虐待和侮辱。此外，
244 家庭会复制它所包含的态度。就像它常常是一所传授美德的学校一样，它也是（同时通常是）一所传授性别不平等的学校，它所滋养的态度不仅使新家庭笼罩在旧家庭的阴影中，而且影响更大的社会和政治世界。（这种影响明显是双向的，因为家庭及其所包含的情感由涉及婚内强奸、儿童监护、儿童权利以及女性经济机会这类问题的法律和制度所塑造。）如果人们成长于其中的家庭将女性视为男性的工具，那么很难相信他们会在社会和政治生活中把女性当作目的自身和平等的人来看待。正如约翰·斯图尔特·密尔很久以前观察到的那样，当男性自小就认为，作为男性，他们比另一半人类更优越，这将影响他们整个社会行为，包括对女性及其他公民的行为。当一个男孩认为自己比他的母亲更优越时，当他在往后的生活中对他的妻子怀有某种“崇高的苏丹式……优越感”时，我们不可能期望这对他在家庭以外的行为毫无影响。“这很像是一个世袭国王所拥有的感受，他生来就是国王，所以比其他人更优秀，他生来就是贵族，所以比其他人高贵。”[4] 对于民主而言，这可能不是什么好事。[5]

鉴于我支持这种亚里士多德主义/马克思主义观点，即在完全意义上发挥人类功能需要与他人建立依附关系和互惠关系，所以我也支持这种观点，即各种依附形式都是最重要的人类能力；它们也充斥于其他所有能力之中。对依附关系做了如此强式承诺之后，我现在需要面对家庭的存在所带来的问题，并面对它对女性的角色建构，这是在试图提升作为社会核心的人类能力。

我会论证，把每个人当作一个目的来看待的能力进路绝不会不相容于对家庭的爱和关怀的恰当重视；其实，它实际上为重视关怀并对它加以必要的批判性审视提供了最佳框架。通过考虑每个人的依附需求，以及每个人对全面的人类能力的需求，我们可以最佳方式询问家庭应当如何接受公共政策的塑造，以及其他哪些亲密组织是公共政策有理由予以支持的。我 245
会论证，我所阐发的有关基本能力的自由主义学说在这里提供了一个甚至比经典自由主义程序主义进路都更好的分析框架，因为它明确承诺把爱与关怀作为社会规划的重要目标和主要的道德能力，放在由批判性运用实践理性所支配的那种生活的突出位置。与此同时，通过拒绝将任何组织界定为“私人”组织，因此不受公共审查的限制，能力进路避免了至少某些自由主义理论的常见缺陷。个人以结社自由和决策自由的形式拥有隐私权。但是，任何组织都无法阻止我们去探询法律和公共政策对它的塑造以及如何更好地塑造它，组织机构本身不具备隐私权。个人自由是社会的核心目标，无论个体是否在家庭内部行使这种自由；个人尊严和完整性也是社会的核心目标，无论针对它们的威胁来自何处。

二、能力：每个作为目的存在的家庭成员

当我们考虑家庭结构时，涉及的人类能力有哪些？萨里玛·卡通的案例表明，这些能力包括：生命、健康、完整的身体、拥有尊严和不受侮辱、结社自由、情绪健康、有机会与他人结成有意义的关系、政治参与能力、拥有财产和外出就业的能力、为自己着想并形成生活计划的能力。在家庭之中，所有这些能力都是利害攸关的，家庭组织形态会对它们造成影响，无论就女性还是男性而言。家的确是充满爱与关怀的地方，当我们评估不同家庭结构的影响时，我们不应忽视这些能力。但我们也当牢记家庭对其他能力产生的巨大影响。实际上，它从一开始就广泛地影响着它们，因为无论好坏，孩子通常都出生在这类群体中。基于这一点，我们拥有特别正当的理由将家庭看作约翰·罗尔斯所说的“社会基本结构”，它是这样一种组织，如果我们的目标是促进全体公民的正义，那么正义原则尤其应当应用于它。我的能力进路以类似方式表明，公共政策应特别关注深刻

246 影响到能力形成的组织机构，因为最低限度的社会正义将意味着确保公民获得门槛能力。

当我们着眼于家庭时，我们着眼的是谁的能力？我们必须在此重申一下：我们着眼于**每一个人**。这里的情形如同宗教的情形一样，我们应当接受**每个人的能力原则**的指引。询问家庭是否促进了一种广泛而普遍的友爱和团结是不够的。我们必须仔细询问在爱与关怀的领域以及关乎其他能力的领域，家庭为其中每一个成员做了什么。这种具有自由主义传统特征的对作为基本政治主体的个体的关注，有时被认为削弱了作为政治目标的爱与关怀的价值。但实际并非如此。如果这种传统强烈要求人们成为把自我关切摆在首位、把关切他人摆在第二位的利己主义者，或者强烈要求人们追寻一种崇尚孤独的善观念，且对他人的深厚感情在此种观念中没有丝毫作用，那么我们或许有理由指责那种理论对爱与关怀的内在价值漠不关心。然而，无论是康德还是密尔的崇尚自由的个人主义其实都不包含这些内容[6]；事实上，所有主要的自由主义思想家都以各自的方式强调了爱与关怀的内在价值。例如，对亚当·斯密来说，不珍视此种价值是斯多亚派道德理论的重要缺陷。对约翰·罗尔斯（回应叔本华对康德的批评）来说，他意图将“原初状态”和“无知之幕”所提供的不偏不倚的道德模型作为一种友爱美德的模型[7]；并且罗尔斯的道德发展理论赋予了家庭情感
247 以显著作用。[8] 与之相似，在我自己的观点中，爱与依附的能力作为社会核心目标，在政治观念本身中扮演重要角色。

然而，**每个人都被视为目的的原则**确实意味着，政治分配的基本单位应当是单独的个体。基本政治原则要求社会保障**每个人**都能获得最低限度的生活基本善品，将**每一种**生活都看作应得到基本的生活支持以及基本自由和机会；当一些个体丧失自由或物质福祉时，基本政治原则要求我们不满足于一个光鲜的总值或平均值。如我已论证的，当我们考虑女性的家庭生活时，这项原则是特别紧迫的原则。理由在于，女性经常被剥夺生活基本善品，这是因为她们被看作某个有机整体的部分（家庭就被认作一个有机整体），而非政治主体自身。[9] 她们还经常被看作生育机器和看护人而非目的自身。从具体的实践层面来说，这意味着很少有人提出家庭内部资源和机会的分配问题。瓦桑蒂和贾亚玛均以不同方式缺少关爱，而此关爱

是每一个作为目的存在的人应得的。瓦桑蒂被当成她丈夫的附庸，在丈夫享乐或施虐时她是存在的，但是在需要做出有关生育的重要决定时她是不存在的；贾亚玛被当成整个家庭的家务总管，而不是被当成与家中男性享有平等权利和机会的一个目的自身。对这两个人来说，强调个人权利和资格似乎是促进更有成效和更少剥削的关怀方式的必要条件，而不是剥夺爱与关怀的机会。

以工具性和男性中心的方式评价女性令人难以置信地经久不衰，即使在其他方面呈现出深刻的道德反思性的生活中也是如此。例如，任何读过圣雄甘地《自传》的人，都可能因罕见的道德深度和激进主义——它质疑殖民主义以及整个印度教社会秩序的根基，与甘地对妻子极端传统和男性中心的态度的奇怪结合而震惊不已。尽管甘地为他个人的嫉妒心和对妻子 248
的性需求感到懊悔，但从来没有任何迹象表明，他认为她也可能是性生活的能动主体，或者他认为其性需求的错误之处在于他们极端以自我为中心的性格。根据他自己的说法，甚至在他与妻子达致一种更纯洁、更和谐的关系时，他仍在不断称赞她，尤其是称赞她体现了传统意义上的妻子所具备的顺从和尊崇的特征，而不是称赞任何将会表明他把她当作自身能动性和价值来源来尊重的特征。在一个道德上如此杰出的人物身上尚且都能看到此种道德顽固性，我们难道不应加倍信赖这样一种进路——它坚持把每个人都视为目的而不仅是他人目的的附庸？

如果我们考察经济学家用来研究家庭的两种不同进路，便可以从另一个视角看到这项原则的重要性。在第一章，我描述了加里·贝克尔的进路，出于描述建模的目的，他假定家庭是一个通过利他主义结合在一起的有机单位；户主为其成员的利益和特权着想，寻求单位整体效用的最大化。我在第一章中的反对意见是，即使就描述和预测的目的而言，这一进路也不够关注个体（贝克尔现在已承认这一点），更不用说把它作为一种规范性进路的基础了。资源和机会的冲突在家庭之中无处不在。出于这个理由，经济学家越来越诉诸一种与此不同的更关注个体的策略，把家庭作为一个**博弈单位**来建模。[10] 这种理论并不否认，家庭成员可能通过爱与合作的关系联合起来；他们可能追求共同的目的，将彼此的幸福看作是他们最重要的目的之一。但他们被视为独特的个体，某种程度上也会为了稀缺资源相互竞争。

在描述意义上运用这一进路可以告诉我们，哪些条件会增强不同家庭
249 行动者的博弈能力，并且可以帮助我们预测，哪些公共或私人变化将改变那些关系、以哪些方式改变。（我会在下文中设想这样一种应用。）以这种描述性/预测性模型为基础的规范性进路将呈现为一种**公平**博弈的模型，其中每个成员的利益和权利都受到尊重。（我在第二章说过，一种适当承载规范的契约程序主义可以使我们得出与能力进路大致相同的结论，尽管我认为，在某些方面由核心能力贯穿其中的进路更具参考性。）因此，我们需要的不是以朦胧的爱之光辉掩盖冲突的家庭理论（在某种程度上，贝克尔的理论正是这样做的），而是一种允许我们正视冲突所在，并在这一充分理解的基础上制定规范的理论。

对每个作为基本政治主体的人的关注不会削弱爱与关怀作为基本政治目标的价值。不过，女性主义者提出了另一个反对以个人为中心的自由主义进路的论证。她们论证道，建立在契约或博弈观念上的进路忽视了作为道德能力和道德认知来源的女性的爱与关怀的价值。由于这些进路没有把情感和想象力融入其自身结构，因此它们很可能使我们低估了那些能力的价值，在政治领域中，那些能力是辨别正确的政治路线的来源。

在某种意义上，这种批评意见再次过分简化了自由主义传统。一些自由主义思想家，如密尔和亚当·斯密，在制定正确的政治路线时给予想象力高度的重要性；斯密对情感在不偏不倚的旁观者推理过程中的作用的论述，仍是我们所拥有的对于情感在政治上的积极作用的最佳解释。并且，或许受到康德自己高度非认知性的情感观念的影响，康德传统中的自由主义者的确显示出批评者所描述的问题。罗尔斯和哈贝马斯通过各自的方式，试图以不涉激情的方式模拟政治选择的过程——尽管在某些方面，罗
250 尔斯通过其他设置呈现了一种抽象的道德情感模型。[11] 对情感和想象力的不信任是促使他们支持程序主义而非聚焦于多元的必要善品的直觉式论证的一个原因。虽然罗尔斯指出，想象力是一种“自然的”基本善品，但他没有将想象力发展的社会基础视为一种重要的社会基本善。[12] 人们或许会觉得，他对道德发展做出的其他令人信服的解释也没有为情感和想象力的公共作用留下空间。[13] 相较而言，我在这里捍卫的能力进路除了

让想象力和情感在能力清单中占据突出位置外，也在方法论意义上依赖这些能力。对真正的人类生活的必需要素的想象，以及与想象这些核心善品相关的失落和渴望的情绪，在基本政治原则形成的过程中发挥了（适当约束的）作用。这种进路持续引导运用它的人想象资源如何在不同生活中以不同方式运作——这是一种要求对特殊的生活和环境展开丰富情境式想象的练习，试图明确在不同的具体条件下，一般性目标和意图如何以不同方式实现。[14] 因此，既然女性主义者已经沿着这些路线对一些自由主义思想家提出了切实的批评，那么我在这里捍卫的观点便回应了那种批评中有价值的内容。

如果爱与想象力作为社会目标和道德能力对**每一个人**都很重要，那么这已然暗示了某种家庭结构变革：因为我们看到不仅女性需要获得选择和独立规划这些所谓的男性能力（如第一章所言），男性至少也需要获得一些传统意义上与女性工作和女性领域相关的技能。在他们生活的家庭中，当男性对特殊需求和关切表现出高高在上的漠视，女性则无微不至地给出回应和关爱时，他们当然只能在学校里努力获得这些技能。但这样的解决方案很可能被证明是不稳定的。男性不太可能在他们学会诋毁女性的事情 251
上努力，并且如果他们没有在家中看到父亲运用这类技能，那么他们不太可能把这些当作理应运用于政治生活中的东西来严肃对待。相比之下，如果他们看见父亲关爱他们，并被要求在家中自己承担这类工作，他们更有可能认为所涉技能是重要的，并在外界发展和运用它们。倘若我们认为这些技能在政治上很重要，那么我们就有理由关心在与所有而不只是部分家庭成员相关的意义上，家庭是如何处理它们的。

每个人的能力原则还有另一个显著的含义。此即，家庭本身在核心的政治观念中没有任何道德地位。拥有道德地位的是人。我们关心家庭，因为它是一个相关于人的发展、结群、表达、教育等的场所。但我们坚持认为，它不具备作为有机单位的能力。倘若政治决定承认某些群体的特殊地位，我的进路是不会禁止这样做的，这里的情形与宗教群体的情形一样。但是，政治选择背后的道德问题应该总是这样的：“考虑到每个作为目的存在的人，这样做对人们有何影响?”从而，对人的能力保护将理所应当地远远优先于任何群体自身的利益。通过借鉴美国信教自由的法律传统，我认为，在宗教情形中，合理的道德要求承载者不是宗教组织本身，而是被视为拥有宗教权利和宗教能力的人。这并不会妨碍我们支持一个濒临消亡的群体，就像《威斯康星州诉约德案》中阿曼门诺派父母维护的那个群体一样。但是，我们可能支持那个群体的理由是，对于人们有能力去信仰他们所选择的宗教来说它是必不可少的，而不是这个群体本身具有某种地位。

家庭的情形与之相似：我们关注每一个人，把他们看作拥有各种结社权利与自由的人，并把他们看作依附能力潜在的享有者。当我们询问一个政治结构中应受特殊保护的是哪些人群时（如果有的话），我们应该遵循此种关注的指引。即使就爱与关怀的能力本身而言，公共政策的恰当目标也是公民结成这类关系的能力，倘若他们选择这样做的话。这种对人及其
252 选择的关注明显影响了婚姻同意、婚姻权利、废除童婚、为幼儿保育提供公共支援、离婚后的赡养以及其他相关问题上的公共政策。我们总是会问：把每个人都作为目的来对待，促进人类能力的全面发展，情况会怎样呢？

三、家庭：并非“自然的”

关于家庭的政治理论，无论是自由主义的还是非自由主义的，都经常显示出一组彼此相关的缺陷：（1）它们把家庭当成“自然的”存在来看待，不承认习俗和社会在建构家庭组织中的作用。（2）它们把家庭当成与“公共”领域相对的“私人”领域来看待，在把家庭塑造为某种组织以及将某些由个体组成的群体命名为家庭的过程中，不承认法律和制度的作用。（3）它们把女性给予爱与关怀的倾向看作“自然”存在的，不承认习俗、法律和制度在塑造这些情感方面的作用。犯这些错误的理论在完成制定政治原则的工作时一定对下述问题知之甚少：政治原则在这个领域发挥了什么作用？它们在哪些方面可以做得更好？尽管这些缺陷是女性主义批评的常见话题[15]，但这些批评并不总是被自由主义传统中的正义理论家
253 放在心上；因此，从批评父权制家庭是“自然的”这个非常普遍的论断开始，重述她们已提出的主要观点是有助益的。

家庭以及女性的家庭地位常常被认为是“自然”存在的。仅举一个臭名昭著的例子，1871 年，为支持伊利诺伊州一项禁止女性从事法务工作的法律，美国最高法院法官布雷德利（Bradley）写道：

> 女人特有的那种自然的、适当的胆怯和娇柔显然使她们不适于从事许多与公民事务相关的职业。家庭组织的构成建立在神圣法令和事物本性之上，它表明家庭是恰当归属于女人的领域和职能范围。属于或应该属于家庭组织的利益及观念方面的和谐，更不用说其同一性，是一个女人从事与其丈夫的职业不同的独立职业这一想法所不容的……女人最重要的命运和使命就是履行贤妻良母这个高贵而良善的职责。这是造物主颁布的律法。公民社会的规则必须适应事物的一般构造……[16]

布雷德利法官的两个主张——女性传统的家庭角色是由神指派的且源于“自然”——是融贯的，因为他明显以目的论的宗教术语来理解自然秩序。在印度教传统中，我们也可发现类似的有关女人“本性”的宗教目的论观点，这种观点塑造了瓦桑蒂和贾亚玛的生活。《摩奴法典》和其他圣典通常把女性描绘成天生依赖顺从的人，其主要职责是服侍男性：“经文规定了这种对爱的依赖。”[17] 伊斯兰教传统赋予男性和女性某种单一的本性；尽管如此，后来的传统对女性端庄顺从之责的解释与对男性之责的解释极为不对称。

诉诸“自然”是一种狡猾的论证方式，因为“自然”一词的含义非常不明确。说关系 R“自然地”存在可能具有以下四种含义之一：

1. 生物学的：R 建立在一种先天的禀赋或倾向之上。 254
2. 传统的：R 是我们知晓的唯一方式，事情总是这个样子。
3. 必然的：R 是唯一可能的方式，事情不可能是其他样子。
4. 规范的：R 是正确且恰当的，事情应当是这个样子。

正如约翰·斯图尔特·密尔在《自然》一文和《妇女的屈从地位》中所指出的，在政治论证中诉诸自然经常会不加论证地从其中一个主张滑向另一个主张。因此，从事情总是呈现为某种方式这个事实，很快就推断出这种方式具有生物学基础，或者它是唯一可能的方式，又或者是正确且恰当的方式。不过，这些推论没有一个是合理的：习俗不会以可靠的方式追踪生理基础，我们没能设想另一种方式或许是由于缺乏想象力或经验，而不是由于替代方式本就是不可能的。显然，习俗的经久不衰无法证明它是正确的。

类似地，从一种关系建立在某种生物学倾向之上这个事实，推导不出任何有关必然性或正当性的结论，尽管人们经常设想这类联系。我们常常抵制自身的生物学倾向，为近视的人提供良好的视力，教人控制攻击性倾向，并在一般意义上按照一套独立且合理的道德规范和社会规范塑造行为。只有像布雷德利法官那样，在一种宗教性或其他规范性意义上理解生物学倾向，把它看作事情应有的样子，我们才能从第一点稳步推进到第四点。但那种对自然的理解在主要宗教中极富争议，必定不能充当政治的重叠共识的基础。

然而，就家庭结构而言，我们甚至不需深究那些论证的精妙之处，因为甚至声称家庭组织具有某种固定的**习俗**性质都是完全不合情理的。布雷德利法官似乎对他所在社会的贫困家庭的生活一无所知：迈拉·布雷德韦尔（Myra Bradwell）并不是伊利诺伊州首位外出就业的女性。事实上，美国家庭长期以来都呈现出巨大的结构多样性特征，这反映了美国人多样
255 化的种族来源和地域来源。[18] 就我们的目的而言，我们可以通过集中讨论瓦桑蒂和贾亚玛来观察此种多样性，理解在名为单一的社会和宗教群体中，习俗和法律如何构建出这两个女人截然不同的家庭观念。

瓦桑蒂的生活受到印度教悠久的嫁妆习俗、异族通婚习俗和从夫居住习俗的定义。年纪轻轻便嫁做人妇的她带着嫁妆离开自己的原生家庭，住进丈夫家里——同样的婚姻模式导致了萨里玛·卡通的悲剧。瓦桑蒂是幸运的：她自己的家人将她从受虐的婚姻中拯救出来，帮助她渡过难关。昂贵的嫁妆使这一切变得不同寻常，因为一个回到娘家的女孩要么会成为另一个一辈子都需要人养活的人，要么会让这个家庭负担第二次嫁妆的双倍费用。在这些习俗所构建的家庭结构中，儿子被视为母亲的奖赏，他们是母亲年迈时获得关怀和赡养的主要希望。相反，女儿不是奖赏，因为她们很快会去别处生活，并象征着一笔沉重的开销。

这种传统模式流行于印度多个地区；它与女性营养不良[19]、童婚、

年轻寡妇的苦难以及其他传统女性生活困境有着非常紧密的关系。一个女孩的降生很少带来喜悦，谚语在她很小的时候就使她埋下生活艰苦的深刻印象。有句谚语说："一个女孩降生了，不论她结婚抑或死亡，她已然离开这个家。"[20] 她是"陌生人拥有的财富"并"乘坐另一艘船航行"[21]。从很小的时候，这类谚语就告知她婚姻家庭中等待着她的各种艰辛："噢，生活在公婆家中有何乐趣可言，每隔两天就有一次飞天扫帚的打击。"[22] 由于她已然被看作其他家庭的成员，投资她的教育是缺乏动力的；即使有 256
这样的动力，早婚也很快会终止她的教育历程。

至少从 19 世纪早期开始，这些习俗便受到人们的极力反对。例如，在孟加拉国，伊斯瓦昌德拉·维德亚萨加尔继承了女性教育事业，与慈善家约翰·德林克沃特·贝修恩（John Drinkwater Bethune）一道开办了最早的一所非宗教的女子学校。他写道，早婚使一个年轻女人沉浸在"苦难的汪洋"之中，妨碍了她的身心发展。[23] 许多怀揣改革想法的人都和他一样认为这些习俗对女性是不公平的；于是，人们开始看到传统模式的变化。然而，150 年之后，异族早婚的习俗仍然密切关联于多种针对女童的歧视，并且这种情形依然没有得到改变：女童的存在本身被看作悲伤和失落的理由[24]，而非发展个人能力的机会。

改变这些观念和习俗的努力面临一场艰苦的斗争，因为它们无处不在。所以，在最近一次访问比哈尔邦北部的锡塔马里区时，我参加了一场有关嫁妆问题的戏剧演出，表演者是当地非政府组织运营的一个教育项目中的年轻女孩。女孩们自己扮演男性角色和女性角色，讲述了一个有关年轻的新娘和新郎如何成功抵制父母要求带嫁妆结婚的压力的故事；她们坚持认为这是一种糟糕的习俗，新郎没有拿到一分钱就成功获得了结婚许可。这场面向整个村庄的戏剧演出获得很大的反响。可是，在坐吉普车仅需十分钟便可到达的下一村庄中，那儿没有正在运营的非政府组织，女性虽说嫁妆习俗不好，但从来都不可能改变它。事情就是这样。鉴于此种模式的顽固性，瓦桑蒂的一生在诸多方面都受到非同寻常的眷顾：她没有协助她丈夫施虐的姻亲，她的原生家庭（有些异乎寻常地）愿意让她回家——不过，她当然不会获得对父亲财产的平等的继承权。

这类习俗可能常常像是命中注定的。但我们只需留心印度另一个地区

257 的情形就会发现，在此种家庭生活的构建中，不论何种自然必然性，其所发挥的作用都是微不足道的。至少自 11 世纪开始，喀拉拉邦就有从母居住和母系继承的传统，由于男性劳动力会随季节迁移，这种传统有时与女性多次短暂婚姻相关。自从 17 世纪耶稣传教士到来后，这些传统便一直遭到攻击，他们教导说这种结构不合乎道德（但他们同时强烈支持女性受教育、反对种姓等级制的习俗）。最近，与印度其他地区的接触使得嫁妆习俗在喀拉拉邦中产阶级家庭中越来越受欢迎；与一妻多夫现象一样，非正式的习惯法婚姻数量也减少了。不过，对女性友好的习俗展现出惊人的韧性，为年轻女性构建了不同的期望和角色。[25] 与印度大部分地区的情况不同，它们通常不会将女孩的降生看作是负面的；不会认为女孩将来会离开家庭，无法赡养年迈的父母。贾亚玛的一生不是非典型的。她结婚时并未搬离自家，她的女儿们也无须离开她。嫁给低种姓男人的那个女儿确曾离开她，但终究还是回来了，后来与她合住（但争吵使她们对厨房区域进行了分割！）。其他地区认为儿子将赡养年迈母亲的传统观点体现在一项国家政策中，这项政策在拒绝给贾亚玛发放寡妇抚恤金时得到援引；但是，当贾亚玛的儿子们漫不经心、慵慵堕懒地对待他们的母亲，把实际赡养她的责任留给女儿时，他们其实遵循的是喀拉拉邦的传统。尽管贾亚玛的婚姻是一夫一妻制的，但相对而言她没有受到印度其他地区盛行的要求女性端庄矜持的规范影响。她似乎有点不赞同她的女儿们在不同时期发生的非婚内性关系，但她的目光更多地集中在相关男性的种姓问题，而非性纯洁的问题上。社会对这种关系的普遍宽容再次反映了喀拉拉邦女性独立自主的传统。

因此，即使当我们把目光锁定在印度，从风俗习惯的观点看，“家庭”
258 是一个单一实体的观点也有点儿荒谬；如此极端的对比司空见惯。但如果有人可以对这样一个复杂的国家做出任何概括的话，我们也可以说在某些方面大多数印度家庭确实不同于美国家庭和欧洲家庭。这类对比是危险的，因为它们很容易过分简化对比双方；但倘若我们记住对比双方的大致特征和巨大多样性的存在，那么开展这类对比可能仍是有助益的。

美国对“家庭”的修辞学定义通常是，一对异性恋夫妇（至少在最近，其典型的形式是一个工作中的父亲和一个作为家庭主妇的母亲）在相对私密的环境中抚养孩子，并居住在他们自己的家里——以独立住所为其典型形式。这种家庭规范是现代新教价值观的产物；在美国，它从来就不是普遍存在的，尽管政治修辞使它怀旧式地成为我们过去的普遍习俗。[26] 正如最近出版的一部关于演艺家庭的自传所表明的，甚至奥奇（Ozzie）与哈里特（Harriet）也不再是奥奇与哈里特了：他们是努力工作的专业人士，他们的生活与他们在电视上呈现的传统中产阶级规范毫无关系。尽管如此，这类范例已然作为规范公开展示出来，并得到至少一部分人的遵守。在印度，这种模式甚至从未作为规范展示出来。家庭单位并没有以这种排他性方式来描述，即集中在已婚夫妇和他们的孩子身上。通常来说，大家族或至少大家族中的一些部分在家庭日常生活、孩子养育等方面发挥着核心作用。在某个时间段，孩子的确与他们的母亲保持亲密关系；但即便在那个时间段，母亲也不会花太多时间与她年幼的孩子独处，从而培养出浪漫而强烈的排他性亲密关系，而这种亲密关系在美国育儿工作中很常见。她更倾向于引导她的孩子快速融入更大的群体、大家族和村庄。[27] 美国母亲会花很多时间来观察婴儿的面部表情，与他们进行眼神交流，并迅速给出面部回应；然而，不同社会阶层的印度母亲倾向于把孩子背在臀部，当她们带着孩子在更大的社会环境中活动时，他们很少有眼神交流。因此，孩子从一开始就被带到一个更广阔的世界和一大群关心他们的成年 259
人那里。

家庭住宅的构造显示出相关的差异。毋庸赘言，在五六个人共享一个房间的贫困家庭中，不存在美国中产阶级所说的个人隐私——尽管穷人经常以排便为目的寻求独处，走到离住宅相当远的地方去。[28] 底层阶级的住宅甚至常常都未完全封闭，当人们到访时他们经常看到屋内人潮涌动。但是，印度各个阶级的家庭居住模式都有别于美国的标准。在各阶级中，家庭只是更具有渗透性的场所：即使在中上层阶级家庭中，访客也会不期而至，房子里人来人往，除非事先打过电话，否则不要到访的意识（经常连同电话通知本身）是没有的。家对室外也更加开放，蜥蜴和蟾蜍这类动物是中产阶级室内生活的常见特征。这些结构性差异使家庭成为一种微妙的、与众不同的事物。

现代西方（或许尤其美国）家庭核心的自我定义是，一个人的生命意义主要体现在与另一个人的浪漫爱情关系中。即便批评传统婚姻习俗的女性主义者也常常坚持这一浪漫准则，将它解释成一种革新后的婚姻，或是一种非婚异性关系，又或是一种同性关系。拥有这样的生活目标在印度女性中远不如在西方女性中常见，通过影响家庭内部的选择和生活方式，它同样影响了家庭结构。玛莎·阿尔特·陈对印度各地的印度教寡妇的广泛研究表明，几乎没有寡妇表达再婚的欲望，而且许多人都很乐意与一个男人共度一生。即使人们珍视婚姻本身，他们也不会认为恋爱是它存在的理由。不足为奇的是，在包办婚姻仍然盛行的文化中，浪漫爱情通常被理解
260 为对婚姻的潜在威胁而非婚姻的目标。[29] 贾亚玛和瓦桑蒂都没有说爱情是她们的一个生活目标，她们两个似乎都没在寻求浪漫爱情。甚至有非婚内性行为的贾亚玛的女儿所寻求的似乎也是快乐和独立，而非西方人说的浪漫爱情。斯坦利·库尔茨（Stanley Kurtz）对印度育儿工作的研究结论是，在这些差异中，有部分差异来源于母亲与子女之间关系的差异：美国中产阶级母亲与孩子建立一种亲密的回应性个体关系，而典型的印度母亲不太可能将这种关系浪漫化，她们更有可能把孩子当成出现在自己世界当中的众多人和众多任务之一来照顾。[30]

其实，我们常常会看到，西方人（包括许多女性主义者）对寻求和培植一段浪漫关系倾注的能量，在印度女性中通常被用来建立和维持相互支持的女性团体。瓦桑蒂没有与科基拉约会，仅是关心她与科基拉的朋友关系，以及她们已经建立的家暴受害者支持网络就令她很满足了。她颇为自豪地提到这个事实，即尽管印度女性通常是孤立的、不团结的，但她们已经从自营职业女性协会这类团体中学会互助并帮助团体之外的其他女性。安得拉邦女性协会中的女性满怀激情地反复谈到她们从女性协会中获得的自我价值感和幸福感，这明显构成她们重要的情感关系，她们大部分的育儿活动都在这种背景下展开。同样的结构明显体现在南亚女性运动中。一位参加孟加拉国农村发展委员会的女性扫盲项目的孟加拉年轻寡妇玛尔里卡（Mallika），对玛莎·阿尔特·陈说了一段很经典的话：

> 这个团体帮助我们并教会我们许多事情。我学会了团结一致地生活。以前，如果有哪个富人辱骂或指责我们，我们是没法回应的。但

> 是现在，如果有人说了不好听的话，我们这个十七人团体会一起去质问那个他或她为何会做出这种评论。这是我们获得的另一种帮助。以前，我们不知道如何团结起来互相帮助……每个人都忙于她们自己的烦恼和忧伤，总是想着如何养活她们的孩子和她们自己。现在，我们 261
> 这个十七人团体彼此之间已经变得非常亲密。[31]

当我们谈论“家庭”时，我们不应该忽视这些结构。对作为这些结构之一部分的女性来说，它们是主要的育儿场所，是情感支持的重要来源。

倘若“家庭”即使在统一的意义上也明显不是“自然的”，那么似乎显而易见的是，任何独特的家庭形式都不是必要的和必然的；鉴于我们观察到的多样性，西方原子化家庭似乎不可能唯独建立在生物学倾向之上。随着时间推移，这些现有的生物学倾向可以多种不同方式表现出来。在缺乏独立的规范性研究的情况下，我们更没有什么理由认为，这种组织的任何具体形式都是正确的、恰当的，并“认为它恰当地归属于女人的领域和职能范围”。

四、家庭是国家行为的产物

目前为止，我从未讨论过法律和政府的作用。我已描述的这些差异可能源于宗教传统和文化传统，原则上与国家行为完全分离开来。但实际上，在许多方面，家庭结构的形成和家庭成员享有的特权与权利显然是国家行为的产物。当印度教法律体系赋予女孩与男孩不平等的财产权时，这影响了印度教家庭（当人们试图改变这些法律时经常会提及的一点）。[32]使男子有可能强制一个离家出走的妻子回到夫家，并确保所谓的“恢复夫妻权利”的法律，是女性在非意愿妊娠和家庭暴力面前无比脆弱的一个突出来源。当政府没有对此进行执法，把家庭视为警方不应干涉的“私人”
领域时，它再次对家庭暴力施加影响。[33]当它对嫁妆虐待持续放任不管， 262
或者没有对嫁妆暴力进行执法时，它又一次施加了影响。婚内强奸在印度不违法的事实告诉女性她们不可能在这一私密领域请求法律援助，这同样影响了家庭结构。管制就业中的性别歧视和性骚扰的法律也通过影响女性在外间求职时的各种选择而影响了家庭。管制童工和保障义务教育的法律影响了儿童的生活以及父母对孩子实施控制的性质。

目前为止，家庭看起来类似于社会中其他的自愿组织，它们似乎是独立于国家而存在的，不过受到国家规定的外在约束。在一个特定的宗教通常跨越国界保持自身同一性意义上，宗教组织不是国家的产物；关于什么是罗马天主教徒，有一个详尽的定义，这个定义独立于那个宗教自身所在的任何具体国家。但国家依然管制那个教会，规定什么是被允许的，什么是被禁止的，给予它慈善组织所享有的税收优惠等等。通过确立获得这些优惠的规则，并通过普适法以其他方式约束这个教会，国家影响了罗马天主教会的形成，在一定程度上也影响了它的成员所享有的特权与权利。但是，将教会本身视为国家行为的产物似乎是错误的。

大学的情形也是一样：它们也许独立于任何国家的存在（就像部分早期美国大学那样）；关于一所大学的成员是什么的定义也独立于法律。尽管如此，只要一所大学存在于一个国家之内，这个国家就会以各种方式管制和约束它，这些全都关系到确定其成员的特权与权利。

然而，相较于这些自愿组织，家庭在更直接的意义上是国家行为的产物。因为，实际上不存在任何名为“家庭”的实体，国家要么干预要么不干预它。人们以多种不同方式结合、生活在一起、爱护彼此并生育孩子。在这些结合形式当中，哪种形式将被赋予“家庭”之名是一个法律和政治问题，而绝不是一个交由当事各方自行决定的问题。国家通过法律建立家庭结构，决定哪些人群可称之为家庭，确定家庭成员的特权和权利，定义
263 什么是结婚和离婚，什么是具有合法性的，什么是父母责任，如此等等。这种差异造就了另一差异：国家一开始就存在于家庭之中，这种存在方式不像在宗教组织或大学中那么显明；正是国家规定了这个东西**是什么**并控制着人们成为它的一员的方式。[34]

为了更清晰地理解这一点，我们不妨考虑一下把一个人定义为一个联合体一员的那些仪式：大学的仪式是入学考试（以及往后的学位授予仪式）；宗教组织的仪式是洗礼、皈依或某种类似的入门仪式；家庭的仪式是结婚。现在，显而易见的是，国家与大学入学/毕业仪式以及宗教洗礼/皈依仪式之间存在某种联系：通过将该组织机构界定为享有特殊免税

资格的组织机构，并禁止残忍或其他违法行为成为这个仪式的一部分[35]，等等，它对这些仪式进行外部监管。但结婚从一开始就是一项公开的、受国家管制的仪式。有一些国家法律对它下定义，这些法律对进入那个特权领域做了限制。国家不只是对结婚进行外部监管，它还宣布人们结婚。其他不符合国家要求的非常相似的人不能算作已婚，即使他们符合一切私人的甚至是宗教的婚姻标准。（因此，同性伴侣的结合即便在某一宗教组织那里得到隆重庆祝也不能算作结婚，因为国家尚未给他们颁发结婚证。）结婚并非一直是一项国家职能，也没有必要使它成为一项国家职能。但是在现代社会，这种情形无处不在。即使结婚和离婚在印度都属于各个分离的宗教法律体系的管制范围之内，这些法律体系仍是公共领域的一部分：它们由社会法律和制度的基本结构构成，依据一系列公共规则将人们分派给它们，个体没有选择以他们希望的方式缔结婚姻的权利，除非遵守这些规则。

一切人类联合体都受到法律和制度的影响，它们要么予以支持要么不支持，并以各种方式进行建构。然而，在家庭的定义本身具有法律性和政治性的意义上，家庭以更为深入彻底的方式受到法律影响；只要他们愿意，众多个体也可以称他们自己为“一个家庭”，但是只有符合法律要求，他们才能在社会公认的意义上成为一个家庭。 264

五、女性的关怀给予：“一个明显人为制造的东西”

如果家庭结构似乎无可辩驳地受到历史、习俗和法律的塑造，那么女性的关怀和养育能力所受到的重视未免太少，这些能力定义了女性在各种不同类型的家庭结构中所扮演的角色。在许多不同类型的家庭中，女性承担了绝大多数养育孩子和管理家务的工作，并被期望不求回报地关怀和支持男性。人们经常声称，在先前提及的一种或多种意义上，这一传统职能本身就是“自然的”，并且他们常常由此推断，任何试图动摇传统的关怀给予模式的努力都存在问题。故而，我们必须在一定程度上把这个问题与家庭结构的问题分开进行处理；我们在这一问题上的立场会影响我们对家庭可能的和应有的理解。

当我们谈论爱与关怀时，我们所谈论的内容同时涉及情感和复杂的行为模式，我们不仅通过欲望也通过习惯和社会规范来予以调和。女性把她们的主要精力放在抚养孩子和照料家庭方面的倾向或许有其生物学根基；在人类史前时代，这样一种角色分工也许一度具有进化意义。涉及人类物种的证据仍然太少、太不确定，以至于在这方面没有太多可信的说法，但至少存在某种理由让我们认为情况可能是这样的。不过，我们一开始就当记住，就这些生物学差异而言，它们仅仅是倾向上的差异，并没有给我们提供任何理由去推广女性的传统角色或不推广男性的传统角色——攻击性行为与男性的假定关联（例如，世界各地的暴力犯罪统计数据更令人信服地证实了这一点），同样没有给我们提供任何理由去放松刑法的约束或是对男性的攻击行为给予特别的宽容。我们有大量证据表明，男性有能力爱护并照顾孩子，女性也可以在“家庭之外的”工作生活中取得成功（实
265 际上，贫困女性往往做到了这一点，她们甚至还要照顾孩子，完成绝大部分家务活，即便不是全部）；因此即使存在某种有差异的倾向，它也不会阻止我们确立有关职能分担的社会规范，倘若我们想这么做的话。我们必须询问我们想要成为什么样的人。了解我们所拥有的禀赋，我们就会知道什么是完全不可能的；但是在这种情形中，了解什么是不可能的，并不能让我们很好地回答“什么是最好的”这一问题。平等分担显然是可能的，因为已经有这方面例证。

此外，我们有非常有力的证据证明密尔实际上是正确的：如我们目前所了解到的，“女人本性”是一个“明显人为制造的东西：从某些方面看，它是强行压抑的结果，从其他方面看则是不自然的刺激的结果”[36]。这是一个宏大主题，但我们可以利用四个不同论证来简要地讨论它。①

第一是**概念论证**。爱的情感以及与关怀有关的欲望和行为模式仅仅被理解为冲动是不充分的。它们最好被理解为蕴含大量思想、解释尤其是评

---

① 努斯鲍姆下面给出了三个论证，第四个论证可能是诉诸家庭的社会建构性论证。在第四节中她曾指出，相较于宗教组织和教育机构，家庭以更为深入的方式受到国家法律的影响。如果统一意义上的“家庭”并不是“自然的”，那么任何独特的家庭形式都不是必要且必然的。我们没有充足理由认为，家庭作为爱与关怀的私人领域，天然地属于女人的职能领域和势力范围。——译者注

价的东西。[37] 爱意味着以某种独特方式看待对象，并持有与对象相关的种种信念。这些信念主要涉及对象的特殊性或价值。各种类型的关怀也包含着关于哪些事物或人具有重要性和价值、什么是正确的和恰当的信念，以及大量其他信念，这些信念当中许多都具有规范性。这些都不是与生俱来的东西：它们必然是后天习得的。这并不是说，这种学习不具备生物学基础：人类语言能力必须得到发展，但这种训练激活了生物学上的先天禀赋。然而，此处情形与语言发展的情形一样：为了灌输相关种类的复杂认知，训练所承担的重大角色也给社会解释和文化多样性提供了很大的运作空间。这意味着，至少在一定程度上，一切形式的爱与关怀都必须被理解为文化的创造，至少原则上它们可以通过改变其所依赖的信念而得到改变。[38]

我们不妨考虑下瓦桑蒂和贾亚玛的情形。我已经说过，浪漫爱情在她们对自身婚姻的理解中没有多大分量——在贾亚玛那儿，甚至在对女儿婚 266
姻的理解中也没有多大分量。这本身就是在爱的信念层面受到文化塑造的一个重要标志。这两个女人对关怀的理解表明，她们实际上已经内化了一整套广泛的社会规范信念，这些信念影响了情感和行为模式。在瓦桑蒂那儿，我们发现了这些信念：忍受大量虐待是一个妻子的职责（或命运）（她后来排斥这个信念）；一个从妻子手中自私地抢走孩子的丈夫已经丧失了获得尊重的权利；孩子是一个女人在敌对的世界中获得保护的主要来源。在贾亚玛那儿，我们发现了这些信念：妻子的工作是完成（或安排孩子去完成）所有家务活，即使她工作了一整天而丈夫却无所事事；她有义务照顾生病的丈夫，丈夫却没有义务照顾生病的她；她的收入归整个家庭所有，丈夫的收入则归他自己所有。这些信念都不是先天的，我们当然能在这世界找到许多不相信它们的女性。它们是某种非常独特的社会秩序的产物。但至少在一定程度上，爱与关怀的定义是这类信念的网络。如果它们发生变化，情感和行为模式也会发生变化。在瓦桑蒂那儿，当她不再相信忍受虐待是她一生的命运时，这一点明显得到了体现。[39] 因此，对那些把爱与关怀仅仅视为本能的人，我们首先可以说，他们没有正确理解这些概念。[40]

第二是诉诸**文化影响无处不在的论证**。对婴幼儿开展的实验表明，根据被感知到的性别，他们会受到区别对待——即使在没有实际性别差异的情形中也是如此，同一个婴儿只是被贴上不同的标签。被认作女孩的婴儿被人紧紧拥抱，被认作男孩的婴儿更有可能被抛到空中。被认作女孩的婴儿哭泣叫作受惊，被认作男孩的婴儿哭泣叫作生气。这个孩子被感知到的性别以这种或那种方式变成活跃于他或她的情感发展中的一个因素。[41]
267 当然，这只是一个更一般现象的一个例证：在各个领域，环境都促成了人格发展。科学家在撰写有关“克隆”现象的文章时，似乎毫不含糊地一致反对这样一种可怕的观点，基因相同的个体在本质上会成为同一个人。[42]尤其在性别差异领域，我们拥有大量关于早期文化影响的证据。我们无法运用这种证据排除性别差异中有关爱与关怀的生物学成分；但我们可以指出，我们仍处在密尔认为我们所处的位置——由于环境差异很早就普遍存在，我们完全不知道那个成分可能是什么。

第三，我们可以在这里使用诉诸**文化差异的论证**来讨论家庭。当我们观察人类社会在情感和行为模式方面的差异时，表明历史和文化因素在起作用的一个绝好证据是，人类是一个单一物种。当然，我们确实见到不同文化在构建爱与关怀领域的性别差异的方式上存在广泛差异。我们可再次以瓦桑蒂和贾亚玛这两个对照鲜明的案例为例，来说明即使在一个国家之内也存在一定程度的文化差异。这两个案例展现了三种不同类型的文化差异。其一，我们在被视作正确的和恰当的行为方面发现差异：瓦桑蒂内化了有关女性保持端庄的规范，这使她不敢接受家庭以外的工作，而且她已学会用一种恭顺得体的方式来表现自己——譬如，向下看，而不是直视别人的眼睛。贾亚玛没有那种女性顺从意识，此种意识的缺失至少既受到社会阶级的作用，也受到喀拉拉邦文化的作用。（我们在某个地区发现同样令人震惊的文化差异：譬如，在拉贾斯坦邦印度教女性和部落女性之间存在的差异。前者在恭顺方面相较瓦桑蒂有过之而无不及，后者与贾亚玛一样直率无畏。）其二，在关于哪些情感是好的、哪些情感是坏的观念方面，我们发现差异。两个女人都表现出令西方女性深感奇怪的对浪漫爱情的漠视。贾亚玛得意于她活跃、独立和极端好斗的个性，瓦桑蒂则习得一套更
268 为优雅温柔的规范；她似乎认为倚赖某个比她强势的人来获得支持是件好事，无论此人是男性还是女性。在一定程度上，这些差异可能是个体差

异；但它们也反映了文化规范的影响。其三，在有关各种情感之恰当对象的看法方面，我们观察到差异。贾亚玛在考虑女儿的婚姻时心心念念的仍然是种姓问题；在声援女性运动的背景下，瓦桑蒂似乎抛弃了那些观念当中的一部分。贾亚玛认为受人胁迫是不恰当的；瓦桑蒂一度认为，生活在对丈夫的恐惧中就是一个女人一生的命运，尽管她现在放弃了那种信念。同样地，这种差异通过社会教育以及两个社会中传统婚姻结构之间的巨大差异得到最佳解释：贾亚玛一直待在家里并掌管这个家，瓦桑蒂离开了她的家，在一个陌生环境中变得极其脆弱。

同样考虑一下这两个女人如何展现她们自身（她们的身体、活动和嗓音）以及如何展现自己的女性面貌。在这里，我们看到种姓和地域方面的文化差异对两个女人的划分丝毫不亚于它们对她们和一些西方女性的划分。瓦桑蒂拥有柔软圆润的身体、相当悠闲且缺乏运动能力的活动方式、低垂的眉眼和柔和的嗓音——所有这些都是人们熟知的印度中产阶级关于女性魅力和得体行为的传统的一部分。有关得体行为和性别魅力的规范明显塑造了这样一种女性形象，与年龄相仿和阶级相仿的典型美国女性形象相比，这个形象不那么尖锐活跃，不那么棱角分明、肌肉发达，也不那么咄咄逼人。瓦桑蒂从来不健身，她一定会对在公共场所跑步或在砖窑厂工作时那种身体上的自信、无礼和缺乏风度感到吃惊。此外，与自营职业女性协会运动中许许多多的女性一样，她从小就被灌输这种思想：使别人的注意力转移到自己身上或谈论自己是失礼的行为。自营职业女性协会的教育领袖通常必须花一整天时间来训练一个女性，从而让她愿意在公共场合起身说出自己的名字。[43] 瓦桑蒂最近一些经历已经改变了她——尽管有变化，我们依旧可以见到她的成长痕迹。对瓦桑蒂来说，所有这些文化条件都塑造了爱与关怀的可能定义。

贾亚玛不一样，她似乎从来没有胆怯或矜持的一面，并常被人形容为 269
一个脾气暴躁的人。她的嗓音、她身体上的自我展示以及她棱角分明地漠视“女人味”——这一切都与瓦桑蒂形成鲜明对比。很明显，贾亚玛是从小干体力活长大的，为了生存她不得不让自己变得极其强壮。贫困使她丧失培养女性风度的机会。但其中还是可能涉及文化问题。

这些印度内部的差异再次与印度和美国在规范上的差异联系起来。在印度，人们依旧认为拥有结实的运动员体型要么是体力劳动者的标志，要么是舞者/卖淫者的标志。中产阶级女性避免看起来像这样，并认为这毫无魅力。与来自非劳动阶级的活动家一起参观比哈尔一个红灯区时，我发现我被性工作者界定为志趣相投之人，因为我的体型更像是她们那样的，而不像是一个（圆润的、久坐的）中产阶级印度女性那样——也因为她们持有美国女性都很滥交的刻板印象。

当然，看到爱、关怀和性别表达方面的规范差异，并不能告诉我们，我们可以轻易改变我们想要改变的任何东西。生物学问题比文化问题更容易解决；一般来说，社会起源而非生物学起源与更容易改变之间没有系统性联系，一些社会习俗可能极为抗拒变化——例如，从印度和孟加拉国废除嫁妆习俗的努力中就可看到这一点。在这两个国家，给付和收取嫁妆在一段时间中是非法的，20 世纪 80 年代中期，严厉的新法出台，打击了与嫁妆勒索相关的家庭暴力。[44] 然而，不论在孟加拉国还是印度，萨里玛·卡通那样的情形绝非罕见[45] ——在母系制的喀拉拉邦，嫁妆习俗变得越来
270 越常见。因此，确定一种习俗的文化起源并没有告诉我们，改革可以畅通无阻地向前推进；但它至少消除了那种经常围绕性别和家庭问题的关于必然性的错误认识；再者，通过告诉我们，我们正在与哪些因素做斗争，它使我们更好地理解如何处理改革的问题。

六、罗尔斯的困境：政治自由主义与家庭

我重述一下要点。我们看到家庭既培育也损害了人类能力。我们的问题是，法律和公共政策如何可能确保它更多地去培育而更少地去损害？我们首先要注意，家庭既不是一个单一实体，也不是一个自然生长物；它是一个复杂多元的社会结构。这些结构容纳并反过来进一步影响了在爱与关怀领域的性别角色，在许多方面这些角色本身就是社会的产物。但是现在，我们需要退后一步，以更一般的方式面对家庭问题，询问公共政策应如何处理作为所谓爱与关怀的私人领域的家庭的存在所带来的张力。一方面，与宗教的情形一样，在家庭的情形中，我们必须认真考虑此种可能性：如果家庭也直接被看作政治正义理论的主题，那么个体选择的重要价

值将被牺牲掉。另一方面，我们绝不能无视这一明显的事实，即家庭对人类发展具有深刻的影响，这是从一个人生命伊始就存在的一种影响。因此，存在非常强有力的理由将家庭看作社会基本结构的一部分，并且是我们设计正义的基本原则从而最直接加以管制的那些组织之一。

在约翰·罗尔斯近期的文章《公共理性观念新论》中，我们可以清晰地感受到这种困境是如何牵制自由主义政治思想的。[46] 在回应女性主义批评者的问题时[47]，罗尔斯提出两个很难彼此融贯的主张。[48] 首先，他 271
重申了自己以往的主张，这项主张在《正义论》中被首次提出，即家庭是社会基本结构的一部分，依据定义，它是两项正义原则主要适用的组织之一。[49] 其次，他提出一个新的主张，即他的两项正义原则虽然直接应用于基本结构，但并不“直接应用于家庭内部生活”。罗尔斯说，在这方面，家庭类似于其他许多自愿联合体，如“教会和大学，专业或科学协会，商业公司或劳工协会”。尽管正义原则确实对教会治理提供了一些基本的约束，但就像正义原则不要求教会治理的原则是民主原则一样，家庭的情形也是如此：这些原则并不规范其内部治理，但它们确实提供了一些基本的约束。因此，关于资源和机会的内部分配，家庭不需要遵守罗尔斯的差别原则；关于基本的政治自由和宗教自由，家庭也不需要遵守自由的优先性原则。另外，家庭成员是社会的一部分，在这个社会中，全体公民的生活都受到基于这两项原则的组织机构的支配，这个事实将以多种方式规定在家庭之中什么可以发生、什么不可以发生。

就两项正义原则而言，罗尔斯的想法似乎是这样的。即使整个社会受到差别原则（只有当处境最差者的生活状况得到改善，不平等才是被允许的）的支配，这也不要求家庭内部的收入和财富分配遵循这一模式。就自由而言，有点儿难以了解的是，罗尔斯谨慎的表述方式会容许什么样的限制，因为任何对某些类型的宗教活动、言论以及家长政治行为的绝对禁止——至少，当我们考虑成年女性公民时——似乎都会直接违背公共自由原则。不过，也许罗尔斯考虑的是这类情形：例如，夫妻一方说：“如果 272
你改信犹太教，我会和你离婚。”或者说：“如果你投票给比尔·克林顿，我就没法和你在一起。”倘若政府官员以此种方式限制公民自由，那么它显然是违法的；（罗尔斯可能希望论证）在家庭之中，这些强制策略虽令人不悦，却没有违犯基本的正义，只要受威胁的一方可以离开且未受到身体上的威胁。

当然，宣称正义原则应用于作为整体的基本结构，并宣称这并不直接意味着它们应用于构成基本结构一部分的各个组织机构中的每一个，这是很重要的。所以，有点难以想象的是，说正义原则直接应用于**作为基本结构一部分**的家庭会意味着什么，以及这些原则直接应用于家庭是否与它们直接应用于作为基本结构一部分的某个组织机构相同。构成基本结构一部分的其他组织机构并未引起这个问题，因为宪法基本结构没有可以应用原则的“内部”生活，除非它以更具体的组织机构形式出现，而这些组织机构只有在立宪和立法阶段才成立。因此，我们不会被这些问题所困扰：这些原则应用于其他这些作为基本结构之部分的组织机构，究竟意味着什么？这是否与原则应用于每一个组织机构相同？如此，家庭提出了一个独特的问题。罗尔斯回答这个问题的策略是转向其他组织机构：教会和大学。

正如罗尔斯所意识到的，在家庭和大学之间画等号的难题在于，家庭是基本结构的一部分；教会、大学等组织机构却不是。[50] 依据罗尔斯的
273 观点，这意味着，从一开始，家庭就被认定为普遍决定人们生活机会的一种组织；一所大学显然不具备这种特征。[51] 罗尔斯明显在这两种观点之间左右为难，一种观点是，家庭对社会再生产和公民生活机会是如此具有根本性以至于必须使之保持公正，同样有力的一种观点是，我们无法容忍过分干涉这个特殊组织的内部运作。

罗尔斯的解决方案是努力使外部约束足够强硬，以实现女性作为公民的真正平等。他否认有任何私人领域“不受正义约束”，并坚持认为法律必须介入其中以维护作为公民的女性和作为未来公民的儿童的平等。[52] “女性的平等权利及其子女作为未来公民的基本权利都是不可剥夺的，无论他们身在何处都应受到保护。限制那些权利和自由的性别差异必须排除在外。”[53] 至少在我们这种历史环境下[54]，罗尔斯支持的一个具体建议似乎是，一旦离婚，法律应当基于妻子的育儿工作使她有权平等分享丈夫在结婚期间的收入以及结婚期间所增加的资产。罗尔斯的结论是：“丈夫可以带着他的赚钱能力离开家庭，让妻子和孩子陷入远不如从前的境地，这

似乎是不可容忍的不公。”换句话说，罗尔斯认为，我们应当允许家庭内部传统的性别分工，“只要它完全是自愿的，而不是出于或导致不正 274
义”[55]——这些话值得敬佩，但很难应用于现实。

在我看来，罗尔斯的进路似乎在某种程度上没能满足正义的要求。家庭的确是基本结构的一部分。[56] 在一切有关基本生存和福祉的问题上，孩子多年受制于它。妇女则往往由于经济上的不对称而受制于它。很难说清楚，孩子在家庭中的所作所为是否可以被描述为“完全自愿的”[57]。当然，对许许多多的妇女，尤其那些缺乏独立物质来源的妇女来说，情况亦是如此。孩子根本不是自愿选择成为这个单位的一员，而大学的成员身份或教会的成员身份与家庭压力问题无关。因此，关于如何解决这个困境，并在爱与关怀的问题上为个人选择保留适当空间，我们需要更多的讨论。

这种形式的困境类似于我们的宗教困境（它常常与宗教困境密切相关）。如果我们回到那里的讨论框架，这将有助于我们解决问题，尽管我们会发现一个关键性差异。在宗教的情形中，一方面，我们诉诸**对内在价值的尊重**：在此种情形中，则是诉诸爱与关怀能力的价值；另一方面，（至少在某些时候）我们诉诸**其他能力的要求**，这促使我们走向对家庭及其行动者的批判性审查。现在，我们拥有两个指导原则。与宗教的情形如出一辙，就家庭而言，我们必须遵守**每个人的能力原则**。也就是说，在每一个问题上，我们不仅必须问爱是否得到维护，而且必须问对爱与关怀的恰当关系（以及其他核心功能）做出选择的**每个人的能力**是否得到维护。以牺牲他人情感自由为代价而存在的爱不应受到公共保护，通过压制他人的宗教自由而获得的宗教自由也不应受到公共保护。公共行动不应维护某 275
个有机单位本身，它所应维护的是其成员的情感能力和依附能力。

也可以援引**道德约束原则**：当我们重视并维护家庭时，任何残忍或不义之事都不应被纳入我们所看重的事物当中，即便它发生在家庭内部。既然家庭隶属于我们的规范清单，施虐者就使自己置身于家庭所代表的道德共同体之外；我们不应该允许他以家庭名义为自己辩护。与宗教的情形一样，除了这项政治原则，我们还拥有它的非正式的社会版：被正确理解的家庭代表关怀与爱；我们因而可以质问施虐是否可被称作捍卫家庭的行动。更应该被称作家庭捍卫者的是遵循瓦桑蒂和科基拉所提供的线索的警察，而不是施虐的丈夫和父母。

有了这一切，我们的类似原则似乎是：在不涉及国家重大利益的情况下，国家不应干涉家庭成员的行为，但是，这种重大利益往往是由保护核心能力所提供的——其中当然包括个体选择爱与关怀的关系的能力。

然而，在这里，与宗教情形的对称性开始瓦解。因为，正如我们已指明的，宗教和大学一样，在国家之外也有自己的生活；家庭却不是这样。在更具根本性和彻底性的意义上，家庭较之其他这些组织更是一种社会和法律的建构。[58] 因此，这个困境更有可能被理解为这两者之间的困境：一边是公民的结社自由，另一边是其他能力的要求。我主张，在解决这个困境时，国家应给予家庭行动者相当程度的结社自由和自我定义的自由，但使之处于核心能力施加的限制之内——只要有可能，这些限制就应被纳入构成并规范家庭的法律结构中。

与罗尔斯的进路不同，我的能力进路承认这种差异并将它凸显出来。强烈要求国家以规范私立大学的方式从外部规范家庭是没有意义的。鉴于
276 国家与婚姻之间关系的性质以及家庭对公民的机会与自由的广泛影响，家庭就是社会基本结构的一部分，以能力为基础的正义原则作为这个结构的一部分，应当在其他能力尤其是公民个人自由（结社自由、尊严自由以及选择自由）所设置的限度内直接应用于家庭。

虽然差别不大，但这种进路依然区别于罗尔斯的进路。罗尔斯对不受正义约束的私人空间观念展开了雄辩的批评，不过，他仍从这个假设出发：以极其传统的方式理解的“家庭”依旧是基本结构的一部分，在社会再生产中发挥基础性作用。从他在 1997 年那篇文章中的评论和《正义论》中对道德发展的广泛论述来判断，他似乎把那个单位设想为一种西式的异性恋原子化家庭，尽管他在后期文章中给出一个能容纳其他原子化群体（例如，同性伴侣）的更宽松的表述。他给了这个单位一个模糊的规定，以及非常核心的地位与支持，他从来没有询问过，出于相关的理由，其他哪些个体之间的友爱关系应该得到国家的保护和支持。因此，尽管他抨击了公私之分，但他仍保留了这样一幅图景：一个社会的人们被划分为多个原子化家庭单位，而这些单位经常被用来支持那个划分。他极力暗示，家庭具有一种前政治形式，政治可以从外部规范它，而不是从头开始构建

它——但与此同时，他坚持认为，生活领域不是一个不受正义约束的“处所或空间”。罗尔斯可能还以一种相关方式保留了国家行为与无为之间的划分，这表明，当国家不干涉传统的家庭形态时，它是无所作为的，而当它试图改变家庭治理模式时，它是有所作为的。

相形之下，以关注每个人的能力和自由为出发点，我的进路并未假设任何友爱关系在提升那些能力方面具有优先性或首要性。人们有爱与关怀的需求、生育的需求和性表达的需求；儿童有对爱、支持和教育的需求；人们也享有广泛的结社自由。但是在这个问题上，我的进路强烈要求我们去了解不同的人群在提升这些能力方面做得如何。自营职业女性协会这类 277
女性团体在给予女性爱与友谊、照顾儿童和培育其他能力方面发挥了重要作用。传统家庭往往做得不太好。有时，当女性团体保护儿童免遭性虐待，或者通过安排有受虐或童婚风险的儿童上公立学校读书来保护他们时（这类事情经常发生），这个女性团体比起原子化家庭来说更像是孩子们真正的家。如果吉里巴拉的孩子获得某个女性团体（sangham）的支持，而不是因身处原子化家庭而脱离保护且极易受到其贪婪堕落的父亲的算计，其处境会好很多。罗尔斯似乎对家庭隐私提供了国家保护，对其他友爱关系却没有提供类似保护。我的进路竭力主张这是一个有语境的选择，并询问在既定历史环境下，公共政策如何可能最好地满足人类能力的需求。唯一能够制止国家干预的是人本身以及人的各种自由和权利，包括结社自由、免遭无正当理由的搜查和扣押的权利等等。家庭本身没有能力制止这种干预，就好像它是一个越过家庭成员生活的神秘统一体。[59]

同样，我的进路促使我们质疑内部与外部、有为与无为的区分是否真是融贯的。[60] 有关结婚、离婚、义务教育和遗产继承的法律都存在于家庭内部。刑事审判制度不应在刑事犯罪的定罪和量刑上承认一种内部与外部的区分：它应当把强奸认定为强奸，把殴打认定为殴打，把强迫认定为强迫，无论它们发生在何处。[61] 让事情顺其自然意味着选择了一种行动
方案，而不是完全保持中立。总之，国家保护每一个公民的尊严、完整性 278
和福祉的利益绝不仅仅导致对家庭结构的外部约束，不论表面看来可能是怎样的；它往往导致家庭制度的正面建构。这种建构应当以政治正义所容纳的方式来完成。

因而，罗尔斯的立场实际上建议，接受某些既定的群体，不干涉它们的内部运作，仅通过一个严格的外部约束系统来予以监督。这一进路没有回答这个问题：国家应当怎样确定哪些群体可算作家庭？当它试图回答这个问题时，它应当考虑什么？我已经论证了，国家没有理由将传统群体看作既定的：从人类能力的观点看，国家应当考虑它希望保护的是哪些群体，在什么基础上提供保护。我还进一步论证了，国家没有办法真正避免按照某些规范来建立家庭单位；所以它最好是自觉这样做，充分意识到眼前的目标。

在实践层面，我在提升能力方面的进路与把两个正义原则看作家庭外部约束的罗尔斯的进路，常常会得出相同的答案。反对婚内强奸的法律、保护婚姻同意的法律、强制执行义务教育的法律、禁止童婚和童工的法律、确保妻子对家庭的经济贡献得到适当物质上的承认的法律、为在职母亲提供育儿服务的法律、改善女童营养状况和健康水平的法律——我认为，我们都会支持所有这些法律，将它们看作国家关心公民和未来公民的恰当表达。但是，我们支持它们的理由有点儿不一样。罗尔斯认为这些法律是对拥有自身形式的事物的外部约束，就像法律约束一所大学或一个教会那样；我认为它们推动了某种组织的构建，在最直接的意义上，那种组织就是社会基本结构的一部分。

此外，与罗尔斯的进路一样，我的进路允许国家赋予传统家庭群体某些特权和保护，就像它赋予宗教组织某些特权和保护那样。它很可能会在许多情况下这样做，因为家庭确实有助于促进儿童的抚养，同时满足公民
279 的其他需求。因此，父母在为他们的孩子做出选择时，可能会得到（如第三章所建议的）某种有限的尊重。并且，不排除对家庭单位减税的可能性，只要它们能够提升人类能力。但是，在我看来，与宗教的情形一样，国家会选择这些政策的理由是为了保护个人的核心能力；在选择家庭的定义和具体政策时都应当考虑到这一目标。罗尔斯并未询问应当如何定义“家庭”，也没有明确指出依据什么它应当享有特权，尽管国家在其未来公民方面的利益似乎就是这样一种依据。

最重要的是，由于罗尔斯把家庭看作既定的，他不会提出我的进路始终敦促我们提出的问题：其他哪些情感关系应受到公共保护与支持？因

此，我们一点儿也不清楚，女性团体在他关于社会基本结构的论述中可能发挥何种作用。在我的进路中，虽然这类提问都应当是有语境的，但那些团体的地位从一开始就得到确立，因为我的目标不是保护任何传统的组织机构，而是在公民的结社自由及其他自由设置的限度内保护并培育那些提升人类能力的结社形式。

注意，这里的情形与宗教的情形如出一辙，我并未赋予传统习俗以专属的特权：我询问它有助于提升哪些能力，然后在可行的情况下把这些特权扩展至其他同样提升那些能力的组织。实际上，和宗教的情形一样，这一进路常常意味着宽泛地定义家庭[62] 并同时支持其他组织，尤其包含女性团体，这些组织在特定文化背景下对促进女性和儿童的福祉具有重要作用。

同样，我的进路会禁止对家庭结构的某些类型的干预，罗尔斯的进路也会禁止这一点。对我和罗尔斯而言，国家强制要求在家庭之中实现平等的家务劳动分工或平等决策是错误的。不过，我们对这一共同结论提出的理由又是不同的。罗尔斯断言，干涉一个被认为是脱离于国家而存在的特殊组织的内部运作是错误的——而我仅只断言，不论在什么背景下，公民 280
个人的结社自由和言论自由始终应受到保护。（罗尔斯本来可以得出一个与他基于自由的优先性所得出的结论相类似的结论；但值得注意的是，他没有使用那个论证。）国家在人们如何做菜的问题上指手画脚，这似乎就是一种不可容忍的对自由的侵犯。实际上，在我看来，可疑的行为模式在家庭中得到的表面保护比在一个纯粹自愿的联合体中要少，因为家庭（至少对孩子来说）是一开始就广泛影响到公民生活机会的一个非自愿组织。而且，国家对儿童拥有一项正当利益，作为未来公民的他们受到国家保护，对选择加入教会或大学的成年人，国家不拥有那种正当利益。

我们的进路将在各个领域支持不同的公共政策选择。在我的进路中，核心能力始终为政府行为提供重大利益。因此，鉴于嫁妆制度是引发女性能力障碍的主要来源这项令人信服的证据，在印度，将嫁妆制度定为非法是没有问题的。我相信，罗尔斯可能很难证明这项法律的合理性——因为他认为家庭至少在一定程度上是前政治的，嫁妆制度则是家庭在其前政治的状态下做出的一个选择。相较而言，我把家庭看作是由法律和制度构成的，我要提出的一个问题是，嫁妆习俗是不是非有不可的一个东西。容许嫁妆习俗并不是保持中立的国家对自治私人实体的不作为，它是构建一部分公共领域的另一种（替代性）方式。（正如宗教的情形一样，我的进路承认损失甚至是悲剧存在的可能性。如果我们判定给付嫁妆的自由是一种重要的受保护的自由，那么限制这种做法的选择将具有悲剧性的一面。然而，我倾向于认为，这不是受保护的自由的核心领域，就像不纳税就可以把个人财产传给其子女的自由一样。）

同样，按照我的进路比按照罗尔斯的进路更容易证明干涉家庭的传统决策制定模式的合理性。考虑一下安得拉邦开展的马希拉·萨马赫亚项
281 目。这个由国家政府资助和运营的项目的明确目的在于，增进女性的自信心和主动性，赋予她们与雇主、政府官员和丈夫打交道的权力。毫无疑问，政府正在试图通过改变社会规范和观念来重建家庭。没有哪个社群或个人是被迫加入的，这是我会支持的一种保留意见。尽管如此，这个项目似乎更倾向于支持一种特定的家庭治理观念，且超出了罗尔斯所能接受的限度。除了教育内容，聚焦女性情感生活的女性团体的存在本身也使家庭发生了深刻的转变，它不再是个人获得友爱的唯一来源。罗尔斯似乎有可能出于这个理由反对政府支持那些团体，即这是支持将一种善观念凌驾于另一种善观念之上——出于同样的理由，他反对政府支持音乐和艺术。在我看来，女性能力处于岌岌可危之境地的事实，连同女性赋权项目已经在使女性更好地控制自身物质环境和政治环境方面显示出巨大成功的事实，使政府在引进这类项目方面产生一项重大利益。

或者，我们考虑一下自营职业女性协会这个例子。它虽不是一个政府项目，但我们不妨假设它是。我推测，对罗尔斯来说，把关注重心放在让女性获得贷款和经济自足以及接受有关自信心和领导力的教育上，都会成为政府对家庭结构不可容忍的干预。政府支持一家女子银行的想法本身就很值得怀疑。在我这里，尽管我认为保持这类项目的非强制性是非常重要的，但政府以改变塑造家庭的社会规范并提升能力缺失者的能力为目标的行动似乎是没有问题的。因为，毕竟——这是问题的关键——政府已经在着手建立作为社会基本结构一部分的某种组织，即家庭。它最好着手这项工作并把它做好。

在我看来，即便在财产领域，罗尔斯的进路也没有提供明确的指引，而我的理论提供了这种指引。在印度，传统意义上的财产权归属于作为有机整体的家庭，女性对男性家庭成员所经营的家庭单位或“共同继承”几乎或完全没有控制力。女性对土地权的要求常常会面临“破坏家庭”的指 282
控。[63] 这种要求若被接受，必定会转变那个结构的内部治理模式。罗尔斯可能或可能不认为，这种转变对于使女性成为平等公民来说是必要的；但家庭治理模式的改变会使女性在家庭中拥有平等的博弈地位，这个事实本身将会为此种改变提供一个不充分的论证。相较而言，我的进路会使我们径直得出这一结论，因为对财产的控制是不能基于性别理由不平等地加以削弱的核心能力之一。罗尔斯最多只会说：“这种据说破坏家庭的要求是外部正义提供的一个适当约束。”而我会说：“你不只是对家庭放任不管，你通过物权法的传统以某种方式构建了它；现在，我们会通过保护女性能力以另一种方式去构建它。”

这两种进路之间最显著的差异将会体现在如何对待女童方面。尤其在这个问题上，我的进路承认家庭成员身份的广泛性和非自愿性，并给予国家很大的自由去影响女童的观念和行为，从而在各个主要能力领域推动她们全面发展成人能力。这不仅意味着废除童婚并且（在实际可行的情况下）废除童工，同时意味着（在实际可行的情况下）对所有儿童普及初等和中等义务教育。罗尔斯很可能也会支持这些变革。它还意味着鼓励此种公共观念，即女性适合在生活中担任多种不同角色，她们是活跃于政治共同体和经济共同体的成员，但罗尔斯可能会将它视为被过度推行的一种特定的善观念。因此，公共教育的内容应该涵盖与女性选择和抵制女性不平等相关的信息。（印度如今正面临一个糟糕的问题，即政府没有钱购买新的教科书，因此小学课本里仍充斥着过时的女性形象，尽管很少会有教育工作者喜欢这类形象。）除了常规的学校教育，印度政府还为面临童婚风
险的年轻女孩提供特殊的住宿制教育项目，旨在帮助她们搬离自己的原生 283
家庭，对她们开展教育和职业培训。即使这些女孩的母亲同意她们离开，罗尔斯也可能会把它视为国家对家庭的过度干预：毕竟，政府说：“倘若你脱离这个危险结构，我会支持你。”我的进路认为，对女孩能力的保护证明了此种干预策略的正当性。

最后，我的进路也将支持政府重塑男性能力的努力。在比哈尔农村地区，非政府组织阿迪蒂支持对男性教师进行性别平等培训，理由是在男孩和女孩找到新的分工之前，家庭中的性别角色不会有所改变。我所见到的那些男性教师是一个非常理想化和乐观派的群体。他们自豪地宣告，现在在每一个农村家庭都可以看到年轻男孩在照看孩子、打扫和做饭：他们使这些男孩相信，承担这些职责对一个男人来说并不可耻。他们是否如此迅速地取得了他们所说的那种成功，这仍有待考察。但这是我的进路可能予以合理支持的一种努力，即便它是政府行动的一个方面：重新思考家庭分工是保障女性充分享有平等的公民权利的一个重要方面。

罗尔斯的家庭理论与我的非常接近：我们都把个人定义为分配的基础；我们都看到了结社自由和自我定义的自由的重要作用；我们都承认爱与关怀的内在价值。但是，我认为，罗尔斯在承认家庭是“社会基本结构”一部分这一重要观念，以及承认家庭和其他自愿组织之间重要的不对称性方面，仍然是半心半意的。我已试图说明，一种由核心能力贯穿其中的进路会如何捕捉那个观念，同时依旧重视家庭之爱以及由这种爱所提供的洞见。

七、博弈进路与女性选择

我已经论证了，对这些问题的所有有价值的询问都必须是有语境的，即了解能力如何在一个具体的政治背景和历史背景中实现。因此，我不会在这个问题上提出更进一步的详细建议。相反，我会提出一种方法，以便在每一个问题出现时我们都能加以处理。

284 当我们询问与构建家庭结构的国家行为形式相关的具体实际问题时，家庭博弈进路会提供有益的指导，这有助于我们清楚地思考，相对于影响其他家庭成员和约束性的社会规范而言，这些变化如何影响女性的博弈地位。喀拉拉邦政府正确地预见到，学校提供营养午餐将增强儿童的博弈地位、促进儿童教育并减少童工数量。联邦政府正确地预见到，在农村地区引入女性合作社将提高女性对其丈夫的博弈地位，从而减少家庭暴力、增强女性的经济贡献力。它还预见到，当女性要求进行健康访问、配备教师和提供定期供水服务时，她们这种全新的进取精神有助于对地方和国家政府的腐败现象进行监督。（它或许没有预见到，在安得拉邦这个极其腐败、无法无天的省份将会发生那类抵制活动：引我参观的联邦政府雇员告诉我，她的生命受到了威胁，她完全预料到会有暗杀企图。比哈尔邦也存在类似问题，1999 年 2 月，由于州一级法律和秩序崩溃，比哈尔邦被置于国家控制之下。）创建扫盲项目的政府正确地预测到，这些与经济相关的新技能将使女性成为有效的博弈主体，为确立关于谁可以走出家门、谁不可以的社会规范而斗争。[64] 一个良好的有关博弈结构的论述必定是复杂灵活的，体现对不同能力以及它们如何相互支持的充分理解。因此，博弈进路为试图提升一组核心能力的人们提供了有益洞见。

在最一般的意义上，首要的指引总是由实践理性观念和人类尊严观念
提供的：每一个人都是某种生活计划的制定者的观念，以及每一个人都应 285
当被视为一个目的，任何人都不应当仅仅被视为他人目的之工具的观念。这些观念连同清单中其他能力提供了一组公共行动目标：我们的目的在于，造就拥有这些能力和机会、积极规划其生活和享有平等尊严的公民。

有了这些背景目标，我们便可以提出一些指导公共行动的一般原则。

1. **选择的重要性**。在博弈进路中，最鲜明的一个原则是，在一个合作性的博弈单位中，每个成员的“崩溃点”（breakdown position）是决定他或她的博弈力量的一个重要因素。[65] 对任何试图促进女性平等的政策来说，这是一个特别重要的原则。女性在婚姻中常常没有很好地退出选择。正是出于这个原因，瓦桑蒂长时间被困在受虐的婚姻中。她不识字，没有丁点儿财产，也不具备有销路的技能。她确实拥有支持她的亲属，在这个意义上，她的境况好过许多女性；否则她根本不可能离开。但是，她糟糕的崩溃点使她承受巨大的压力，无论她的丈夫想要干什么，她都得忍受。在贾亚玛和剥削她的雇主的关系中，存在着类似的问题。他知道，她毫无技能、目不识丁，不可能找到一份更正规的或收入更高的工作。因此，他可以拒绝提拔她，无视她的医疗健康问题，并想方设法地剥削她。

这种观念对女性能力理论的影响是重大的。因为这种反应关系告诉我们，增加女性的经济选择是更一般地提升她们在家庭中的福祉的一个极其有力的方式。这意味着，不仅女性获得就业、贷款、土地权和读写能力的

机会本身就很重要，而且这也是对一般意义的女性能力的有力支持。如果我们想让瓦桑蒂这类女性免受家庭暴力，最重要的当然是制定并有效执行反对它的法律，并采取与此问题密切相关的其他行动，譬如为受虐女性设
286 立庇护所（这在印度几乎不存在）。不过，间接地促进退出选择至少是同样重要的。如果她能够阅读、能够获得贷款，如果她可以求助某个自营职业协会，那么她更有可能坚决抵抗虐待——抑或以离开的方式终结它。

选择还有一种更具一般性的重要性，即让女性结婚之前有其他选择，并在不合适或不受欢迎的工作之外为她们提供其他选择。在这个意义上，关注经济选择，同时大力打击贩卖人口的做法可能是解决卖淫问题的最佳方式。刑事定罪常常让女性陷入更悲惨的命运，使那些受虐女性不愿意向警方求助。[66] 因此，位于孟买的安纳普尔纳·马希拉·曼德尔项目为卖淫者的女儿提供职业培训，并认为这是为她们提供一个不一样的未来的最佳方式。在安得拉邦，类似的技能培训项目在防止童婚的出现。以相关方式解决童工问题需要为父母提供经济上的选择（就像喀拉拉邦的学校午餐项目所做的那样）。

2. **感知贡献的重要性**。决定女性家庭博弈地位的另一个重要因素是她们对家庭福祉的**感知贡献**——这可能与她们实际的经济和情感贡献相同，也可能不同。[67] 女性承担的家务劳动经常被低估，她们在照顾孩子和配偶上所付出的劳动也经常被低估。其他家庭成员会根据她们被感知到的贡献而非她们实际的贡献来给她们分配机会和生活益品。譬如，在贾亚玛的家里，感知贡献和实际贡献之间存在某种差异，这体现在丈夫对家庭收入有更大的控制权，即便他不是主要的家庭生产者，也不做家务。在女性没有外出工作时，这种差异甚至可能会扩大。就女童而言，这个问题更
287 为复杂：也许不仅存在着她们的劳动比男性劳动更廉价的观念；而且，在印度大部分地区还存在着女儿“已然离开”的观念（吉里巴拉反复对自己说的那句俗语显示了这一点）——她将帮衬别人的家庭而不是她的原生家庭。况且，一路上，她还会让家庭负担可观的嫁妆费用。贾索达拉·巴格奇对西孟加拉邦女孩的研究表明，不让女孩上学的最常见原因是经济因素和文化因素的结合：这个家很穷，并且认为女孩受教育对家庭没有价值（而她的家务劳动常被看作是必需的）。[68]

公共政策可以采取哪些步骤来解决这方面的女性博弈地位问题呢？打击工资歧视肯定是第一步：因为，如果支付给贾亚玛与男性雇员同等的工资，她的工作将被认为是更有价值的。正如罗尔斯和奥金所指出的，如果在达成离婚协议时将家务劳动考虑进去，离婚法可以改变人们对女性家庭贡献的价值认知。如第三章所示，在印度，这还远未成为现实，而毋宁说是一个有待追求的目标。

更一般地讲，针对女性的项目通常提升了她们的家庭地位。陈描述了孟加拉国农村发展委员会（BRAC）的扫盲项目不仅增加了女性实际的经济选择，而且在一定程度上，单凭自身便增强了她们作为家庭主体的价值感。人们看到她们正在学习和掌握技能，这个事实使她们看起来比以前更重要。安得拉邦的情况相似，在参加政府开展的女性项目仅 6 个月之后，这些女性说，她们的丈夫对她们做出的贡献更加重视了。看到她们被组织成一个群体，看到她们有效地要求地方政府提供服务——并且看到国家政府官员来看望的不是村里的男人而是女人——让这些女人看起来像是有能力做事情的人。（当男人们站成一圈围绕着女人们和我，当我们坐在地上交谈时，我不由自主地注意到这个反应；男人们在远处看着，正在接受 288
一个外国教授来采访他们的妻子和女儿的事实。）女人们告诉我，这些因素本身已经改变了男人对她们的态度。刚开始，男人们有些质疑和怨气；但紧接着他们开始对这一事实做出积极回应：女性群体正在为全村人做一些事情。看到女人们作为积极博弈的主体为村庄赢得一些福利，他们开始在家中更尊重她们。他们更多地询问她们的意见，家暴频率有所下降，并且他们会更加注重自己的清洁卫生和形体外表。

3. **个人自我价值感的重要性**。增强女性家庭博弈地位的第三个重要因素是她对自我价值以及她参与的项目价值的认知。正如森所指出的，一个认为自己没有太多权利，并且认为其他人的目标比她自己的目标更有价值的人，将无力博弈。[69] 恰如我在第二章所论证的，对于家庭中的女性来说，这是一个很重要的问题。

怎样才能有效防止这种内在的无力感？政府项目和非政府项目通常会花费大量时间与女性谈论她们的权利，并谈论她们是有权向政府提出要求的公民这一事实，以及她们自己的计划和所参与项目的重要性。当然，人们关注并看重她们的事实本身就是带来有效改变的一个重要部分。但还有其他更具体的策略。在这里，教育显然以两种方式发挥重要作用：作为蕴含价值与可能性的印象来源，同时作为使可能性成真的职业技能的来源。第二章所描述的自营职业女性协会策划的视频项目，目的也是通过向一些女性展示她们这类女性中其他人所做之事，来使她们产生自信心和远大抱负。最后，与群体中其他女性会面是获得有力和有效的主体感的首要因素。正如安得拉邦一位女性所言："一个人发声不会有人听见，我们不如
289 联合起来要求涨薪并参与谈判。"一个参加孟加拉国扫盲项目的女性对陈说："倘若有人情绪低落，参加完集会之后，她的精神就会振作起来。"[70]我们不能低估这一因素的重要性：对每一个通常在各自家庭中被孤立的女性来说，从群体团结中寻求力量是改变自我认知的一个主要来源。这个群体的存在本身明显会增强反对家庭暴力的博弈能力，因为它能够对行为恶劣的男性采取行动；但这种能力也因为一个女性在群体中获得的力量感和尊严感而得到增强，此种感受令她无法容忍以前她可能会容忍的暴力。

实际上，对目前的印度政府来说，促进女性自我价值感和权益感的唯一最有效的方式似乎就是发展女性团体。马希拉·萨马赫亚项目并不是一个十分昂贵的项目；它只包含少量工作人员，并且非常倚重当地的培训生。在使女性反思自己的生活方面，它的成效是巨大的。一旦开启那种反思，就很难逆转；因此那类团体一旦建立，自身就拥有一股变革的力量。这些女性团体是体现平等性和能动性的社群，而不是在关键方面把女性定义为接受命运摆布的人的等级制社群。此外，这些新型关怀关系导致家庭关系产生积极的变化，在反对家庭暴力方面使女性获得新的博弈力量，让她们重新赢得丈夫和儿子的尊重。安得拉邦的女性告诉我，那里的男性开始更定期地沐浴，因为他们现在想给他们的妻子留下一个好印象。显而易见，在家庭之外的关怀网络和家庭组织的积极重建之间经常存在一个有益的协同效应。正如印度女性运动中无处不在的歌曲《马希拉·萨米蒂》所唱的："在每一个家庭中，恐惧都是存在的。让我们消除那种恐惧，让我们建立一个女性团体。"

总之，我们无须在每个人都离群索居、对他人漠不关心的孤立的个人主义，和常常蕴含等级制、对女性不公平的传统社群之间做出选择。正义

与友爱事实上是良好的同盟：拥有尊严和自尊的女性有助于形成多种相互 290
关爱的社群，这些社群中的关爱不会比她们从前所知的社群更少，且常常只会更多。

八、国际女性主义的两个争议

在许多具体领域中，我们都可以运用这个基本框架去评议多方面的社会变革，我已经简要谈论过其中一些方面的社会变革：卖淫、家暴、童婚、婚姻同意和童工。

但是，让我应用这个框架来评判最近在印度女性发展政策领域中出现的两个争议，它们都是更一般的国际发展领域中的典型争议：我会把它们分别称为“性相对就业”的争议以及“土地相对教育”的争议。

第一个是两群女性主义者就女性主义基本目标所展开的一场激烈争论。我们把其中一个群体称为S群体，它认为女性主义的本质是对性支配的批判，改革的本质是改变由社会构建的性别角色。我们把另一个群体称为T群体，它认为女性主义的本质是对女性在经济方面依赖性的批判，最受欢迎的改革是赋予女性更多经济选择。S的成员可能关注家庭暴力、各种性虐待、性骚扰以及作为主要症结的卖淫问题，如果一个项目纯粹关注经济层面的问题，不涉及女性意识提升这个主要的组成部分，她们可能会批评它不够女性主义。例如，马希拉·萨马赫亚项目的负责人告诉我，其他女性主义者批评她们的提议缺少女性主义内容，理由在于，这个项目关注的重点是通过经济选择赋权。相比之下，T的成员可能认为在进入一个村庄时，谈论家庭暴力和性角色会适得其反，而谈论信贷、土地权和就业会更富成效。她们可能会因S的成员使女性主义看起来具有威胁性，且所说之言很少在农村女性心中产生共鸣而批评她们。

在某种程度上，人们或许会认为这只是一个策略问题：一个群体认为
经济进路更少威胁性从而更有效，另一个群体认为避免正面直接对抗性别 291
等级制度的基本问题最终会适得其反。她们甚至可能并不总是在策略上存在分歧：因为S的成员或许会承认，通过关注不具威胁性的经济问题来开启一种对话是一项明智的策略，同时坚持认为，女性不平等的真正根源在

其他地方，并且终须得到解决。

但事实上分歧很深：两个群体对女性屈从的根本原因拥有不同的直觉。S 的成员通常认为，女性屈从与想得到一个顺从的性出口有关，并且经济方面的屈从是其次。T 的成员认为，女性屈从与男性想要控制收入和财产、拥有心甘情愿的家庭仆役有关——并且，女性在性方面的屈从是其次。

这两个群体之间存在一些真正的差异。例如，群体 S 的大部分成员都会把女同性恋关系看作希望在一个男性支配的性世界中抵制支配的女性的恰当选择，而群体 T 的许多成员都是有宗教信仰的或保守的女性，她们认为女同性恋关系是不道德的，尽管她们承诺为女性争取经济自足。（因此，一些以经济赋权为目标的组织领袖在性取向问题上持保守态度。）群体 T 中一些更为保守的成员也不敢说男性性行为本身存在什么问题，并倾向于避免谈论性本身。两个群体之间存在强烈敌意的最深层次根源很可能是这些——在一个仍然是世界上对同性恋者最压抑的国家中，S 群体的一些女性主义者是同性恋者，并遭到 T 群体成员的恶劣对待。（安得拉邦马希拉·萨马赫亚项目的领袖是一个热情奔放的女性主义者，为了确保这个女性项目的开展，她经常不顾自己的人身安全与腐败的地方官员做斗争，她问我为什么“性反常”在美国变得如此常见——这表明，此种态度在 T 类型女性主义者中并不少见。）

同性恋问题无法轻易地与女性屈从的根源这些更大的问题分隔开来。
292 S 类型女性主义者认为，二元性别划分和“强制异性恋”是女性经济屈从的根源，因此任何不支持同性恋选择的进路最终都是自我挫败的。她们会说，印度的恐同症并不只是偶然地与它对待女性的男权主义方式有关：正是对女性可以在性方面实现自足，从而不再成为男性性出口的恐惧引发了恐同症，因此恐同症是男权主义对一种深层威胁的反应。一些 T 类型女性主义者强烈反对这一点，并坚持认为异性恋家庭内部的女性平等问题与同性行为的道德性毫无关联：一个人可能患有强烈的恐同症，但仍是精力充沛的女性主义者。

似乎可以合理地认为，S 类型女性主义者在因果关系问题上是正确的：在印度（正如在世界绝大部分国家一样），存在一种把女人视为男人的性财产的悠久传统，害怕这种制度被推翻很可能构成许多人对同性恋的恐惧和厌恶的根源。长远来看，如果不打击把女性定义为性财产的异性恋制度，我们就无法打击把女性当作财产来对待的做法。再说：如果像甘地这样富有道德反思能力的模范人物甚至都认为他的妻子是一个性工具，而并非自身就是一个性主体，那么我们必须得出结论，这些态度是根深蒂固的，并且不难理解同性恋选择对它们构成的威胁。因此，T类型女性主义者似乎会拒绝讨论一个问题，在理解女性不平等方面，这个问题最终可能具有绝对核心的地位。

幸运的是，这场始于1998年12月上映的电影《火》（电影讲述了传统婚姻中两个备受压迫的女性之间的同性爱恋）的争论，帮助揭开了这整个问题的面纱。在强烈抗议印度教宗教激进主义暴徒试图终止放映的过程中，艺术家、学者和各类女性主义者都参与了捍卫电影制作人的言论自由权的示威活动。尽管这些抗议者之间仍然存在分歧——一些人坚持认为，女同性恋是印度教文化的一个传统特征，一些人则倾向于关注电影的女性主义维度——人们不再否认，在女性屈从于传统的性关系和她们对同性关系的兴趣之间存在强有力的联系；各类女性主义者所拥有的公众注意力最近都集中在印度社会各阶层的女同性恋者所遭受的歧视上。有关这个话题的公开对话似乎有望缩小这两个女性主义群体之间的 293
差距。

尽管如此，从多方面看这个争议似乎仍然很古怪。为什么我们必须说女性的屈从地位仅关乎一方面的问题？很显然，它存在性方面的问题和经济方面的问题。这两者都受到社会的影响，并且两者相辅相成。男性把女性看作他们的性财产，也把她们看作经济上的仆役。吉里巴拉的丈夫不但想得到她的身体，也希望她背着扁豆紧随其后。在某些情形中，支配性的性关系是基本的关系；在吉里巴拉和其他许多人的情形中，经济关系很可能是男人兴趣和控制的更突出来源。（其中一些丈夫有其他的性出口，因而对妻子的性功能相对比较冷淡。）总之，两种等级制都具有根本性，不能或不应当规避其中任何一种。事实上，要理解其中一种等级制似乎需要理解另一种等级制。T类型女性主义者当然不应当拒绝对性别角色和性角色的习惯性划分的重新思考；但S类型女性主义者不应当否认经济问题有时有自身的发展势头，并可能为一些方面的女性不平等提供独立的解释。

当我们这样来思考时，能力进路和博弈进路会帮助我们理解我们的发现。我们首先认为，与就业相关的能力和与性相关的能力（如身体完整性、情绪健康和性表达能力）都是不应被削弱的人类基本能力。接着，博弈进路帮助我们思考这两类能力的多种互补方式。对于希望避免婚姻中的性暴力或剥削并寻求性自主的女性来说，如果她们拥有较强的博弈能力，这样做时就会容易得多；让她们就业、获得贷款和土地权是增强其博弈地位的重要的力量来源。与此同时，认为女性淫荡幼稚的观念至少从《摩奴法典》颁布以来便普遍存在于印度传统中，这种观念确实切断了女性的就业机会，同时削弱了她们在职场中的博弈地位。因此，改变那些与女性相
294 关的性观念是女性寻求经济平等的重要伴随因素。这一进路告诉我们，任何一种能力都不应当从属于其他能力，两方面的公共行动都是促进性自由和经济自由的正当方式。

谈到实践策略，T 类型女性主义者提出了强有力的观点，这种观点是 S 类型女性主义者可以欣然接受的。在进入一个村庄时，说你将促进更好的服务，拓展新的信贷和就业机会，比起说“我是来改变你的性角色”(真会有人说这样的话吗?)，当然没有那么大的威胁性。为避免对女性主义项目的激烈反对，把重点放在经济问题上，让女性在适当的时候以自己的方式得出她们自己有关性生活的结论也许是件好事。换句话说，这并不意味着对性别角色全然保持沉默，尤其在涉及家庭暴力的情况下。通常而言，对那些在外出就业问题上可能摇摆不定的女性来说，如果她们把这看作改善她们在反家庭暴力方面的博弈地位的方式，那么她们会认为这是一个有吸引力的选项：所以，为了呈现一个更充分的女性选择图景，这些关联性应当得到讨论。瓦桑蒂对贷款和新缝纫机感兴趣，主要是为了摆脱一段受虐的婚姻关系：因而任何封锁这个问题的进路都不会解决她的担忧。家庭暴力是女性通常希望讨论的首要问题之一。当（全是文盲的）安得拉邦女性画出她们的问题时，妻子挨打和儿童遭受性虐待是两个绝对的核心问题。因此，即使从策略角度看，这个问题即便在早期也不应该被边缘化，尽管它与经济问题的联系还是应该被指出来。

总而言之，能力是一组彼此关联的东西；它们相互支持，妨害一种能

力就会妨害到其他能力。同样的见解有助于我们解决国际发展讨论中的另一个争议，我的论证一开始就含蓄地承认了它：女性识字的支持者与地方规范的支持者之间的争议。一方是阿马蒂亚·森，长期以来，他和琼·德雷兹以及其他支持者一直强调读写能力在提高女性博弈地位方面的关键作用。另一方是强烈要求我们遵守地方规范，并把读写能力贬斥为西方文 295
化价值的各路思想家。[71] 森颇有说服力地论证了，识字与获得有关女性生活的信息以及女性从前未曾获得的多种就业机会高度相关。他还提出一个令人信服的经验论证，即提高女性读写能力是遏制人口增长的唯一最佳途径；这种观点目前已在国际人口讨论中被广泛接受。[72] 政府可以提出许多举措来提升读写能力，因此这是政府行为的一个良好开端。反对派的观点经常采取这样的形式，他们说发展项目常常会出错，因为它们采用“自上而下”的方法，将外来价值强加给那些拥有各自生活体验的人。因此，如果平民百姓不要求识字，提升这种能力就是错误的。

这场争论似乎比之前那场更肤浅：一旦考虑到博弈地位，人们就会发现，在让女性更容易获得她们已在追求的善事物方面，读写能力经常是至关重要的。很少有人否认职业女性会努力加强对土地权和就业选择的控制，并扩大与其他处境相仿女性的接触。但是，如果人们承认这一点，他们只需要看看经验文献就会发现，在与所有这些善事物的关系中，读写能力是极其重要的。阿加瓦已经说明了读写能力关系到获得土地权的能力；在信贷和具体类型的就业方面，可以给出类似的论证。对孟加拉国农村地区引入的一个扫盲项目展开详细研究的论著——玛莎·陈的《寂静的革命》（*A Quiet Revolution*）表明，即便是起初对识字持怀疑态度的女性也发现，识字是通向她们已在追求的方方面面生活的一条重要路径，如经济 296
安全和提升家庭地位。她们还学会了以这种方式打开心灵的纯粹乐趣，并表达了通过阅读及其促进的心智发展而获得的新喜悦。最后，她们对与扫盲群体中其他女性新建立的亲密关系感到高兴，这使她们能够建立一个以前不为她们所知的非等级制的社群。任何一个读到这个故事的人都没法合理地得出这样的结论，即识字是被强加给她们的一种外来价值：这些女性直到从自己的生活和博弈地位方面了解了它的意义之后才接受它。

因此，支持森观点的人不必否认，为了继续把扫盲作为一个核心的公共政策问题来推进，许多发展项目对地方观念包含的智慧麻木不仁。他们的主张是，即使那些不承认这种能力具有内在价值的人——和不少承认它具有内在价值的人——也仍有可能认可它在支持其他各种人类能力方面具有巨大的策略性意义。人类能力领域不应该被视为一个现代化思想与传统价值主张相互争斗的具有悲剧性的“非此即彼”的领域；相反，它是一个“兼容并蓄”的领域，在一定程度上，一个从属群体所获得的新能力对支持那个群体正在进行的项目具有重要意义。

请容许我回到瓦桑蒂和贾亚玛来结束这次讨论。这些女性在家庭生活中是如何遭遇爱与关怀的呢？她们是如何通过发展其他能力和新型友爱关系来缔造新的机会呢？贾亚玛的命运是典型的“双日”工作女性的命运，照顾孩子和丈夫的责任耗费了她们大量时间和精力——劳累了一整天之后——以至于她们没有太多时间来给予与玩耍、喜悦、想象力及慷慨互惠相关联的中产阶级意义上的爱。事实上，贾亚玛在其他方面被剥夺了人类能力——尤其在营养、经济安全和休闲时间方面——导致她的生活相对缺乏爱，并造就了她无法轻易以温暖和慷慨回应他人的个性。她是一个勇猛
297 而胜利的幸存者；但是传统的关怀准则和传统的家庭结构——甚至喀拉拉邦那些对女性相对友好的准则——通过剥夺她的闲暇和富有想象力的刺激，使得她的生活与爱背道而驰。这个结果再次向我们表明，在传统的家庭之爱和能力提升之间，我们并未面临一种悲剧性选择：当人们在其他方面生活得欣欣向荣时，而不是当他们疲惫不堪或奋力维持生计时，她们才能最好地去爱。

我认为，瓦桑蒂拥有更多生活的好运气。首先，她的家庭以一种文化上不同寻常的方式支持她，帮助她渡过难关，并赋予她一种安全感，我们可以从她更加柔软、温暖和开放的性格中感受到这种安全感。她想要照顾丈夫的愿望遭遇挫折，她想要孩子的愿望可能永远不会实现，因为在她的文化环境中，再婚是很罕见的。但是在她与女性朋友的关系中确实存在慷慨、互助和爱，可以看出，她足智多谋、幽默和富有想象力的能力在这些非传统的环境中非常活跃，自从她从支配自己早期生活的对虐待的恐惧中解脱出来，她就更加活跃了。所以，她的故事在某种程度上与贾亚玛的故

事是一样的：这个故事指明了这一事实，即使爱是主要的人类能力之一，人类能力依然为爱提供了必不可少的支持。

注释

［1］译自孟加拉语，Bardhan trans.，in *Of Women*，*Outcastes*，274。

［2］38 D. L. R.（*Dhaka Law Reports*）（1986）. 虽然这起案件来自孟加拉国，但它体现了典型的嫁妆勒索现象，这种现象在印度也很常见；在这两个国家，从法律上遏制嫁妆虐待风潮的努力极为相似。这起案件有一个奇怪的历史性类比——把它比作吕西斯（Lysias）描述的三十僭主对波里马库斯（Polemarchus）妻子的袭击，见 Lysias，*Against Eratosthenes*。这个故事中的女人也被拖到庭院中，吕西斯说，从袭击者抢走她耳朵上的金耳环可见他们贪婪至极。

［3］这个故事主要与其后期婚姻史相关，在那段时间，她的丈夫把女儿也看作为他所用的商品，并把其中两个女儿卖给妓院。吉里巴拉（一直是家里主要的经济支柱）在他可以卖第三个女儿时离开了他。"吉里巴拉一个劲后悔以前没有选择离开他。如果她更早一点离开，那么她不会失去贝莉，也不会失去波莉。只要她更早地鼓起勇气，她的两个女儿就可能得救。随着这种想法越来越强烈，并在她的头脑中不断涌现，她热泪盈眶以致模糊了视线。但她甚至没有停下来去擦干泪水。她只是继续走着。"

［4］Mill，SW，87.

［5］对这一点的精彩阐述以及对将家庭浪漫化的当代理论家的相关批评，参见 Susan M. Okin，*Justice*，*Gender*，*and the Family*（New York：Basic Books，1989）。

［6］参见我的文章"The Feminist Critique of Liberalism，" in *Sex and Social Justice*。

［7］Rawls，"Kantian Constructivism in Moral Theory，" the Dewey Lectures 1980，*The Journal of Philosophy* 77（1980），530－532；cf. TJ，147－149. 以上均谈到了叔本华，以及支持"原初状态"和"无知之幕"的建构而非仁慈与知情的结合体的理由。苏珊·奥金对罗尔斯的模型展开了一番极富感性的讨论，并对一些女性主义批评意见做出了回

应，参见 Susan Okin，“Reason and Feeling in Thinking About Justice，” in *Feminism and Political Theory*，ed. Cass R. Sunstein（Chicago：University of Chicago Press，1990），15－35，此文最初发表于 *Ethics* 99（1989）。也参见我的文章“Rawls and Feminism，” in *The Cambridge Companion to Rawls*，ed. Samuel Freeman（New York：Cambridge University Press），即将出版。

［8］参见 TJ，Part 3，Chapter 8；奥金也给出一些富有价值的批评，见 Okin，“Reason and Feeling”。

［9］“The Feminist Critique of Liberalism”一文呈现了这整个论证的扩展版。

［10］参见 Sen，“Gender and Cooperative Conflicts，” in I. Tinker，ed.，*Persistent Inequalities*（New York：Oxford University Press，1991），123－149；Bina Agarwal，“‘Bargaining’ and Gender Relations：Within and Beyond the Household，” *Feminist Economics* 3（1997），1－51；Shelly Lundberg and Robert A. Pollak，“Bargaining and Distribution in Marriage，” *Journal of Economic Perspectives* 10（1996），139－158。阿加瓦对经典博弈模型提出了一些有说服力的批评意见，并赞成一种包含多元价值的、具有质的丰富性的博弈进路。

［11］再次参见奥金的相关讨论和批评，见 Okin，“Reason and Feeling”。关于罗尔斯如何从不涉激情的层面对“深思熟虑的判断”下定义，参见 TJ，47。

［12］Rawls，TJ，62.

［13］参见 Okin，“Reason and Feeling”。

［14］我相信我在别处捍卫过的观点，即情感具有一种认知维度，它们能够在社会选择过程中充当有价值的向导。参见 *Poetic Justice：The Literary Imagination and Public Life*（Boston：Beacon Press，1997）；*Upheavals of Thought：A Theory of the Emotions*（Cambridge：Cambridge University Press），即将出版。

［15］我们会看到，这三个错误都遭到密尔的批评。针对自然主义女性角色观的其他有价值的一般性批评，参见 Susan Moller Okin，*Women in Western Political Thought* (Princeton: Princeton University Press, 1979), and *Justice, Gender, and the Family*; Catharine MacKinnon, *Toward a Feminist Theory of the State* (Cambridge, MA: Harvard University Press, 1989)。有关家庭的论述，尤其参见 Frances Olsen, "The Family and the Market: A Study of Ideology and Legal Reform," *Harvard Law Review* 96 (1983), 1497-1577, and "The Myth of State Intervention in the Family," *University of Michigan Journal of Law Reform* 18 (1985), 835-864; Martha Minow, "All in the Family and in All Families: Membership, Loving, and Owing," in D. Estlund and M. Nussbaum, eds., *Sex, Preference, and Family: Essays on Law and Nature* (New York: Oxford University Press, 1997), 249-276。最近有学者针对将"私人领域"当成不保护女性免受家暴的借口这一谬见进行了精彩的反击，参见 Reva B. Siegel, "'The Rule of Love': Wife Beating as Prerogative and Privacy," *The Yale Law Journal* 105 (1996), 2117-2207。对作为关怀给予者的女性角色及其与正义的关系的论述，参见优秀论文集：Virginia Held, ed., *Justice and Care* (Boulder, CO: Westview Press, 1995); Diemut Bubeck, *Care, Gender, and Justice* (Oxford: Clarendon Press, 1995)。

[16] *Bradwell v. Illinois*, 83 U. S. (16 Wall.) 130 (1873).

[17] *Vyas Samhita* sl. 19, 20, in Roop Rekha Verma, "Femininity, Equality, and Personhood," in *Women, Culture, and Development*, ed. Nussbaum and Glover, 433-443，其中涉及许多相关案例。

[18] 关于这个问题的精彩论述，参见 Minow, "All in the Family"。

[19] 参见 Amartya Sen and Sunil Sengupta, "Malnutrition of Rural Children and the Sex Bias," *Economic and Political Weekly* 18 (1983); Sen, "Family and Food: Sex Bias in Poverty," in Sen, *Resources, Values, and Development* (Oxford: Blackwell, 1984)(下文简称 RVD), 346-368; Pranab Bardhan, "On Life and Death Problems," *Economic and Political Weekly* 32-34 (August 1974), 1293-1308; Kumudini Dandekar, "Why Has the Proportion of Women in India's Population

Been Declining?" *Economic and Political Weekly* 9（October 18，1975），1663-1687。

［20］出自安得拉邦马希拉·萨马赫亚项目的出版刊物 *Together We Forge a Path*。

［21］孟加拉国谚语引自 Jasodhara Bagchi et al.，*Loved and Unloved*：*The Girl Child in the Family*（Calcutta：Stree，1997），17。巴格奇对孟加拉国改革家拉姆莫亨·罗伊和伊斯瓦昌德拉·维德亚萨加尔的论著和女性作家所写的女性小说中呈现的这种观点的批评史进行了精彩论述。

［22］Bagchi，17-18.

［23］引自 Bagchi，7-8。巴格奇在这里引用了她自己对维德亚萨加尔著作的更广泛的研究。该著作于 1992 年 4 月［特殊的埃克萨特（Eksathe）数字］以孟加拉语出版，名为 *Vidyasagar o kanyashishu*（《维德亚萨加尔与女童》）。

［24］参见 Bagchi，8-9。

［25］以下内容基于与萨达摩尼（Sardamoni）的讨论，他是喀拉拉邦一位重要的历史学家，其大部分学术论著使用的都是方言。

［26］参见 Minow 的著述。

［27］关于研究印度育儿工作的著作，参见 Stanley J. Kurtz，*All the Mothers Are One*：*Hindu India and the Cultural Reshaping of Psychoanalysis*（New York：Columbia University Press，1992）。

［28］参见 Gulati，*Profiles of Female Poverty*。

［29］巴德汉（Bardhan）的故事选集中的故事一再（偶尔通过展示命运的例外）揭示出这一点，如泰戈尔的《海曼蒂》所描述的那样（见第二章）。也参见 Vikram Seth，*A Suitable Boy*，其中生动描述了中产阶级印度教文化关于爱情的怀疑主义。

［30］参见 Kurtz，*All the Mothers*。

［31］Chen，*A Quiet Revolution*，216.

［32］参见 Bina Agarwal，"Bargaining"，以及有关对改革予以抗议的著作 *A Field of One's Own*。

［33］参见 Siegel，“The Rule of Love”。

［34］参见 Minow，“All in the Family”，其中介绍了许多移民归化局利用“家庭”的定义限制移民的有趣例子；Olsen，“The Family and the Market” and “The Myth of State Intervention”。

［35］参见第三章对涉及将毒品运用于宗教仪式之困境的讨论。

［36］Mill，SW，p. 22.

［37］更多依循这些思路的论证，参见我即将出版的著作 *Upheavals of Thought：A Theory of the Emotions*。

［38］参见 *Upheavals*，Chapter 3。

［39］我们在故事中见到同样的转变，见 Devi，“Giribala”。在那个故事中，丈夫最终走得太远了，他把女儿卖给了妓院。

［40］对整个问题的更广泛的讨论，参见 Nussbaum，“Constructing Love，Desire，and Care，” in Estlund and Nussbaum，17－43，修订版收录于 Nussbaum，*Sex and Social Justice*。

［41］对实验性研究的描述，参见 Anne Fausto Sterling，*Myths of Gender*（New York：Basic Books，second edition 1985）。

［42］参见 R. Dawkins 和 S. J. Gould 的论文，论文收录于 Nussbaum and Sunstein，eds.，*Clones and Clones：Facts and Fantasies about Human Cloning*（New York：Norton，1998），以及 R. Epstein 论文中的参考文献。

［43］1997 年 3 月在自营职业女性协会的教育办公室进行的个人访谈。

［44］在印度，自 1961 年开始嫁妆习俗便是非法的（立法机关在那一年通过了《嫁妆禁止法案》）；在孟加拉国，自 1980 年开始它就是非法的。两个国家都增加了进一步的刑事处罚；1983 年，印度对丈夫或其亲属在嫁妆方面的残忍行为实施刑事处罚。1984 年，修订后的《嫁妆禁止法案》引入更严厉的惩罚措施，1986 年修订后的《印度刑法典》解决了嫁妆暴力的问题：在结婚七年之内，任何疑似由烧伤或身体伤害造成的死亡，当伴有死前遭到残忍对待或性骚扰的证据时，都被界定为“嫁妆死亡”，并且丈夫或亲属被认定为造成死亡的原因。因此，通过转移举证责

任，司法系统使定罪更容易实现。

[45] 有关这个问题最近的一项研究，可参见 Roushan Jahan，"Hidden Wounds，Visible Scars：Violence against Women in Bangladesh，" in Bina Agarwal，ed.，*Structures of Patriarchy：State，Community，and Household in Modernising Asia*（New Delhi：Kali for Women，1988），199-227。也参见 Indira Jaising，"Violence Against Women：The Indian Perspective，" in Julie Peters and Andrea Wolper，eds.，*Women's Rights，Human Rights*（New York and London：Routledge，1995），51-56。

[46] *University of Chicago Law Review* 64（1997），765-807.

[47] 罗尔斯在着重回应苏珊·奥金的 *Justice，Gender，and the Family*。

[48] 参见"On the Family as Part of the Basic Structure"，section 5，787—794。我对罗尔斯观点的更全面论述，参见"Rawls and Feminism，" in *The Cambridge Companion to Rawls*，ed. Samuel Freeman（Cambridge：Cambridge University Press），即将出版。

[49] 参见第 788 页："家庭是基本结构的一部分，因为它的一个主要作用是充当社会及其代代相传的文化的有序生产和再生产的基础。"

[50] 罗尔斯从未说过教会和大学是基本结构的一部分，他很可能会极力反对这种观点。构成基本结构之部分的机构可以得到国家的补贴，他似乎会反对国家对教会和大学提供补贴。

柯亨（G. A. Cohen）对这个问题有一番精彩的论述，参见"Where the Action Is：On the Site of Distributive Justice，" *Philosophy and Public Affairs* 26（1997），3-30。柯亨以家庭和市场这两种普遍存在的组织为例进行了讨论，人们不由自主地参与其中，它们从一开始就普遍影响着他们的生活机会——但罗尔斯把它们看作正义原则直接予以支配的组织机构框架之外的事物。

[51] 教会可能具有这种特征，如果一个小孩从小在教会长大的话，在这个意义上它是一种居中情形；但这种情形依旧不同于家庭，因为每个出生的孩子多年来都在与生存和福祉相关的所有基本问题上受家庭的支配。

［52］“Public Reason,” 791：“因此，一个所谓的领域，或者说一个生活范围，不是脱离于政治的正义观念的既定的东西。一个领域不是一种空间，不是一个处所，而毋宁是政治正义原则如何直接用于基本结构、间接用于基本结构之中的联合体的结果或结局。确立公民平等的基本自由和机会的这些原则始终约束并贯穿于一切所谓的领域。女性的平等权利及其子女作为未来公民的基本权利都是不可剥夺的，无论他们身在何处都应受到保护。限制那些权利和自由的性别差异必须排除在外……如果这种所谓的私人领域被宣称是不受正义约束的空间，那么这种东西根本不存在。”

［53］同上。

［54］“Public Reason,” 793. 这一建议的提出，见 Susan M. Okin, *Justice, Gender, and the Family*。

［55］“Public Reason,” 792.

［56］在这个问题上，罗尔斯似乎动摇了，他写道：“即使基本结构本身就是正义的重要主题，正义原则依然对家庭及其他所有联合体施加必要的约束。”(791)

［57］见第 792 页注释 68：罗尔斯指出，运用于宗教的自愿性概念是不可靠的，并且他说，只有从“客观条件”而非主观条件的观点看，他才把宗教选择描述为自愿的。但甚至从客观条件的观点看，子女在家庭中的成员身份也不是自愿的。

［58］参见第四节的讨论；Minow, “All in the Family;” Olsen, “The Family and the Market”。

［59］在这个方面（尽管不是在所有方面!），我的思路近似于 Richard Epstein 在他论述同性婚姻和代孕母亲的文章中所阐述的理论，参见 “Caste and the Civil Rights Laws: From Jim Crow to Same-Sex Marriages,” *Michigan Law Review* 92 (1994), 2456–2478；“Surrogacy: The Case for Full Contractual Enforcement,” *Virginia Law Review* 81 (1995), 2305–2341。

［60］Cass R. Sunstein, *The Partial Constitution* (Cambridge, MA: Harvard University Press, 1993)。

［61］这并不是说，当事人之间的关系在刑事审判中可能不具有证据

相关性：例如，辛普森（O. J. Simpson）是受害人形同陌路的丈夫的事实在提供涉嫌谋杀的动机方面可能具有证据相关性。

[62] 相关提议，参见 Minow，"All in the Family"，作者观察到，狭隘的定义常常是限制移民的手段，而不是对社会现实的反映。

[63] 参见农业部部长的一份声明，引自 Bina Agarwal，"'Bargaining' and Gender Relations：Within and beyond the Household，" 3。

[64] 参见 Chen，*A Quiet Revolution*；Agarwal，"Bargaining"。阿加瓦有说服力地批评了一些博弈模型狭隘的还原性，并捍卫一种更灵活的"博弈进路"。

[65] 参见 Sen，"Gender and Cooperative Conflicts，" 135，他把这项原则称为"崩溃福祉反应"。

[66] 参见我的文章"'Whether from Reason or Prejudice'：Taking Money for Bodily Services，" in *Sex and Social Justice*。有关这个问题的一个真实案例研究的报告，来自 *A Modern Form of Slavery*：*Trafficking of Burmese Women and Girls into Brothels in Thailand*（New York：Human Rights Watch，1993），这是人权监察站在一个部门所开展的亚洲女性权利监察项目的出版刊物。这份报告认为，对于以当佣人的借口被骗去卖淫的缅甸女性来说，泰国法律（该法甚至没有免除被迫卖淫的女性的法律责任）关于卖淫的犯罪地位的规定构成了一个主要障碍。

[67] 参见 Sen，136－137，"perceived contribution response"。

[68] 参见 Bagchi，87－121。巴格奇的研究指出了使女童生活恶化的其他问题，尤其是地方图书馆资源不同程度的缺乏，这些资源原本可以让女孩在家读书，并在毕业之后继续读书。

[69] Sen，136，the "perceived interest response"；参见详述和实例，见 Agarwal，"Bargaining"。

[70] *A Quiet Revolution*，155.

[71] 关于地方传统观点的文章，见 *Dominating Knowledge*：*Development*，*Culture*，*and Resistance*，ed. F. A. Marglin and S. A. Marglin（Oxford：Clarendon Press，1990）。这一进路在大量不同场合被援引来贬斥使识字成为公共政策一个核心目标的观点。一些活动家认为，在普通人

的思想中没有体现的任何价值都不能推荐给他们。政府人士有时会援引此观点——例如，20 世纪 80 年代末期，拉吉夫·甘地在哈佛的一次演讲中就引用了它。当被问到为什么他的政府在提升女性读写能力方面毫无作为时，他回答说，普通人拥有一种不同于但绝不亚于文化人的智慧。

[72] 参见 Sen，"Fertility and Coercion," *University of Chicago Law Review* 63 (1996), 1035-1061；"Population: Delusion and Reality," *The New York Review of Books*, September 22, 1994。

结　语

298 世界多数地区的女性都因为身为女性而遭受损失。她们在选择和社交方面的人类能力常常受到她们所在社会的阻碍，在这些社会，她们必须作为他人目的的附庸和仆役来生活，并且她们的社交能力因恐惧和等级制度而被扭曲。但是，她们拥有人类能力和基本的选择能力，她们有权在道德上要求获得自我实现和繁荣生活的机会。因此，女性不平等地未能获得更高层次的能力——在这个层次，人类核心功能的选择对她们才是真正开放的——这是一个正义问题。

我论证了，基于人类能力和功能观念的政治学进路为考虑这些问题奠定了良好基础，有助于我们建构基本政治原则，这些原则能够充当国家公民坚守的宪法保障的基础。我也论证了，在对不同国家生活质量进行比较评估时，能力框架提供了一种良好的指引。在这两个领域，能力进路所提供的指引比基于效用或财富（人均国民生产总值）的进路所提供的更好。我也论证了，这一进路有助于我们更好地思考当今国际发展领域所面临的两个最艰难的问题：宗教的法律地位和政治地位，以及家庭的法律地位和政治地位。

国际社会在解决女性问题方面一直行动迟缓，因为它缺乏这种共识，即性别不平等是一个紧迫的政治正义问题。其他涉及等级制度和不平等的形式——如种族隔离——被视为国际暴行，且已经促使国际社会动员起
299 来。数百万女性每日遭受的暴行——饥饿、家庭暴力、性虐待儿童与童婚、法律面前不平等、贫困、缺乏尊严与自尊——这些都不被认为是可耻的，关于它们是否侵犯人权，国际社会迟迟未下定论。然而，最近，对国际女性社会的多层面动员——从地方团体到区域非政府组织、政府项目、

国际机构和国际人权项目——在将女性能力障碍提上国家及国际议程方面，已经开始取得实质进展。关注政治改革的人们常常对哲学表示怀疑，他们想知道这样一个抽象而超脱的学科何以可能帮助遭受苦难的人们。当仍有这么多实际工作有待完成时，我们为什么还要如此执迷于对概念区分的精确描画？我的论证已经给出的一个答案是，抽象规范理论已经以功利主义经济学特有的规范理论形式在实践中发挥了作用。经济学家没有接受过规范论证方面的训练，他们常常不熟悉多年来在政治哲学领域开展的有关政治规则的复杂争论。然而，他们经常就规范性问题提出有争议的论断，这些论断往往显示出一些默认的假设和对某些核心概念（例如，“发展”概念）未经论证的说明。无论效用最大化在何处被用作公共政策形成的规范性概念，无论有争议的经济哲学承诺（承诺在不同生活之间进行加和，承诺生活中的价值要素的可通约性）何时在政策形成的讨论中被视作理所当然，经济学家都是在从事规范推理。我在此论证了，功利主义经济学所特有的规范性进路无法为公共政策提供充分指引。既然这方面理论已经出现了，我们便需要用好的理论来驱逐坏的理论。好的理论的必备要求是哲学，因为它们需要对基础性概念（如偏好、选择、欲望和能力）进行持续的思考，而对这些概念的描述一贯不是社会科学关注的重点。

但是，我们不需要将哲学仅仅视为发展经济学家的哲学假设的一种平衡力量。我们需要它帮助我们彻底反思我们自己的直觉式观念，去进行批判并弄清楚哪些直觉式观念是我们愿意坚守的。人的一生中，总会形成有 300
关人类善与正当的观念，有关什么具有价值，什么不具有价值，什么是选择，以及什么是正义、仁慈、侵犯和不幸的观念。他们拥有对这些事物的观念并运用这些观念——在进入政治舞台时也会运用到它们。这些观念通常会嵌入极为一般性的理论，这些理论来自习俗、宗教或社会科学。因此，在选择公共政策时，它们成了许多人直觉和理论的产物，有些直觉和理论是已经审查的，还有许多则未经审查。慎重考虑哪些理论是我们真正想要坚持的，哪些直觉是我们的道德情感中最根深蒂固的，这似乎是明智的。在缺乏这种公共慎思的情况下，最具影响力的观念可能只是那些最有权势或言辞最有影响力的人持有的观念。这种方式本身就有缺陷，当我们考虑少有机会就这类问题表明自己观点的弱势群体的利益时，这种缺陷尤为明显。

哲学要求公共慎思而非通常意义上的权力较量。它要求我们，选择经得起论证检验的观点，而不是最负盛名的人所支持的观点；选择融贯清晰地处理所有细节问题的观点，而不是呼声最高的观点。在最好的情况下，哲学对概念的烦琐处理是非常实用的：只有当细节问题都得到处理，我们才会知道，我们是否真的拥有能经得起反驳的优越于另一种观点的替代性观点，有时，对某种观点的致命反驳只会在深度探询之后才出现。在公共慎思的过程中，考虑这些明显很烦琐的争论是有意义的，因为只有这样，我们才能想清楚我们不得不做的事情，并理解我们真正想要支持的观点。

哲学常常给人留下缺乏现实意义的印象，有时，这是哲学家的错。我相信，只有当哲学回应经验并定期地沉浸其中，它才能够为实践提供良好的指引。经验当然不是理论的原始数据。如果不运用理论范畴，我们经验不到任何东西；在政治思想中，如果我们并没有把在此之前努力得出的关于正义和人类善的不断发展的理论带入我们的经验，我们就无法从我们所遭遇的生活中学习到任何东西。但我们的研究也会根据我们的发现适当做
301 出调整；由于经验不足，我们甚至不知道应当提出哪些问题。哲学家可能会或者可能不会在他们的工作中运用经验叙事：但他们应当能够表明，他们的工作回应了经验的复杂性，并且受到一个成熟的人对这种复杂性认知的影响。女性主义者要求关于女性生活的理论展现它们对女性的屈从和受排斥经历的理解是合理的。以往（各种传统中）的哲学家有关女性、性和家庭问题的诸多著述都没有展现出那种理解。再者，要求研究贫困问题的哲学家表明，他们对其建议所及的那些人的生活中呈现出来的能动与受限之间复杂的相互作用有一定了解，这也是合理的。同样，许多思想传统都以天真或麻木的方式处理了这些问题。然而，解决这些问题的方法不是拒斥哲学甚或拒斥传统；毋宁说是带着对包容、精确与合理论证的甚至更满富热忱的承诺从中学习并继续前进。

有时候，政治哲学的论述虽在其论证所蕴含的内容方面极为实用，但其写作方式却不足以吸引非专业人士。这个问题可以通过文字上的分工来解决，理论家要么自己写作两种不同类型的作品，要么与那些展现理论与实践问题之关联的作家结成伙伴关系。在这本书中，我试图同时面向专业

人士和非专业人士来写作，一方面充分展现我的能力进路的理论结构对哲学专业人士的吸引力，另一方面也囊括足够具体的叙事性和经验性内容，从而使希望了解哲学论证对国际发展政策的可能贡献的非哲学专业人士参与进来。[1] 我希望我所提供的东西将会帮助关心此事的公民们了解可供选择的各种替代性方案，以及能力进路成为其中有价值的一种方案的某些缘由。这一进路并不有意成为专业精英向不熟悉该主题的人的推介。它有意成为——并且我认为它的确是——全球女性正在追求的系统化和理论化思想，当她们询问她们的生活如何可能得到改善，以及政府应当为此做些什么时。

本着此种精神，我将以回到安得拉邦农村地区那个女性团体［桑加姆（sangham）］的方式来结束讨论。当我在华氏 110 度的高温下度过一个多小时并即将结束对那里的访问时，那些女性开始为我唱响她们在女性团体中学会的一些歌曲。我的翻译员解释说，其中有一首是老妇人唱的歌曲，它表达了这样一种思想：一个女人的一生是悲惨的一生。以前，这首歌的开头是这样唱的："女人啊，你为何哭？"接着，这个女人会通过细数她一生中所有糟糕的事情来予以回答。不过，团体中的女人们已经改写了这首歌。现在，它是这样唱的："女人啊，你为何哭？你的眼泪应该成为你的思想。"接着，这个女人会讲述她改善自己生活的所有计划。 302

该团体的年度报告这样记录这些女人的计划：

"我们想要在我们的房子前面种一些果树。"

"我们想开一家草药店。"

"我们想要自己建造房屋。"

"我们想耕种班贾尔土地。"

"我们想注册我们的桑加姆。"

"我们想旅行。我们想看看我们在海得拉巴的办公室。"

"我们想要我们的学校办得更好。"

"我们的桑加姆应当扩容。我们想要更多女性加入进来。"

"我们想要在曼达尔（即区域）一级举行集会。"

"我们的孩子需要比我们生活得更好。他们应当学习新的事物。"

在这份计划清单的旁边有一幅图画，画中一个穿着结婚礼服的儿童站在一顶华盖下——上面画了一个巨大的红色的 X。图画所讲述的故事是："波图尔波加达村的 12 岁女孩斯瓦鲁帕（Swarupa）在参加完夏令营之后住进了招待所。在假期里，她的父母试图让她嫁人。她寻求这个桑加姆的帮助，她们一起设法说服父母允许她继续学业。"

能力进路就是这类思想与计划的系统化和理论化。它是多元的，因为女性所寻求的东西包含多个不可还原的独特要素。它关注能力或赋权，即使这些女性自己的想法集中在创造机会和选择，而不是对任一个体强加某
303 种必要的功能发挥模式。在已有的思想之上，它补充了一组论证，它们明确将能力清单与隐含的人类尊严思想关联起来，并有助于我们检验候选对象的包容性；它补充了一个框架式的政治学进路，表明能力和功能发挥这些观念将如何处理对多样性和多元主义的正当关切；它补充了一些将能力与具体政治原则关联起来的论证，这些政治原则可以体现在宪法保障中。最后，它所补充的一些论证非常清楚地表明，这一进路与其他盛行的替代性进路不相容。我认为，从这些方面看，这一进路可以公平合理地声称它对切实追求性别正义做出了独特贡献。

注释

［1］我计划在其他更专业的理论著述中进一步提出这些建议，见前言中的说明。

人名索引

主题词索引

译后记

历时三年的翻译终于接近尾声，最后记录一点自己的心情，是为“译后记”。不由得想起上一次与友人合译学术著作的情形，那时我们都还是学生，一同听课、各自翻译；偶尔打球、时常讨论，工作开展得那般舒心惬意。不久，我们先后毕业离校，我回到自己的家乡，成为一名哲学教师。这期间，何怀宏老师有意将一本著作交与我翻译，我却没敢领受。我当时认为，自己初来乍到，既已有教学和科研任务在身，加之天赋和能力有限，则一心难二用，别提多用。后来觉知，那可能是我这些年相对较轻松的一段时光，故而，对于辜负何老师的期望，时常心生愧意。于是，当唐文明老师交与我这项翻译工作时，我不敢再推辞。一来，唐老师建议我承担它的理由太充分，努斯鲍姆其人其书确是我目前主持的科研项目的核心；二来，我猜测，唐老师是想以此方式唤醒和激励一个工作状态不佳的学生的斗志，作为学生，着实不该辜负老师的良苦用心。然而，在等待出版社获得出版权的过程中，我迎来了生命中一个很重要的人——我的孩子佑佑，于是我不得不暂时搁置许多工作，包括翻译。

待到签约时，佑佑未满两个月，出版社的杨宗元老师非常体恤我，又允我一年半的时间来完成它。看着身边熟睡的孩子，我深知，要寻得一段绝对不受打扰的时间，这终归不现实。为今之计，只得见缝插针。除去照顾孩子、日常教学和科研，以及其他方面的育人工作，留给我做翻译的时间真的不多。所以，从初稿到定稿，我无可奈何地一直保持龟速前进的状态。在每一个家人皆已熟睡，我仍强打精神疯狂敲击的深夜，我都忍不住怀疑自己当初的决定。最终，究竟是情感还是理智占据上风，我不清楚，我只记得自己不断在脑海中重复一句话：纵是龟速前进，那依然在前进不是！就这样，奋斗煎熬一年加半载有余，我终于“敲”到“译后记”这一页。

在翻译过程中，努斯鲍姆对女性发展问题的描述、分析和论证令我思绪万千。对照自己当下的生活状态，这些文字实在太应景。以至于，对那些仅只醉心于抽象的概念分析、不注重切实改善女性境遇的女性主义思想和言论，我不再抱有过多好感和兴趣。当然，在努斯鲍姆眼中，我所遭遇的家庭和工作的双重压力，显然应当为全世界贫困女性所遭遇的更根本性问题让行。我认为她是对的，但我也认为，在我真实地走近那些女性的生活之前，我需要通过体会自己以及身边女性（我母亲）的生活来尝试想象她们的处境。我想，努斯鲍姆一定不会反对这种想象。

我的母亲（还有我的父亲）一直在默默助我完成这项翻译工作。她承担了我们这个小家庭里绝大部分家务劳动和照顾孩子的工作。在很大程度上，我所赢得的时间和发展空间来源于对她的时间和发展空间的挤占。于她而言，此种境况早已是常态。自 20 世纪 90 年代中期开始，她便成为下岗工人，为了我的基本生活和学习教育起早贪黑、劳碌奔波几十年，总算熬到领取养老金的年龄，竟又不得不为我组建的这个小家庭忙前忙后。许多人会说，虽然辛苦，但老人是享受这个过程的。我觉得，这可能是一种托词。至少据我的了解，即使没有佑佑，她和我父亲也会活出自己的精彩，相比眼下，他们本可以享受更丰富、更轻松、更如意的生活。我对二老的亏欠感与我在工作上获得的自我价值感时常交织在一起，这使我成为一个矛盾体。万般无奈的是，除了维持现状，目前我根本没有更好的选择方案。如果我们这些介于贫困阶层与中产阶层之间的女性都尚且如此窘迫，那些挣扎在贫困线上的女性处境之恶劣就不难想象了。无论在思想层面还是在实践层面，解决这些问题的根本都在社会制度，因为我们的观念和行动无不接受它的影响和塑造。努斯鲍姆期望用严谨细致的哲学论证来影响关乎女性发展的公共政策，这无疑需要理论上的雄心和抱负，也需要道德上的勇气和热忱。因此，她与她的这部作品，都让我心生敬佩。能够成为它的译者，把它介绍给更多人，实属莫大的殊荣。

我由衷感谢各位师长多年来对我的关照和帮助，尤其感谢唐文明老师，没有他的极力引荐和推动，就不会有这部译著。感谢杨宗元老师和张杰老师的信任与体谅，感谢责任编辑符爱霞老师的悉心帮助与指点。当然，也感谢参与《女性与人类发展》读书班的每一位同学。最后，感谢我的家人作为我坚强的后盾，请相信，我会一点一点地让自己变得更强大，只为让你们来依靠。

由于个人能力有限，译文疏漏和错讹难免，敬请广大读者批评指正。

左稀

初稿写于2019年10月25日，北斗村

定稿于2020年2月10日，德润

守望者书目

001　正义的前沿

［美］玛莎・C. 纳斯鲍姆（Martha C. Nussbaum）/著

陈文娟　谢惠媛　朱慧玲/译

002　寻求有尊严的生活——正义的能力理论

［美］玛莎・C. 纳斯鲍姆（Martha C. Nussbaum）/著　田雷/译

003　教育与公共价值的危机

［美］亨利・A. 吉鲁（Henry A. Giroux）/著　吴万伟/译

004　康德的自由学说

卢雪崑/著

005　康德的形而上学

卢雪崑/著

006　客居忆往

洪汉鼎/著

007　西方思想的起源

聂敏里/著

008　现象学：一部历史的和批评的导论

［爱尔兰］德尔默・莫兰（Dermot Moran）/著　李幼蒸/译

009　自身关系

［德］迪特尔·亨利希（Dieter Henrich）/著　郑辟瑞/译

010　佛之主事们——殖民主义下的佛教研究

［美］唐纳德·S. 洛佩兹（Donald S. Lopez，Jr.）/编

中国人民大学国学院西域历史语言研究所/译

011　10 个道德悖论

［以］索尔·史密兰斯基（Saul Smilansky）/著　王习胜/译

012　现代性与主体的命运

杨大春/著

013　认识的价值与我们所在意的东西

［美］琳达·扎格泽博斯基（Linda Zagzebski）/著　方环非/译

014　众生家园：捍卫大地伦理与生态文明

［美］J. 贝尔德·卡利科特（J. Baird Callicott）/著

薛富兴/译　卢风　陈杨/校

015　判断与能动性

［美］厄内斯特·索萨（Ernest Sosa）/著　方红庆/译

016　知识论

［美］理查德·费尔德曼（Richard Feldman）/著　文学平　盈俐/译

017　含混性

［英］蒂莫西·威廉姆森（Timothy Williamson）/著　苏庆辉/译

018　德国观念论的终结——谢林晚期哲学研究

［德］瓦尔特·舒尔茨（Walter Schulz）/著　韩隽/译

019　奢望：社会生物学与人性的探求

［英］菲利普·基切尔（Philip Kitcher）/著　郝苑/译

020　德国哲学 1760—1860：观念论的遗产

［美］特里·平卡德（Terry Pinkard）/著　侯振武/译

021　对话、交往、参与——走进国际哲学共同体

陈波/著

022　找回民主的未来——青年的力量

［美］亨利·A. 吉鲁（Henry A. Giroux）/著　吴万伟/译

023　康德的道德宗教

［美］艾伦·W. 伍德（Allen W. Wood）/著　李科政/译

024　悖论（第 3 版）

［英］R. M. 塞恩斯伯里（R. M. Sainsbury）/著

刘叶涛　雒自新　冯立荣/译

025　严复与福泽谕吉——中日启蒙思想比较（修订版）

王中江/著

026　女性与人类发展——能力进路的研究

［美］玛莎·C. 努斯鲍姆（Martha C. Nussbaum）/著

左稀/译

This is a Simplified-Chinese translation of the following title published by Cambridge University Press:

Women and Human Development: The Capabilities Approach, 9780521003858
© Martha C. Nussbaum 2000

This Simplified-Chinese translation for the People's Republic of China (excluding Hong Kong, Macau and Taiwan) is published by arrangement with the Press Syndicate of the University of Cambridge, Cambridge, United Kingdom.

© China Renmin University Press 2020

This Simplified-Chinese translation is authorized for sale in the People's Republic of China (excluding Hong Kong, Macau and Taiwan) only. Unauthorized export of this Simplified-Chinese translation is a violation of the Copyright Act. No part of this publication may be reproduced or distributed by any means, or stored in a database or retrieval system, without the prior written permission of Cambridge University Press and China Renmin University Press.

Copies of this book sold without a Cambridge University Press sticker on the cover are unauthorized and illegal.

本书封面贴有 Cambridge University Press 防伪标签，无标签者不得销售。

图书在版编目（CIP）数据

女性与人类发展：能力进路的研究/（美）玛莎·C. 努斯鲍姆著；左稀译. --北京：中国人民大学出版社，2020.7

书名原文：Women and Human Development：The Capabilities Approach

ISBN 978-7-300-28275-6

Ⅰ.①女… Ⅱ.①玛…②左… Ⅲ.①妇女学-研究 Ⅳ.①C913.68

中国版本图书馆 CIP 数据核字（2020）第 111185 号

女性与人类发展——能力进路的研究

［美］玛莎·C. 努斯鲍姆（Martha C. Nussbaum） 著

左稀 译

Nüxing yu Renlei Fazhan

出版发行	中国人民大学出版社		
社　　址	北京中关村大街 31 号	**邮政编码**	100080
电　　话	010－62511242（总编室）		010－62511770（质管部）
	010－82501766（邮购部）		010－62514148（门市部）
	010－62515195（发行公司）		010－62515275（盗版举报）
网　　址	http://www.crup.com.cn		
经　　销	新华书店		
印　　刷	北京联兴盛业印刷股份有限公司		
规　　格	160 mm×230 mm　16 开本	**版　　次**	2020 年 7 月第 1 版
印　　张	20.75 插页 2	**印　　次**	2020 年 7 月第 1 次印刷
字　　数	306 000	**定　　价**	78.00 元

版权所有　侵权必究　　印装差错　负责调换